Déjà paru aux Éditions Dangles

30 outils pour (se) dire, (se) raconter et l'écrire, Isabelle Lecomte-Depoorter.
35 plages de sophrologie, Thierry Loussouarn.
Affirmez et vous obtiendrez, Georges Barbarin.
Bonjour l'ambiance !, Patrick Estrade.
Chaleureuse rencontre avec soi-même, Thierry Tournebise.
Chassez la déprime... et profitez de la vie, Claude-Marc Aubry.
Cherche âme sœur, Chantal Hurteau-Mignon & Christophe Jaouën.
Coachez votre stress, Laurent Bertrel.
Cœur ouvert, esprit clair, La Vénérable Thubten Chödron.
Colère et agressivité, Betty Doty.
Comment acquérir la maîtrise de soi, Paul-Clément Jagot.
Comment attirer l'argent, Dr Joseph Murphy.
Comment développer votre intuition, Judee Gee.
Comment développer votre mémoire, Paul-Clément Jagot.
Comment faire face aux gens difficiles, Alain Houel.
Comment vaincre peurs et angoisses, Georges Barbarin.
Comment vous libérer du tabac, Bruno Comby.
Développer l'estime de soi en 8 leçons, Agnès Payen de La Garanderie.
Développer votre humour !, Bernard Raquin.
Dire non, ça s'apprend !, Dominique Fromm.
Émotions : mode d'emploi, Gilbert Garibal.
En finir avec le trac, Gilbert Garibal.
Énergie et bien-être par le mouvement, Moshe Feldenkrais.
Guérir du passé, Thierry Bernardin.
Guérir par la pensée, Dr Joseph Murphy.
Image et amour de soi, Doreen Virtue.
Je m'affirme, Robert Juveneton.
L'Amour, énergie subtile de la guérison, Dr Leonard Laskow.
L'Art d'être communicant, Thierry Tournebise.
La Dynamique du bonheur, Dr Joseph Murphy.
La Force de guérison de l'Arbre de Vie, Helmut Hark.
La Joie retrouvée, Dr Alexander Lowen.
La Maîtrise de votre subconscient, Marcel Rouet.
La Maîtrise du lâcher-prise, Herbert Wagner.
La Magie de Foi, Dr Joseph Murphy.
La Morale retrouvée, Michel Anselme.
La Photo Kirlian, Dr Banos.
La Puissance de l'autosuggestion, Paul-Clément Jagot.
La Paix est en vous !, Dr Joseph Murphy.
La Prière guérit, Dr Joseph Murphy.
La Puissance du regard, Antony Luzy.
La Santé de notre mémoire, Éric Dekany.
La Spiritualité du corps, Dr Alexander Lowen.
La Symbolique des maladies, Roland Arnold.
La Technique Alexander, Pedro de Alcantara.
La Timidité vaincue, Paul-Clément Jagot.
La Veine d'or, Julia Cameron.
La Vie commence à 50 ans !, Georges Barbarin.
La Vision bouddhiste du bonheur, Sylvia Boorstein.
La Visualisation créatrice, Melita Denning & Osborne Phillips.
La Voix de l'énergie, Jacques Bonhomme.
La Voie Sacrée des couleurs et des sons – La voie du diamant – tome 1, Hervé Bartos.
Le Couple retrouvé, Patrick Estrade.
L'Éducation de la parole, Paul-Clément Jagot.
L'Énergie cosmique, Dr Joseph Murphy.
Les Miracles de votre esprit, Dr Joseph Murphy.
Les Morts sont toujours vivants, Dr Joseph Murphy.
Le Sentiment de culpabilité, Douglas H. Ruben.
Les Mots de la vie, Jean-Yves Anstet-Dangles.
Le Pouvoir de la volonté, Paul-Clément Jagot.
Les Mots qui guérissent, Dr Jean-Maurice Gillard de Saint-Gilles.
Le Pouvoir libérateur de la conscience, René Sidelsky.
Le Toucher relationnel, Martine Montalescot
Le Visage, reflet de l'âme, Jean Spinetta.
Libérez votre créativité, Julia Cameron.
L'Intelligence du corps, Debbie Shapiro.
L'Impossible est possible, Dr Joseph Murphy.
L'Optimisme créateur, Georges Barbarin.
L'Ouverture au divin : entrer en relation avec les Anges – La voie du diamant – tome 2, Hervé Bartos.
Maigrir et vaincre la cellulite par la détente nerveuse, Marcel Rouet.
Messages d'amour de l'au-delà, Mitch Finey.
Méthode de training mental, Kurt Tepperwein.
Nos 5 sourires cardinaux, Béatrice Borg-Hoffmeister.
Nos manies mises à nu, Ann Gadd.
Parents-enfants, Patrick Estrade.
Pratique de graphologie, Martine Tardy.
Puissance de la méditation, Dr Joseph Murphy.
Psychothérapie par les méthodes naturelles, André Passebecq.
Rebirth, Leonard Orr & Konrad Halbig.
Réapprenez à vous alimenter, Sandra Moret.
Relaxation psychosomatique, Marcel Rouet.
Renaître au bonheur, Dr Joseph Murphy.
Stress-control, Bruno Comby.
Senior, l'âge d'être, Diane Saunier.
Soyez l'acteur de votre vie, Aurélie Claisse.
Tao, Dominique Jacquemay.
Transformez votre vie par la sophrologie, Thierry Loussouarn.
Une méthode simple pour lâcher-prise, Sandrine Banas.
Vers la confiance en vous, Gilbert Garibal.
Vers une culture de non-violence, Jean-Marie Muller & Alain Refalo
Vieillir ou grandir ?, Gérald Quitaud.
Vivre en harmonie avec son corps par l'eutonie, Marianne Kjellrup.
Vivre sa vie : comprendre, décider et agir, Patrick Estrade.

Rire pour vivre

L'auteur

Bernard Raquin a été psychothérapeute et coach durant vingt ans.
Il est le créateur du *Cours d'humour*©, qui permet à chacun - en démontant les mécanismes de l'humour et en les transformant par des exercices - de développer son sens de l'humour, dans la vie quotidienne comme dans les situations de crise.

Il est l'auteur de nombreux livres de psychologie pratique, de recherche spirituelle et de romans.

ISBN : 978-2-7033-0746-4

Bernard RAQUIN

Rire pour vivre

Les bienfaits de l'humour et du rire !

Ouvrage publié sous la direction d'Aline Apostolska

11e mille

Dangles
DEPUIS 1926
EDITIONS

diffusées et distribuées par D.G. DIFFUSION
Z.I. de Bogues
31750 Escalquens

Du même auteur

Psychologie pratique :

Développez votre humour ! Éditions Dangles, 2003.
Rire chaque jour, Paris, Éditions Véga, 2005.
L'humour chaque jour, Paris, Editions Véga, 2005.
Le jeu de la démanipulation (avec Marc Kucharz), Paris, Éditions Trédaniel, 2008.
Guérir, maigrir par la détoxication, Paris, Éditions Trédaniel, 2008.
Sortir du triangle dramatique, Genève, Éditions Jouvence, 2007.
Se réconcilier avec soi et les autres, Genève, Éditions Jouvence, 2006.
L'Analyse Transactionnelle au quotidien, Genève, Éditions Jouvence, 2004.
La PNL au quotidien, Genève, Éditions Jouvence, 2004.
Choisir ses émotions, Genève, Éditions Jouvence, 2005.
Les styles de personnalité, Genève, Éditions Jouvence, 2004.
Maîtrisez vos scénarios de croyances, Genève, Éditions Jouvence, 2004.
Ne plus se laisser manipuler, Genève, Éditions Jouvence, 2003.
Pratique de l'auto-hypnose, Genève, Éditions Jouvence, 2002.

Spiritualité :

Un Juif nommé Mahomet, Paris, Éditions Raquin, 2005.
Rendez-vous avec l'intuition, Paris, Exergue, 2004.
Comment sortir de son corps, Paris, Éditions Trajectoire, 2004.
Le jeu des vies antérieures (avec Marc Kucharz), Paris, Exergue, 2007.
Messages de l'après-vie, témoignage, Asnières, Éditions JMG, 2000.
Retrouvez vous-même vos vies antérieures, Paris, Éditions Trajectoire, 1998.
Vous pouvez sortir de votre corps, Paris, Éditions JMG, 2004.

Essais :

Les grandes manipulations des temps modernes, Paris, Éditions Trajectoire, 2005.
Anti-suicide, avec V. Péchin, Paris, Éditions La Table Ronde, 1984.

Romans :

L'homme de feu, avec J-G. Imbar, Paris, Éditions Carrère, 1987, épuisé.
La vie est ici, Paris, Éditions Mots d'Homme, 1986, épuisé.
Chouans, novélisation, Paris, Éditions Calmann-Lévy, 1986.
Jésus de Manhattan, Paris, Éditions La Table Ronde, 1979, épuisé.
Continent Chagrin, Paris, Éditions Libres Hallier, 1978, épuisé.

Site internet : www.bernard-raquin.com

Mes sincères remerciements à
Marianne Gaspari, à Marie-Paule Larhantec,
à Fatima Kdamar et à Aline Apostolska.

Table des matières

Introduction

Un atout maître dans votre jeu : l'humour !

1. Soyez M.O.I. !

APPRENDRE L'HUMOUR ? Mais l'humour est un don, c'est bien connu !

Dans ce cas, deux hypothèses : si c'est un don, les scientifiques, en décryptant l'ADN humain, en ont observé le gène frétillant (sous la forme rigolote d'une banane). Et, bien entendu, ils nous l'ont caché, car ce genre de révélations menace la sécurité nationale. Le peuple n'est pas prêt...

Soit... ce n'est pas un don. C'est un état d'esprit qui s'acquiert et se développe.

Et si le secret du rire et de l'humour fondait sous vos yeux, aussi vite que vos économies sur la Côte d'Azur ?

C'est que l'enjeu est formidable : sourire et rire pour améliorer notre santé, ou du moins ce qu'il en reste... Égayer notre vie, ou du moins ce que les autres nous en laissent... Réduire ces satanés conflits qui nous font grossir... Chasser les essaims de soucis qui attirent l'insomnie...

Le jeu en vaut le panneau solaire ! Comprendre et pratiquer les mécanismes de l'humour nous projette dans un monde aussi beau que la publicité, et aussi droit que la Tour de Pise. Et puisque le rire, c'est sérieux, adoptons un état d'esprit M.O.I. !

M. comme Motivé !

Que vous soyez actuel, ancien ou futur bien portant, vous serez charmé en découvrant l'impact du rire sur tant de situations quotidiennes. Quelques semaines d'entraînement, pour parsemer de petits bonheurs les jours gris, et multiplier les jours bleus... Hormis les relations avec l'autre sexe, on progresse toujours plus vite quand on sait comment ça marche. Motivez-vous, car, d'après ce qu'on m'a dit, votre vie mérite d'être vécue.

O. comme Ouvert !

Votre ouverture d'esprit est déjà proverbiale. Il suffit de rester vous-même : un être délicieux qui apporte une notable contribution à l'évolution de l'humanité. Amusez-vous à faire aussitôt les jeux proposés. Bien sûr, vous les auriez rédigés mieux que l'auteur, mais c'est une bonne base pour dénicher des pépites amusantes dans les événements ordinaires.

I. comme Imaginatif !

Au cours de votre lecture, pensez à tous ces gens à qui cela ferait du bien ; comment ils pourraient améliorer leur santé, retrouver du courage après un échec, ou simplement adoucir leur fichu caractère...

L'humour est un jeu, une philosophie, un apprentissage ludique. Or, si les tonneaux n'étaient pas hors de prix, vous seriez devenu un grand philosophe.

Vous serez peut-être surpris par quelques idées, mais elles contribueront à enchanter votre passage ici-bas. Passage trop bref, hélas ! Bien que vos ennemis le trouvent trop long. Laissez-les dire, rira bien qui rira le plus souvent.

Il n'est pas nécessaire d'avoir le sens de l'humour pour le développer. Les petits sourires font les grands rires.

2. Soyez V.O.U.S. !

... Et c'est l'essentiel ! Vous n'avez à imiter personne, ni à forcer votre nature. Au contraire, soyez vous-même. Vos abondantes qualités et vos rares défauts seront votre tremplin.

Pourquoi ? Parce que l'humour est déjà là, caché sous l'apparence trompeuse des tracas ou des banalités. Il est partout, attendant qu'on le cueille. C'est l'une des matières premières les plus abondantes sur terre, car nous sommes sept milliards et cinq cents millions à la fabriquer... euh, sept milliards et cinq cent cinquante millions... D'ici la fin de votre lecture, il y aura dix millions de contributeurs de plus, sans compter les clandestins ; et très vite chacun s'efforcera de se comporter n'importe comment, pour vous distraire. Faisons un rapide calcul : si chacun rit dix fois par jour, et passe ensuite à trente fois. Multipliez par sept milliards et quelques... Cela ferait vingt et un milliards de rires supplémentaires chaque jour[1]...

L'humour se dévoile en changeant de regard. Et comme votre regard est à la fois intelligent, profond et envoûtant, profitez-en !

Pensez aux styles d'humour que vous aimez et que vous n'aimez pas. Aux sujets que vous souhaitez traiter à la légère, et ceux que vous voulez continuer à traiter gravement. Voyez si certaines idées vous tentent. Testez-les, partagez-les avec votre entourage. Avec quelques minutes d'observation et de pratique quotidiennes, vous laisserez de nouveau jaillir votre fabuleuse joie de vivre.

V. comme Volontaire !

Les chercheurs estiment qu'on retient deux ou trois fois mieux en apprenant d'une manière ludique. Alors que sous la contrainte, on ne retient les leçons que jusqu'au matin du bac. Ris soir et matin, si tu ne sais pas pourquoi, les dieux le savent... Êtes-vous volontaire pour tripler le bénéfice de votre lecture ?

O. comme Optimiste !

Que vous ayez une vie à moitié pleine, à moitié vide, ou pas de vie du tout, l'optimisme est votre destin. Sinon, à quoi bon s'éreinter à se reproduire, s'épuiser à faire des projets de vacances, et s'acharner à zapper ?

Tant pis pour vous : l'être humain est un indécrottable *espéreur*, vous avez ça dans le sang. Vous avez même l'espoir d'arriver au bout de cet excellent livre, et d'en avoir pour votre argent.

U. comme Unique !

En humour, la norme, c'est vous. Mille portes ouvrent le palais du rire.

Plusieurs de vos expériences uniques sont devenues des blagues pour les autres, récupérez ce qui vous appartient.

Sa Majesté le Rire amadoue parfois les vies trop grincheuses. Rien de tel qu'un éclat de rire au bureau pour apaiser la tension provoquée par le-chef-

1 Une erreur s'est glissée dans la phrase. L'avez-vous remarquée ? (Note de l'Association des Experts-comptables, qui rappelle que l'auteur n'en fait pas partie.)

qui-vous-en-veut. Rien de mieux qu'un rire en famille pour vous rappeler que malgré vos doutes, il s'agit bel et bien de votre famille.

Au passage, vous atténuerez peut-être le malheur de ceux qui souffrent plus que vous. (Si, si, ça existe). Vous déclencherez un effet boule de neige, et vous vous surprendrez à rire plus souvent. Mais surtout, riez pour vous, ce sera bien fait pour vous.

S. comme Superbe !

Libérez ce superbe rire qui dort dans votre gorge ! Cela fait longtemps qu'il est détenu sur parole... Vous possédez un grand capital de rire dans votre estomac, votre diaphragme, votre cerveau. L'État ne peut pas vous le taxer. Bon, puisque vous parlez d'argent, combien paieriez-vous un spectacle amusant ? Dix, vingt, cinquante euros ? Alors faites cette expérience : regardez par la fenêtre. Le spectacle est là, vous êtes aux premières loges, savourant le privilège d'être invité d'honneur à la pharamineuse comédie humaine.

Ami lecteur,

Ce livre est rédigé selon différentes techniques liées à l'humour, clef d'accès au rire. Bientôt, vous parviendrez à les repérer.

Le chapitre suivant : « Bienvenue ! » est rédigé dans le style « pauvre de moi ». Il s'agit de la position basse, curieusement opposée à la position haute (qui sera expliquée plus loin).

La position basse est un mélange de dévalorisation et de plainte. On se considère comme une victime ou une nullité, dans l'espoir d'attirer la sympathie ou l'aide d'autrui, qui en profite parfois, le gredin, pour rire à nos dépens.

Amusez-vous à repérer les différentes techniques (ou tournures d'esprit) utilisées : exagération, contraste, plainte, prétention, décalage, quiproquo, tension et surprise, images surprenantes, etc.

CHAPITRE I

Bienvenue !

Vraiment, vous aimeriez savoir comment j'ai eu l'idée d'écrire ce livre ? Un jour il m'a fallu me rendre à l'évidence : « Personne ne m'aime. Je n'ai aucun ami quand ils sont à jeun, je suis seul au monde, personne ne me comprend ». Mon sale caractère, mon égoïsme, ma vanité, pourtant d'un modèle courant sur terre, avaient découragé les bénévoles qui s'acharnaient à me trouver fréquentable. J'étais ronchon, râleur, et j'avais toujours raison : la copie conforme de votre beau-frère.

De temps en temps une femme se dévouait pour me sauver, car la femme est sauveteuse, c'est là son moindre défaut. Mais j'étais paresseux pour « changer, évoluer. » Elle finissait par s'enfuir après m'avoir cruellement mordu, pour me faire prendre conscience que c'était pour mon bien.

J'ai passé de précieuses années à tenter de convaincre l'univers de s'intéresser à moi. Mais comme je ne dirigeais aucune puissante armée et ne possédais pas le moindre milliard d'euros, j'ai échoué. Alors j'ai maudit l'univers, mais le bougre s'en moquait comme de ses premières amibes.

« Que faire ? » me demandai-je avec complaisance, vautré dans mes certitudes, barbotant dans le marécage des excuses et des justifications. J'errai dans les rues, hirsute, mal rasé, échevelé au milieu des tempêtes, en hululant à la pleine lune. Mais ce soir-là il n'y avait pas de lune. Allais-je rencontrer une jeune femme désespérée ? À tout prendre, elle préférerait peut-être passer la nuit avec moi que se jeter dans le fleuve.

Il pleuvait, mes chaussures étaient mouillées. J'étais en costume de ville, cheveux courts, ce qui dénote un manque de goût que ne ferait aucun prophète, car la toge blanche ou noire et la grosse barbe sont de rigueur si on veut épater le badaud. De toute façon nul badaud sous le déluge...

Ah tiens : une lueur rouge dans la nuit. Je m'approchai. Une voyante fermait sa caravane. C'était une grosse Africaine, et pourtant, en regardant ma paume, elle pâlit et maigrit à vue d'œil. Après m'avoir tiré les cartes, épouvantée, elle me rendit mon argent et m'offrit un porte-bonheur (l'œil de Jéhovah, en plastique, made in China). Elle alluma neuf neuvaines, récita précipitamment un chapelet, et fit brûler deux kilos d'encens. Puis elle me poussa assez poliment vers la porte : « Mon pauvre petit, je prierai pour toi, bien que ce soit du temps perdu. On ne sait jamais, si un ange s'ennuie... Salue bien ma grand-mère quand tu la verras dans l'au-delà. »

C'est assez désespérant de n'avoir que soi comme compagnie. Car ce que je n'aime pas en moi, ce sont les autres.

J'étais le genre de type que je n'aurais pas voulu épouser sous sa forme féminine. « Qui voudrait d'un ami comme moi ? » me lamentais-je en essuyant des larmes de crocodile. Mais les gens aujourd'hui, bien peinards devant la télévision, ou dormant à côté d'un être aimé, ne prennent même pas la peine d'ouvrir la fenêtre à trois heures du matin, pour voir si d'aventure ils ne pourraient pas rendre service à quelqu'un.

Des camions circulaient pour proposer de la nourriture et un toit aux nécessiteux, mais aucun guichet pour proposer de l'amitié. Ou alors, il fallait d'abord attendre d'avoir envie de se suicider, puis téléphoner. Or moi j'aurais bien voulu me suicider si ça leur faisait plaisir, mais de mort naturelle.

Pourtant mes activités étaient bien banales : je passais mon temps à critiquer les autres, je les couvrais de reproches, je laissais exploser ma mauvaise humeur. J'étais expert pour remarquer leurs défauts. Je soulignais grossièrement leurs erreurs, l'air triomphant, le doigt accusateur. Avec quelle rage je les sommais d'être parfaits ! J'aurais bien voulu les étaler, pour m'en servir de piédestal. Étais-je coupable de leur médiocrité ? Mes critiques cinglantes, mes méchants reproches, mes allusions fielleuses et mes sarcasmes leur offraient une occasion de grandir spirituellement. Mais au lieu d'accueillir cette aubaine, ils prétendaient qu'en parlant d'eux, je me décrivais. C'était vrai, mais, en principe, ils auraient dû être trop stupides pour s'en apercevoir.

Ne trouvant pas le tas de fumier de Job, je m'assis sur une poubelle pour m'écrier : « Ce que je redoutais s'est produit. » Ma seule consolation, c'était d'avoir réussi à me gâcher la vie, tout seul comme un grand.

Les humains, pas si bêtes, me fuyaient. J'avais oublié les paroles de Socrate : « Méfiez-vous de ce que vous demandez aux dieux, il se pourrait qu'ils vous l'accordent. » C'est drôle, cette manie d'imaginer qu'on échappera aux conséquences de son comportement.

Seul au monde ? Certains ont la chance d'avoir une mère envahissante, cela leur fournit une admiratrice qui, hélas, finit tôt ou tard par découvrir leur ingratitude et la crier sur les toits.

La mère est un individu qui en sait long sur vous, et tout pourra et sera retenu contre vous, mais sans la présence d'un avocat. Elle attend que vous lui présentiez votre fiancée pour rappeler qu'à l'âge de sept ans, vous n'étiez pas encore propre la nuit. Et si vous avez le malheur de le lui reprocher, elle s'écrie, les larmes aux yeux : « Voilà comment tu me remercies ? J'ai menti pour te donner une chance de te caser. La vérité, c'est que tu as pissé au lit jusqu'à huit ans et demi ! Puisque c'est comme ça, la prochaine fois, je lui raconterai qu'à onze ans, tu te déguisais en fille ! »

Finalement même elle, pourtant obligée socialement de me trouver fréquentable, après s'être épuisée à me dire ce genre de gentillesses, avait préféré se réfugier au cimetière.

Et ladite fiancée, avant de me quitter pour suivre la mode[1], m'avait offert un petit bouquet de fleurs en plastique : « Puisque tu seras seul aux prochaines Saint-Valentin... »

Je l'avais installé près du matelas déglingué, que les huissiers n'avaient pas emporté car il ne valait pas l'effort. Un matin, après ma prière (seule activité encore accessible à ma bourse), j'ai constaté qu'elles avaient fané. Bien qu'écolo, je n'avais pas la main verte. Ce qui prouve une fois de plus que les écolos sont les plus mal chaussés.

Et tout allait à vau-l'eau : depuis quelques jours, mes poissons rouges ourdissaient quelque complot, car ils cachaient des arêtes de sticks de poissons surgelés dont je les nourrissais. Je redoutais qu'ils me jettent un sort, peut-être pour m'achever, par pitié. Ils me regardaient de leurs gros yeux et, à force de poser mon front sur le bocal, je croyais y détecter des lueurs de dédain. Pourtant, j'avais tenté de les éduquer, de les élever au-dessus de leur condition de poissons rouges. Je leur donnais des pâtes en forme d'alphabet pour leur apprendre à lire, refusant de leur offrir des daphnés tant qu'ils se montraient incapables d'épeler leur nom, *Natrobudododinosaure* et *Mathousalsalemmm*. Ils ouvraient tout rond la bouche, et ne savaient dire que O et A.

1 Elles me quittent toutes, souvent avant même de m'avoir adressé la parole. Je précise que tous les noms ont été modifiés, par crainte de représailles. Le seul qui se reconnaîtra est Monsieur N., mais tant pis pour lui !

J'ignorais alors qu'ils tentaient de m'apprendre à rire ! En effet, si vous savez dire O ou A, vous savez quasiment rire.

Ce que j'ai le moins bien supporté, c'est lorsque mon chat en peluche a rompu. Il est devenu fou en découvrant que sa souris mécanique s'était enfuie avec un rat de la cave voisine. Il prétendait que j'avais laissé la porte ouverte. J'eus beau lui expliquer que l'amour est enfant de Bohême, il a fait son balluchon et s'est fait adopter par un gosse gitan qui suivait une route.

J'étais abandonné par les humains, puis par les animaux, enfin par les objets. J'ai même cassé un verre. Et, soudain, j'ai songé à mes souffrances secrètes, celles que je n'ai jamais pu partager. La fois où je me suis cogné le genou dans le placard, j'ai attendu que mon amie rentre pour souffrir ouvertement. Hélas ! Elle avait passé une journée épouvantable et a monopolisé le bureau des plaintes.

De même, le jour terrible de mes dix-huit ans, j'ai fait tomber un marteau sur mon pied, alors que j'avais rendez-vous avec une copine pour aller danser. Belle indifférente, sauras-tu jamais quel désarroi se cachait sous mon douloureux sourire, que tu prenais pour du romantisme alors qu'il s'agissait d'orteil[2] ? Que de misères sont tues à jamais !

J'ai aussi tristement pensé à l'homme de Cro-Magnon. Il rampe toute la journée dans trois mètres de neige pour attraper un mammouth. Mais ces bestioles n'aiment pas tellement se faire cuisiner. Et le soir, en rentrant du boulot à moitié étripé, portant sur les épaules une demi-tonne de viande, sa femme s'occupe des seize gosses (les sept autres ayant été mangés par de grosses bêtes velues). Elle a mieux à faire que l'entendre se vanter ou geindre ; à l'époque les femmes essayaient de ne pas créer ces deux piliers de la psychologie masculine, mais elles ont lamentablement échoué. Alors le pauvre est obligé de palabrer avec ses copains autour du feu, et c'est ainsi qu'ils inventent les grandes légendes, et l'alcool.

Peut-être vous est-il arrivé d'être réveillé à l'aube par un carreau cassé ? Je remarquai soudain sur le parquet une pierre entourée d'un papier blanc. Je le dépliai : c'étaient les résultats de mes dernières analyses de sang, avec cette prescription : « Evitez tout contact ! »

Au même moment, j'entendis un cri bizarre. En m'approchant de la fenêtre, j'ai découvert un vautour perché sur le toit d'en face. Il me regardait d'un air enamouré. J'ai eu comme l'impression qu'il s'agissait d'un oiseau

2 Malgré mes vantardises, je n'ai pas concrétisé. Par chance, au cours des quarante années qui ont suivi, j'ai réussi à faire l'amour une dizaine de fois. Dont deux, sans aide extérieure.

de mauvais augure. Pour calmer le Destin, je lui lançai mes poissons rouges, qui me jetèrent un dernier regard scandalisé avant de se réfugier dans son gosier. Je crois qu'ils m'en veulent encore. J'espère qu'ils ne se réincarneront pas en mes prochains voisins.

J'étais maladroit. Je ne parvenais à plaire à aucune des personnes que je connaissais. Plutôt que des critiques, je tentais la flatterie. Catastrophe ! Je faisais des efforts, lèche-bottes, gluant de compliments, dégoulinant de bonnes pensées pour autrui, c'en était répugnant, on aurait dit que j'avais suivi un stage de pensée positive. J'étais timide et névrosé, je parlais assez bien, je savais utiliser un porte-couteau, un rince-doigts et des couverts à poisson ; en bref, j'avais reçu une bonne éducation, donc je ne savais pas quoi faire de ma vie.

Je n'avais pas les moyens de suivre une psy. Un intello enrichissant les psys, c'est sain, ça procure un emploi à ceux qui vivent dans leur tête, ça légitime ses difficultés et son ardent désir de s'en sortir, d'ici une trentaine d'années. Et puis, ça lui évite de poser trop de problèmes à la société.

Mais un intello pauvre, qui ne peut même plus se recycler dans les groupuscules gauchistes moribonds, c'est quelqu'un dont sa famille parle avec une certaine gêne. Cela oblige tout le monde à feindre de croire qu'il fera quand même quelque chose, après s'être cherché jusqu'à l'âge de la retraite.

J'ai bien essayé de faire quelques enfants, dans l'espoir qu'un inconnu, tout petit et gracieux, me trouverait quelques qualités. Epater un nourrisson me semblait à ma portée. Quand on est lassé de la compagnie de ses contemporains, on se figure qu'on peut encore briller devant un bébé ; ce qui explique la surpopulation.

Peine perdue : dès que les enfants eurent l'âge de parler, ils s'empressèrent de ne plus... me parler. Sans doute étais-je trop autoritaire, trop laxiste, trop chaleureux et trop froid. Oui, c'était cela : j'étais un peu trop de tout, mais pas assez du reste.

Finalement, j'ai donc décidé de créer le Cours d'Humour[3]. Je devais transformer mes épreuves en source de revenus, ou, à défaut, en source

3 Le *Cours d'Humour* ©, est l'ensemble des techniques de l'humour, traduites en exercices pratiques. Lire à ce sujet : « Développez votre humour ! », Bernard Raquin, Éditions Dangles.

d'évolution. J'avais lu une publicité dans un magazine : « Devenez aimable à vos yeux, en transformant vos handicaps en chances. Envoyez un chèque de cinquante euros pour une méthode complète en trois jours. »

Je me regardai longuement dans un miroir, soupesant mon menton mou, mes yeux glauques, ma bouche flétrie par le manque de baisers. Et je songeai en moi-même : « Et si je devenais aimable à mes yeux ? » Cette idée me fit rire, preuve de l'efficacité de la méthode.

Dans cet emballage médiocre, allais-je découvrir un être formidable ? Allais-je secouer la chape de tristesse que diffuse le trop-plein d'objets ? Allais-je trouver une place dans la communauté humaine, si possible une meilleure que ce crétin de terminale, qui était beau, sympathique et bon élève ?

Allais-je pouvoir communiquer avec mon semblable si différent, mon proche si lointain ?

C'est donc une histoire édifiante : l'histoire d'un jeune homme qui a réussi honnêtement à faire de sa vie non une œuvre d'art, mais une reproduction industrielle. Comme il a du mérite ; c'est très émouvant ! Cela prouve, petit gars, que si tu travailles dur, si tu es gentil avec ton patron, si tu économises un peu chaque mois, tu seras surpris, quelques années plus tard, de voir que tu as réussi à mettre de côté... très peu ! Et en plus, l'Etat ne t'en prendra que la moitié.

Je décidai de devenir un optimiste... au stade terminal.

Aujourd'hui, en mettant en pratique les conseils de ce livre, je vous prédis ce qui arrivera : vous deviendrez encore plus agréable, d'autant que vous avez moins d'efforts à fournir que moi. N'est-ce pas un bonheur de savoir que vous m'êtes supérieur[4] ? C'est vrai, vous n'avez pas grand mérite, mais tout de même : même si personne ne l'a remarqué, vous êtes un être profondément humain, qu'hélas la société ne reconnaît pas à sa juste valeur. Vous disposez, sans le savoir, de nombreuses qualités humoristiques, comme vous allez le découvrir. Aussi étonnant que cela paraisse, l'humour est déjà présent partout dans votre vie ! Et c'est la bonne nouvelle : vous n'avez pas à changer de vie pour changer votre vie.

Pire encore, vous risquez de garder votre emploi, ou d'en retrouver un. Une étude américaine affirme que les employeurs, à 95 %, préfèrent engager

4 Non, Monsieur N., quand je parle de ceux qui me sont supérieurs, je ne parle pas de vous.

quelqu'un qui a le sens de l'humour. En cas de crise, une personne *humourée* mettra de l'huile dans les rouages, harmonisera les relations de travail.

Alors qu'une personne cynique et colérique aggravera les tensions. C'est très injuste ! Que deviennent ceux qui font la gueule, les caractériels, qui sabotent la plus belle journée ? Il fait beau ? Ils sont furieux. Vous souriez ? Vous ne perdez rien pour attendre ! Vous allez bien ? Ça ne va pas durer[5] !

De plus, la personne qui partage votre vie aura envie de continuer à le faire ; elle refusera certainement de vous rendre votre liberté. Tu parles ! Depuis des années elle attend que vous deveniez plaisant, et un jour le miracle survient. Pas question qu'on vous vole ! Elle a fait le sale boulot, vous éduquant, vous formant, investissant son temps sur vous, et l'ingrat veut s'en aller... ?

Donc, ne vous étonnez pas si on continue à vous aimer ; et ne venez pas vous plaindre, je vous aurais prévenu. Vous serez très apprécié, car souvenez-vous que les autres sont assez simplistes : vous les rendez heureux, et la plupart du temps, ils vous rendent heureux. Finies les tristes nuits de célibataires, à mâchouiller des spaghettis froids devant un programme nul à la télévision.

Il se pourrait aussi que vous soyez submergé par les amis et amies revenant en force, sollicitant votre compagnie, vous téléphonant, impatients de vous voir. Vous pourriez même être épuisé par votre succès[6].

Les hommes et les femmes, dans une écrasante majorité, préfèrent vivre avec quelqu'un qui a le sens de l'humour. C'est moins dur de traverser la vie avec un joyeux compagnon ou une joyeuse compagne : hommes et femmes, à plus de 90 %, considèrent l'humour comme une qualité essentielle chez leur partenaire. Mais en réalité, ce que les hommes aiment chez les femmes, c'est qu'elles apprécient *leur* sens de l'humour. Quant aux femmes, c'est déjà assez dur de supporter un macho qui a fait semblant d'être courtois, d'aimer parler et danser pendant les deux premiers mois. Et il se permettrait en plus de manquer d'humour ?

Aujourd'hui, le lugubre désespoir a disparu de ma vie. J'ai renoncé à devenir poète maudit ou philosophe misanthrope, pour faire une carrière d'imbécile heureux. Je reçois un accueil enthousiaste de mes deux meilleurs amis, dont j'ignore le nom, lorsque je m'accoude au bar pour y boire mon café du matin.

---

5 Ils travaillent avec vous ? Oh, désolé !

6 Je t'assure, chérie, c'était avant de te rencontrer. Tu sais que je suis aussi fidèle qu'un homme peut l'être.

Vous allez dire : « C'est bien beau tout ça, mais est-ce que ça marche ? On voit bien qu'il n'est pas à ma place ! Moi j'ai une famille, des collègues et des voisins. » Puisque vous posez cette question, je vais vous répondre : c'est parfois difficile, quand on est submergé par une émotion. Nous sommes conditionnés à ce qu'elle dure un certain temps. Nous répugnons à la changer simplement en riant. Mais, si je peux me permettre, qui êtes-vous pour contester la science ? En effet, avant, il vous arrivait de rire bêtement, ou intelligemment, mais ce n'était pas tellement moderne. Aujourd'hui, vous pouvez rire scientifiquement. La classe !

1. L'humour est-il un don ?

Certaines personnes savent faire rire. Elles aiment raconter les menus faits de la vie quotidienne, saisir la balle au bond, trouvent des situations amusantes, rendent captivantes les anecdotes, adorent inventer des histoires. Elles peuvent embellir les réunions par des remarques drôles, étonnantes, des comportements ou des jeux de mots. Tout ce qui se passe et ce qu'elles peuvent imaginer peut devenir une idée pour s'amuser. On dit qu'elles ont le « sens de l'humour ». Qu'elles pratiquent le calembour, la contrepèterie, l'imitation, elles font flèche de tout bois, tant elles sont à l'affût des occasions de blaguer.

Mais s'agit-il vraiment d'un don ? Hormis quelques instincts quand nous naissons, nous devons tout apprendre : marcher, parler, bouger les objets, lacer ses chaussures, puis les innombrables comportements face aux autres, aux études, à l'environnement naturel et aux machines qui nous entourent.

L'humour est une façon particulière de déformer la réalité, et cela, nous savons tous le faire. Nous sommes tous capables d'interpréter, de changer de point de vue, de voir les choses sous un angle ou sous un autre. L'humour est un apprentissage particulier d'un mécanisme naturel. C'est pourquoi l'humour peut être appris. Dans l'enfance, nous développons des comportements d'expression de soi : cris, charme, plaintes, sourires, pleurs, jeux. Nous voulons être appréciés, intéressants, aimés, que nos besoins soient satisfaits, qu'on s'occupe de nous et qu'on nous reconnaisse. Nous développons tous les comportements possibles, en fonction de notre personnalité de naissance et de ce qu'exige et autorise l'environnement.

La fonction principale de l'humour, comme celle des croyances et des autres comportements, semble un désir de négocier, de contrôler et de se défendre face à la réalité[7]. Le besoin de comprendre ce qui se passe autour de soi, de grandir, de fantasmer, de sortir de soi par la transe, par les émotions, l'humour, l'amour ou la guerre est une des plus puissantes motivations du désir de croissance. Tout au long de l'éducation, nous exhortons nos bambins à être réalistes, alors qu'ils constatent que nous faisons tout pour ne pas l'être. Car à force d'être réalistes, nous menons une vie réaliste, avec des revenus réalistes, et nous aimons d'une manière si réaliste que ça finit par devenir surréaliste et irréel.

2. Rire de soi-même, ne pas se prendre au sérieux, est-ce possible ?

Les autres rient de nous, c'est entendu. En doutons-nous ? C'est inévitable : tôt ou tard, nos manies, nos idées figées, nos erreurs prêtent à sourire. Bien sûr, on arrive rarement à prendre sur le fait ceux qui nous critiquent, sauf s'ils veulent nous blesser ou nous faire des reproches. Peut-on les devancer pour les désarmer ? En décidant de rire de nos propres travers, nous perdons 90 % de notre susceptibilité, et les autres ont beaucoup moins de prise sur nous.

---

7 Le bébé n'a guère le choix. Comme il est allergique à la plupart des drogues, au vin, à l'alcool, qu'il est incapable de rester des heures en prières, devant la télévision ou un ordinateur, il est bien obligé de se coltiner avec la réalité. Bien fait pour toi, ça t'apprendra ! Ça te mettra du plomb dans la cervelle et te fera regarder la réalité en face !

JEU N°1

Repérez vos croyances un peu absurdes

Repérez, avec l'aide de vos amis, les croyances qui vous bloquent, et amusez-vous avec vos freins et vos manies. Apprendre à rire de soi est sans doute le moyen le plus rapide pour se renforcer, se blinder, acquérir la souplesse indispensable pour réduire la souffrance. C'est d'abord apprendre à rire de soi dans les bonnes conditions, avec les bonnes personnes, avant de se lancer dans le vaste monde :

- Blaguez avec les enfants, en étant fair-play : ils renvoient vite une image assez juste de nos tics.

- Le langage est très important pour associer les mots à leurs différents sens possibles. Cherchez systématiquement le double sens dans les conversations, vous finirez par voir des portes s'ouvrir, des mots qui entraînent d'autres idées. Au début, vous réagirez trop tard, puis tout de suite.

- Regardez les titres des journaux pour chercher le double sens, moyen le plus rapide pour développer votre sens de la repartie.

Ce qui empêche de rire de soi : la peur de devenir le bouc émissaire (la victime), la souffrance ancienne réactivée, et la volonté de protéger l'image de soi.

Le bouc émissaire est une victime qui porte les « péchés » que les autres ne veulent pas voir en eux[8]. Le groupe n'aime pas ce qui est différent de lui. On a maudit les étrangers depuis toujours, les rouquins, ceux d'une autre religion, les dominés, ceux du Sud face à ceux du Nord, les handicapés.

Si l'on devait faire la liste de toutes les haines suscitées par la différence, celle-ci serait interminable, tant le rapport de force entre la « norme » et le « différent » appartient à l'histoire humaine. Les Grecs déjà pensaient qu'en chassant deux malheureux de la ville, ils retrouveraient leur sérénité ; on

8 Se reporter à l'ouvrage de René Girard : *Le Bouc émissaire* (Grasset).

en trouve également des exemples sous toutes les latitudes. Aujourd'hui, quand un nouveau veut s'introduire dans un groupe (à l'école, au collège, au travail, dans un quartier), il doit subir une sorte de bizutage : on teste ses réactions, on évalue ses reparties, on jauge ses vêtements et sa façon de parler. S'il veut s'assimiler, il doit se fondre dans les croyances du groupe. S'il n'y parvient pas ou ne le souhaite pas, il risque la victimisation : être « élu » différent des autres, pour être moqué, craint, exclu. Ainsi, chaque groupe établit ses normes et s'intoxique en estimant que celles-ci sont supérieures à celles des autres.

Quand le groupe est en crise, il faut désigner une victime, pour qu'il puisse retrouver sa cohérence. Le mécanisme de base de ces rapports de force, être-meilleur-que-l'autre, est une source de grande souffrance et peut multiplier les occasions de rire.

Cela fonctionne aussi à deux, par l'ironie, le sarcasme, la dévalorisation de l'autre. « Pourquoi t'habilles-tu comme l'as de pique ? » « Tu es si grosse, tu dois te mettre de travers pour franchir les portes. » « Tu comprends vite, mais il faut t'expliquer longtemps. » « Parce que tu te crois bon au lit ? » Le sarcastique rit des autres, le satirique rit du monde, l'humoriste accepte sa condition et se voit aussi faible, menteur et vantard... que les autres !

Il est très important de ne pas faire rire à vos dépens lorsque vous vous trouvez en milieu hostile : chez des inconnus, au travail, en famille... Lorsqu'il y a des enjeux de pouvoir, n'acceptez pas la position de victime, même consentante, cela aggraverait les choses, et le groupe pourrait vous malmener. En vous abaissant, ils dérivent l'agressivité sur vous, se protégeant ainsi. Pour vous défendre, pratiquez souvent les exercices contenus dans ce livre.

C'est la manifestation d'un sentiment d'insécurité qui pousse à dominer l'autre. L'humour, comme toutes les expressions humaines, peut être un atout de conciliation et d'harmonie, ou une arme destructrice. La méfiance devant un groupe, une forte susceptibilité peuvent indiquer qu'on se sent victimisé. A force d'être blessé par des réflexions désobligeantes, on peut devenir très sensible aux remarques, sur le qui-vive, craignant sans cesse les commentaires sur soi.

Lucien est un jeune ingénieur du Sud de la France. Quand il était enfant, son père l'humiliait; il lui faisait sans cesse remarquer ce qui n'allait pas, même en public : « Ah, c'est comme ça que tu t'y prends ? », « Ah ! il est doué celui-là ! », « Tu te crois malin ? », « Hé ben, dis donc, avec ça on va attendre longtemps », « Tu comprendras quand les poules auront des dents », « Ne vous faites pas d'illusion, quand il promet quelque chose, il s'écoule des mois avant qu'il le fasse. »

Lucien avait développé, vis-à-vis de l'humour en général, une grande méfiance. En fait, son père était cynique. Ce dernier pratiquait l'humour depuis une position haute, en dominant, sans se soucier de trouver un accord avec son enfant, se mettre à son diapason, sur la même longueur d'onde.

Dans cette communication à sens unique, Lucien ne gagnait rien. Il était ridiculisé, sans jamais se sentir valorisé. Il n'y avait pas d'échange. Ce jeu hostile avait un gagnant (le père, qui faisait rire aux dépens du fils) et un perdant (le fils, qui accumulait la rancune). Les sarcasmes réveillaient des sentiments douloureux du passé, des expériences d'angoisse et de honte. Cette sensation de n'être jamais à sa place, de ne pas tourner tout à fait rond, Lucien la connaissait bien. Plusieurs consultations individuelles progressives furent nécessaires pour réduire sa susceptibilité.

Au fonctionnement du cynisme : « Je te suis supérieur, et je vais guetter tes erreurs ou des particularités pour les mettre en évidence », « Tu devras me craindre, surtout quand nous sommes en public, et ne pas contrecarrer mes désirs et mes affirmations », « J'ai le pouvoir de te faire mal, et de mettre les rieurs de mon côté en t'abaissant selon mon bon plaisir ». S'ajoute une pointe de tyrannie : « Et tu as intérêt à le prendre bien, sinon, en plus, je me moquerai de ton absence de sens de l'humour », « Et si tu oses te défendre en te moquant de moi, comme je suis plus fort que toi, je t'écraserai encore plus par la parole. »

Le cynique s'efforce de ridiculiser un détail de la personne (race, âge, sexe, manie, origine sociale, opinion ou autre) pour l'abaisser. C'est le même mécanisme que les commérages, destinés à inférioriser autrui.

« Un fou furieux qui lance tisons, flèches et mort », tel est l'homme qui a trompé son prochain, et dit ensuite : « Mais c'était pour rire[9]*. »*

Les cyniques évoluent souvent aux frontières de l'humour noir. On le trouve chez les militaires, les journalistes, les policiers, les médecins. Les cyniques sont des gens qui ont eu peur (de la maladie, de la mort, de la souffrance, de l'humiliation) et qui ont parfois affronté l'horreur. Ils ont dé-

9 Proverbes, 26, XVIII-19.

veloppé l'humour noir, l'humour absurde, mais aussi d'autres formes d'humour. L'humour macabre, le déni, la folie sont de bons moyens de contester la réalité avant de s'y habituer, pour dominer une situation.

La position haute consiste à agresser, à exagérer sa propre valeur, à souder le groupe contre un « différent », quelqu'un qui dénote par son comportement. La position basse consiste à faire rire à ses dépens. Il y a risque de devenir le bouc émissaire, de souder le groupe contre soi en valorisant trop les autres. Mieux vaut éviter de prendre cette position avec des inconnus ou des personnes plus ou moins hostiles. Ne comptez pas trop sur autrui pour dire du bien de vous. Chacun sa spécialité. Votre travail, c'est de vous estimer. Le travail des autres, c'est de vous critiquer !

3. Le triangle dramatique

Il existe, dans les relations névrotiques, trois positions de vie, appelées « triangle dramatique[10] » : la victime, le persécuteur, le sauveteur. Bien sûr, on change de rôle. Un sauveteur vole au secours d'une victime; puis la victime le rejette, il devient lui-même victime et cherche un sauveteur, ou persécuteur avant de devenir victime.

- ***La victime :*** elle appelle à l'aide. Elle souffre, est incapable de se débrouiller et a trop de problèmes. Elle voit le monde comme une grosse masse de difficultés qui lui sont destinées.

Transformation en humour : plainte, maladresse, comportements infantiles.

- ***Le persécuteur :*** il veut imposer son point de vue, faire mal, se venger, humilier ou rabaisser. Voit le monde comme un endroit où remettre de l'ordre.

Transformation en humour : humour grognon, donneur de leçons excessif, je-sais-tout, mauvaise foi délibérée.

- ***Le sauveteur :*** il veut aider les autres qui ne lui demandent rien, et cherche des victimes à secourir. Voit le monde comme un lieu de souffrances qu'il doit soulager.

Transformation en humour : humour grandiloquent et émouvant, grandes déclarations déclamées, humour convivial.

10 On peut lire : « *Sortir du triangle dramatique* », B. Raquin, Editions Jouvence.

4. La taquinerie

La taquinerie connaît aussi ses excès. Une de mes clientes, commerciale, se plaignait que son patron plaisantait toujours à ses dépens. Il sous-entendait qu'elle était trop grosse (ce qui était faux) et que ses résultats financiers ne justifiaient pas son salaire (faux également). J'émis l'hypothèse qu'il voulait simplement communiquer avec elle, et lui appris le sens de la repartie. Très vite, elle apprit à dialoguer avec lui dans cette langue qu'est l'humour, en exagérant ce qu'il disait, en le retournant contre lui. En effet, deux personnes sur dix établissent le contact en blaguant, souvent par le sarcasme et la dérision. Elles ne sont pas nécessairement agressives. En acceptant d'entrer dans leur jeu, on peut faciliter le dialogue.

Comme l'a dit Shakespeare : « L'impact d'une plaisanterie est dans l'oreille de celui qui l'entend, non dans la bouche de celui qui la dit. »

Certains adultes ont tendance à trop chatouiller les bébés, même si cela les fait pleurer, sans se préoccuper de l'instant où cela devient désagréable.

Je me souviens d'un client qui, lorsqu'il était bébé, se trouvait dans un landau dans un atelier où ses parents travaillaient. Et n'importe qui se penchait sur lui, lui caressait les joues ou le prenait dans ses bras. Des années plus tard, cet homme avait conservé toute la souffrance de ce bébé victime d'affection non demandée.

Donc, soyons attentif aux réactions de l'autre, si nous allons trop loin, ou si au contraire il nous encourage à persévérer sur le même mode de communication.

Pour éviter de se faire taquiner lorsque cela devient trop agressif :

- Rendre coup pour coup, riposter jusqu'à toucher l'autre : dans un premier temps, il s'efforcera de reprendre l'avantage, mais si vous continuez à riposter, il se méfiera et se modérera.

- Rendre évident ce que l'autre dit : prétendre que l'on sait ce qu'il veut vraiment dire, mettre en avant les émotions (par exemple : « Tu es trop gros », « Es-tu en train de me dire que tu m'envies ? Ou que tu te préoccupes de moi ? Ou que tu voudrais te sentir supérieur à moi ? Ou peut-être même que tu m'aimes ? ». Vous pouvez aussi décortiquer ce qu'il dit, jusqu'à l'exaspération : « Trop gros ? Gros comment ? Précise ta pensée. Quelle est ta définition de l'excès de poids ? Par rapport à quelle norme ? Est-ce que tu plaisantes, ou est-ce sérieux ? »).

JEU N°2

Résolution de la susceptibilité

- Allez-y par petites touches, en testant ce qui est acceptable : dans un état d'esprit ludique, commencez par des allusions aux zones les moins sensibles, avant d'ironiser sur les comportements les plus insupportables.
- Faites entrer votre partenaire dans le jeu. Il doit sortir du sérieux. S'il se vexe, reculez, testez un autre domaine en gardant un ton de voix joyeux, une disposition d'esprit ludique.
- Si vous voulez développer votre résistance à l'ironie, fréquentez quelqu'un qui vous aime bien et vous taquine.

Rares sont ceux qui n'ont jamais dû subir de sarcasmes. La dévalorisation des autres est un mécanisme archaïque de domination, qui se manifeste sous forme de violence physique, de condamnation des opinions, des croyances, des mœurs d'autrui, et sous forme de rumeur, de critique, de commérage, de diffamation. En général, quand on ne peut écraser quelqu'un, on en dit du mal. Et dire du mal de quelqu'un permet de se familiariser avec l'idée de le détruire.

Les guerres commencent par le mépris et la déshumanisation des autres, le refus d'admettre que leurs valeurs possèdent quelque chose de bon. Moins on est intimement convaincu de ses croyances, plus on les affirme violemment, car on ne supporte pas la remise en cause. On sait que la tyrannie naît de l'incapacité de convaincre autrui, et qu'une personne confiante dans ses idées accepte d'être taquinée. C'est là une des sources du rire : on se moque des idées figées, et de ceux qui clament qu'ils détiennent la vérité.

Henri Bergson disait[11] que le rire est de la « mécanique plaquée sur du vivant », un décalage entre ce qui est attendu mécaniquement et ce qui interfère. Par exemple, l'homme important, qui marche avec arrogance (action mécanique) dans la rue et qui glisse sur une peau de banane (surprise de la réalité). Cela nous permet, comme le faisait remarquer Freud[12], de nous sentir supérieur et d'exprimer une certaine agressivité, mais aussi de nous sentir proches de la « victime » dont on se moque : cette mésaventure aurait très bien pu nous arriver !

D'après Bergson, le rire réprimande les excentriques, les personnes trop différentes du reste du groupe. On se moque des dominants, des bizarres, des prétentieux, des faibles, de tous ceux qui ont un comportement hors norme. Cela permet au groupe de se sentir soudé, de développer une identité commune. C'est aussi pour cela que l'humour thérapeutique se pratique plus facilement en groupe fermé, dont les membres se connaissent, plutôt qu'en groupe ouvert, car les nouveaux venus peuvent être la cible de la complicité des anciens.

Nous adorons nos manies, nos croyances, nos opinions ; nous sommes indulgents avec nos comportements abusifs ou odieux[13]. La plupart du temps, nous ne trouvons pas qu'ils soient ridicules ou qu'il y ait de quoi en rire. Pourtant, les « autres » critiquent ce à quoi nous sommes tellement attachés.

Nos opinions politiques, religieuses, mais aussi notre opinion sur la longueur des cheveux masculins, des vêtements féminins, de l'élevage des ânes, des ordinateurs, ou des micro-ondes, nous semblent tout à fait justifiées et solides. Les humains détestent le changement, car ils ont à cœur de perpétuer la noble tradition d'insatisfaction perpétuelle[14].

« J'en ai assez de manger toujours la même chose !

- Dis à ta femme de varier les plats.

- Je ne suis pas marié. Je prépare moi-même mes repas. »

Quand l'humour surgit, le brouillard qui nous masque à nous-même se dissipe. Le roi est nu, la tension fait place au soulagement. Nous pouvons

---

11 Dans son ouvrage *Le Rire : essai sur la signification du comique* (PUF).

12 Dans *Le Mot d'esprit et sa relation à l'inconscient* (Gallimard).

13 Cher monsieur N., dans votre lettre, vous dites être d'accord sur le fait que les comportements des autres sont odieux, que leurs idées sont ridicules. Évidemment cela ne s'applique pas à vous, car vous êtes « vous » et non les « autres ». Je sais combien vos opinions sont justes, et à quel point vous avez toujours raison. Mais par quelle stupidité les autres ne le comprennent-ils pas ? Ce serait si simple de vous demander ce qu'il faut penser !

14 Les insatisfaits perpétuels ne représentent qu'une infinie minorité, composée des enfants, des jeunes, des adultes, des hommes, des femmes et des vieillards. Plus un bon tiers des autres.

enfin nous voir tels que les autres nous perçoivent, et cette révélation déclenche le rire. C'est le soulagement du chevalier qui ôte son armure.

Le rire se propose ainsi naturellement comme un antidote aux émotions intoxicantes : la colère, la peur, la dépression, l'agressivité, la honte. Il permet d'apprivoiser les forces hostiles qui nous habitent.

5. La protection de son image

Les humains s'acharnent à passer à leurs yeux pour des gens bien. Ils justifient tous leurs actes, même les plus affreux, en trouvant de bonnes raisons. Ils inventent des milliers d'excuses pour expliquer leurs faits, leurs défauts, pourquoi ils ont fait ceci et n'ont pas fait cela, pourquoi ils se sont conduits de telle ou telle manière.

L'objectif est d'éviter de se regarder en face, afin de ne pas se remettre en question. C'est dommage, parce que ce que l'on veut cacher, les autres le voient souvent clairement ! Tous les gangsters, les délinquants, les criminels politiques ou religieux, les tyrans se trouvent formidables ! On a vu souvent de la racaille haineuse et ne respectant rien se considérer comme des héros, sous prétexte qu'ils ont déguisé leur cause en juste cause, ou qu'ils sont obligés de réagir ainsi à cause du comportement d'autrui. Ils préfèrent reporter la faute sur l'autre, plutôt que prendre la responsabilité de leur vie. C'est humain... et c'est ce qui les empêche de changer et les rend dangereux.

En général, nous nous aveuglons sur nous-même, pour protéger notre bonne conscience. Vous connaissez une personne qui se prétend une gentille victime des autres, elle a le coeur sur la main, elle fait tout pour les autres, et tyrannise son entourage car les gens ne lui sont pas aussi reconnaissants qu'elle aimerait. Une autre déclare chercher la paix et génère des conflits avec tout le monde. Telle autre parle du bonheur, en cherchant tous les moyens d'être déprimée. La dépression vient de l'égotisme; trop centré sur lui-même, le déprimé se prive du contact avec les autres ; il les craint ou les méprise, se centre sur sa douleur, ne finit par communiquer qu'avec des gens qui souffrent, puis, comme il est déçu, se replie sur lui-même.

L'humour permet de dissoudre cette protection illusoire, cette image fausse, en jouant avec les images mentales, les symptômes et les hallucinations. Lorsque ces dernières sont grossies, nous pouvons les identifier : Untel est parano, tel autre broie du noir, etc. Mais nous avons aussi ces petites hallucinations lorsque nous nous inquiétons trop souvent, lorsque nous redoutons l'avenir, lorsque nous pensons qu'il n'y a pas assez de gens bien pour les rencontrer.

6. La souffrance

Si votre vie brûle, difficile de l'éteindre par des larmes. Essayez de souffler dessus en riant aux éclats. Ça ne marche pas. Lorsqu'on souffre, on perd toute distance entre soi-même et sa souffrance, on s'identifie à elle. Lors d'une épreuve, il est souvent difficile de pratiquer l'humour. En revanche, le rire est plus accessible, pour peu qu'on y mette du sien ! On peut rire mécaniquement par le rire déclenché, alors qu'on n'a pas l'état d'esprit porté à l'humour.

Nos expériences ne sont pas neutres : elles sont associées à des émotions, agréables ou désagréables, le conditionnement du passé. Voilà pourquoi des paroles ou des situations présentes peuvent réveiller de vieilles douleurs. Pour acquérir de la distance, il faut en prendre la décision, et la maintenir par ses comportements ; sinon elle se dilue. Paradoxalement, quand on est trop impliqué dans une situation difficile, l'humour se raréfie, au moment où l'on en a le plus besoin. On se trouve au centre de l'ouragan et il semble qu'il n'y ait pas d'issue. Quand on est d'humeur morose, on peut en sortir progressivement. Mais l'idéal est d'y aller franchement : le meilleur moment pour rire, c'est quand on n'en a pas envie.

JEU N°3

Les étapes pour retrouver votre bonne humeur

- Changez progressivement le vocabulaire utilisé pour décrire votre émotion : de désespéré à triste, de triste à maussade, de maussade à contrarié, de contrarié à perplexe, de perplexe à chiffonné, de chiffonné à papier mâché.
- Décrivez par des métaphores imagées ce qui vous arrive. « Je me sens comme un... dans... qui s'apprête à... »
- Exagérez dans un sens ou dans l'autre, exagérez toujours.
- Associez un ressenti différent, en commençant à sourire ou en chantant.

C'est une des difficultés de la thérapie par l'humour : si vous visez juste, la personne risque de ne pas l'accepter. Le signe le plus sûr qu'une personne va bien, c'est quand elle accepte l'humour sur tous les sujets. Elle collabore au lieu d'être victime. Elle est égale et non dominée.

Une thérapeute débutante, en trente heures de formation, ne retient qu'une réflexion qu'elle avait jugée désobligeante. Comme elle était thérapeute, elle estimait mériter un traitement de faveur et posait ses conditions : on ne devait pas rire de ses travers, car elle les avait tous résolus... Dès qu'elle sentait que j'allais aborder ses faiblesses pour lui permettre de prendre de la distance, elle se raidissait, grimaçait, et son visage était sur le qui-vive. Mais le refus de s'amuser de nos faiblesses nous expose, dans le monde réel, à en souffrir toujours. En général, si on ne s'en occupe pas, cela s'aggrave avec le temps.

Dans nos zones sensibles, surtout lorsque nous sommes en crise, souvenons-nous que nous ne sommes pas conscients de nos mécanismes et de notre vulnérabilité. Au lieu de nous vexer, il serait sage d'en tirer profit pour assouplir une partie figée de nous-même.

Frédéric est un homme très raisonnable, qui travaille dans l'aviation. Il a le plus grand mal à quitter son sérieux. Il se plaint que sa femme se lasse, mais il ne sourit jamais et passe son temps à expliquer, commenter et analyser. La première étape consiste à l'inciter à changer d'état d'esprit, à voir le côté ludique de ce que je lui dis, à réagir d'une manière moins empesée.

Nadia est une esthéticienne habitant la province. Chaque fois qu'elle voyait une émission ou des informations tristes, elle pleurait. Son mari ne la plaignait plus depuis longtemps et ses enfants la fuyaient. Elle épouvantait les gens qui redoutaient ses crises d'hystérie et l'évitaient. Je lui demandai de m'apprendre à devenir un emmerdeur comme elle, car cela pouvait me libérer de certaines personnes trop collantes. Après avoir pleuré encore quelques minutes devant ma remarque, elle se mit à rire et rit tout le week-end. Au lieu de compatir (ce que demandent les pleureurs professionnels) et de m'ébaudir sur sa prétendue grandeur d'âme, je lui dis tout haut ce que tout le monde pensait tout bas.

Mais quand on souffre, on n'aime pas tellement que les autres aient de l'humour, surtout à ses dépens ! Cela constitue pourtant un excellent moyen de repérer ses blessures inconscientes : les choses dont on ne rit pas, celles qui nous font peur, ou celles dont on n'aime pas que d'autres rient.

Souvent, quand la souffrance d'un client est trop forte, j'évite toute forme d'humour. La souffrance est une bulle qui enferme la personne, ou dans laquelle la personne s'enferme, plus ou moins volontairement. L'humour en thérapie ne peut être un rapport de force, mais un partage. Il est donc nécessaire de rejoindre le client dans sa souffrance, pour atténuer la distance émotionnelle. Sinon cela risque d'être perçu comme une supériorité (l'agressivité des gens bien portants face aux faibles). Quelqu'un qui souffre se sent facilement offensé si l'on ne considère pas sa souffrance comme la plus importante du monde.

L'humour doit se fonder sur l'acceptation de l'autre, envoyer un message d'encouragement, permettre de tester des comportements plus adaptés; il facilite la perception par le client de ses propres sensations, favorise le lâcher-prise. Avec cette femme geignant à cinquante ans des coups donnés par sa mère quarante ans plus tôt, difficile de ricaner, de s'étonner de sa prodigieuse mémoire ou d'approuver sa mère en justifiant les coups par des motifs absurdes : la compassion est la porte d'entrée. Sans la compassion, l'humour est vite perçu comme une forme de cruauté. « Monsieur, vous m'avez fait rire avec ma peine, je suis furieux ! Ma souffrance est imposante, solennelle, et mérite toute votre considération. La preuve, c'est qu'elle dure depuis longtemps. »

Au-delà de la boutade, les déprimés professionnels ne veulent pas rire de leur sacrée tristesse. Tourner en dérision leur Immense Souffrance est un sacrilège. En fait, la souffrance est bien réelle, son origine est en partie ou totalement imaginaire, et son maintien est pathologique.

Fréquemment, une personne déprimée se croit plus fragile que les autres et se figure avoir vécu des événements plus douloureux. « Eux, ils sont forts, et ils n'ont pas enduré ce que moi j'ai enduré. »

Ce n'est pas le cas. Chacun fréquente des gens ayant vécu un drame qui ont décidé de ne plus habiter ce drame, et de ne pas obliger leurs proches à le subir. Je connais des personnes dont l'enfant s'est suicidé et qui ont décidé de vivre heureux en sa mémoire, d'autres qui ont perdu plusieurs membres de leur famille et avancent dans la vie en dispensant la sérénité, d'autres qui ont adopté un enfant handicapé et qui contribuent à faire de cette terre un endroit respirable. J'en connais aussi qui, suite à un licenciement, un divorce ou un deuil, transforment leur maison en enfer, en prison, et haïssent le monde de continuer à tourner.

N'est-il pas de la compétence et de la responsabilité de chacun sur terre d'accepter la condition humaine et de tâcher de rester debout ? Le développement personnel par l'humour nous renvoie précisément à notre responsabilité, non forcément de ce qui nous arrive, mais de nos réactions à ce qui nous arrive. Il suffit de vraiment regarder les malades, les handicapés et les miséreux sur terre pour rendre modeste sa propre souffrance. Et puisque le rire est présent apparemment depuis la nuit des temps, on peut en déduire qu'il participe à la survie de l'espèce, et à la survie de l'individu.

Face aux problèmes, nous avons le choix : nous les subissons ou nous en tirons profit. Comme le dit un proverbe romain : « Le Destin traîne celui qui le refuse et guide celui qui l'accepte. » Au-delà de la souffrance, il appartient à chacun de trouver un sens qui lui convient, et qui lui donne de la puissance sur sa propre vie.

Par exemple, il y a beaucoup de suicides et d'infarctus le lundi. Les grincheux encourent trois fois plus de risques d'infarctus que les personnes bon enfant. Après des mois de recherches, j'ai pu calculer que nous passons le septième de notre vie un lundi. Il suffirait que le gouvernement supprime le lundi pour régler une partie du problème. Dommage, c'est un bel animal, le lundi, composé de la queue du dimanche et du museau du mardi. Lorsque le pape Grégoire supprima onze jours pour adapter le calendrier à la rotation réelle de la terre, il déclencha des émeutes : il avait volé onze jours aux gens[15] ! Imaginons ce que feraient les commerçants si on les privait de leur lundi... Et je suis persuadé que certains se plaindraient du mardi !

Ce qui empêche l'humour, c'est qu'on refuse de se voir tel qu'on est, ou qu'on prend au tragique la situation. On peut rire d'une manière gentille, quand quelqu'un se penche sur un étalage, et n'ayant pas vu la vitre, se cogne le front. Ou d'une manière plus cruelle. À l'étranger, me trouvant dans un taxi roulant au pas, je croise un homme frappant sa femme sur le trottoir. Je m'apprête à intervenir, mais tout le monde rit en me disant de passer mon

15 Ce qui explique le grand nombre de fantômes. En effet, les gens qui sont morts durant ces onze jours ne sont pas encore morts puisque ces jours-là ont disparu. Encore des oubliés de l'Histoire ! Cela explique aussi pourquoi ils sont vêtus d'un linceul blanc, dans le fol espoir que les Écossais prieront pour les envoyer dans l'au-delà, au risque de perdre les revenus que procurent les revenants.

chemin ! Peut-être, pour les critères du pays, la frappait-il « gentiment » ? Il arrive aussi qu'un étranger vole au secours de la dame, et qu'elle s'associe à son mari pour le frapper !

Trouver l'humour est une affaire de point de vue. Personne n'a une vie plus drôle qu'une autre, à moins de le décider. C'est ce qu'enseignait Jésus : « Cherchez, et vous trouverez. »

JEU N°4

Établissez une communication

Pour établir une communication avec une personne en difficulté, vous devez :

- Établir un rapport émotionnel, par l'écoute réelle, la compassion, en se mettant à sa place, en laissant sa souffrance résonner en soi, en se synchronisant sur ses croyances, en les acceptant comme des faits, des réalités incontournables.

- Avancer prudemment en revenant en arrière si l'autre se rebiffe. « Excusez-moi, je me suis mal exprimé, ce n'est pas ce que je voulais dire. »

- Avancer quand même en faisant diversion, en traitant les problèmes par l'absurde, en changeant les idées.

- Quand une relation de confiance est établie, alors seulement blaguer de la blessure principale, en la confrontant, en l'extériorisant, en la traitant comme une survivance du passé et non un problème d'actualité.

« Poison ou remède, tout est dans la dose », disait Paracelse en parlant des venins. Il en va de même pour l'humour.

JEU N°5

Jouez avec votre propre rôle

Entraînez-vous devant un miroir ou un caméscope. Forcez le trait, exagérez massivement, jusqu'à ce que vous quittiez vos limites. Si vous êtes joyeux luron, délirez carrément. Si vous êtes solennel, soyez impérial. Si vous êtes plaintif, devenez un geignard épouvantable.

Puis jouez le contre-emploi, le contraire de ce que vous êtes. Si vous êtes joyeux luron, soyez pleurnichard; si vous êtes solennel, soyez détendu; si vous êtes plaintif, faites des bonds de joie. Jouez ce que vous redouteriez être, ce que vous n'osez pas être ! (Vous l'êtes aussi !) Consacrez autant de temps à cette seconde phase. Vous découvrirez ainsi de nouveaux moyens d'expression souvent amusants.

JEU N°6

Ce que je n'aime pas chez moi

Décrivez, de préférence en riant, ce que vous n'aimez pas, dans votre comportement, votre physique, vos réactions. Commencez par les petites choses, puis augmentez la dose.

« Ce que je n'aime pas, c'est ma prétention, mon grand nez, mon ventre, mes joues... »

Si vous pratiquez cet exercice en groupe, de préférence en compagnie d'un professionnel du développement personnel, si vous acceptez que les autres vous taquinent, vous perdrez en quelques séances la moitié de votre susceptibilité, et deviendrez enfin fréquentable ! Attention à pratiquer en groupe fermé, dont les membres se connaissent et s'apprécient, et veillez à ce que celui dont on se moque gagne quelque chose. L'idée est de le faire rire et non de le faire souffrir. Veillez aussi à alterner les rôles.

Si nos expériences produisent nos croyances, l'inverse est aussi vrai : nos croyances préfigurent nos expériences. Ce qu'on s'attend à découvrir, on le découvre. Si je traverse l'existence, persuadé que des moments drôles existent quelque part, attendant que je les rencontre, je les remarquerai.

Un soir, je me trouve dans un pays du tiers-monde pendant une coupure de courant. Que faire ? Je n'ai pas de bougie, je ne peux lire. Les moustiques m'apprécient, mais je n'ai jamais pu me montrer sympathique avec eux. Comment trouver quelque chose d'amusant dans la situation ? J'allume ma lampe de poche : décor miteux de chambre d'hôtel rudimentaire, murs à la peinture délavée depuis longtemps, fenêtre grillagée et poussiéreuse. Je réalise que le faisceau de ma lampe dessine sur le mur un « smiley », un visage rond souriant. Je décide alors de sortir discuter avec les gens et passe un moment agréable à la lumière des lampes tempête. Sans désir délibéré de trouver quelque chose d'humoristique, je n'aurais jamais remarqué ce dessin dû au hasard.

Il se produit des incidents amusants sous toutes les latitudes, dans tous les métiers, partout où se trouvent des êtres humains. Focalisez votre attention dessus, commencez à leur donner de l'importance, partagez-les avec vos relations.

L'humour est un entraînement, un échange, une énergie que vous faites circuler. Prenez la décision de développer le rire.

JEU N°7

Prenez une décision

Imaginez au pire les conséquences terribles qui vont découler de la décision que vous prendrez, exagérez-les jusqu'à ce qu'elles deviennent drôles et que vous puissiez en rire. Vous hésitez à vous rendre au Salon de l'agriculture en voiture ? Soyez prudent, prenez le métro. La dernière fois, l'embouteillage a duré si longtemps qu'on a retrouvé pas mal de squelettes dans les voitures.

Par exemple, imaginez les risques encourus si vous augmentez votre humour : joie de vivre, pouah ! meilleure santé, beurk ! Bonne entente, horreur ! Imaginez des scènes où des vieillards barbus vous reprochent d'être heureux, sous prétexte que c'est le Diable qui créa le monde, pour nous faire souffrir. Imaginez que vous racontiez des histoires drôles et que vous amusiez la galerie. Vous plaisez, on vous apprécie : de quoi frémir, non ?

7. Jouer avec le temps

Une situation devient souvent drôle si elle est décalée, sortie de son environnement et de sa logique. Le temps est, avec le contraste, le moyen de sortir du drame. « Un jour, tu repenseras à tout cela et tu en riras », disent nos amis lorsque nous sommes dans la peine. En réalité, ils se vengent : on leur a dit la même chose quand ils traversaient une crise.

Avec le temps, on perçoit mieux un événement dans toutes ses facettes. « La comédie, c'est du drame plus du temps », a dit Shakespeare. Si on regarde bien les comédies, elles parlent toutes de drames, d'un déraciné, d'un étranger, de quelqu'un qui n'a pas de comportements adéquats, qui est stupide, maladroit, victime des autres, ou hostile. Les histoires de Laurel et Hardy, de Charlie Chaplin bien sûr comme *Les Temps modernes* et *Le Dictateur* mais aussi *Une nuit à l'opéra, Les Visiteurs, Crocodile Dundee, Les Dieux sont tombés sur la tête, Sister Act, Mme Doubtfire, Tootsie, Mr. Bean, Un Indien dans la ville, La Totale, La Chèvre, MA.S.H., Y a-t-il un pilote dans l'avion ?, Le Jouet, Le Dîner de cons, La Belle Vie, Affreux sales et méchants, Ridicule, La Cage aux folles, La Vie est un long fleuve tranquille,* et les films de Jackie Chan... En revoyant un film, demandez-vous comment le scénariste crée des situations humoristiques, et comment il ferait avec le matériau de votre vie.

Beaucoup de dessins animés sont aussi basés sur ce principe du drame créé par la différence : le chien, le chat, la souris, l'oiseau, le coyote et l'autruche, le fort et le faible, le petit et le grand, le maigre et le gros, etc.

Ce n'est pas un hasard. L'humour permet d'affronter les horreurs de la vie, de les transformer en sens, en énergie orientée vers le futur. Il est donc logique que les situations les plus pénibles soient le terreau des comédies, et que les blagues soient souvent des minidrames. Peu d'entre nous aiment affronter d'une manière toujours sérieuse les grands problèmes humains : être victime d'une injustice, être un étranger, être rejeté, être bête, en danger, ne pas savoir comment se comporter. Nous sommes terrifiés à l'idée d'être différents, et en même temps nous souhaitons l'être... mais pas trop. Si nous sommes différents de la foule, nous cherchons d'autres différents pour faire une minorité. Et si nous ne nous reconnaissons dans aucune minorité, tant pis, nous sommes un génie méconnu, un artiste en avance, ou trop lucide pour les plaisirs vulgaires de la masse.

Or, le rire est basé en grande partie sur l'idée de la différence et de la comparaison.

Quelques proverbes illustrent le passage du temps :
- Laissons du temps au temps.
- Le temps guérit toute plaie.
- Le temps, remède souverain.
- La nuit porte conseil.
- On en reparlera.
- Qui vivra verra.
- Rira bien qui rira le dernier.
- Tout est bien qui finit bien.

Un des processus les plus efficaces de la religion et de la psychothérapie est de mettre les événements en perspectives, de leur donner un sens sur le long terme. Par exemple, si on considère une perte comme définitive et totale (désespoir), c'est douloureux. Si on considère la perte comme inévitable (fatalisme), cela l'est moins. Si on considère la perte comme une expérience, un moment transitoire destiné à faire évoluer (spiritualité, résurrection, réincarnation), la douleur s'efface plus vite et le cerveau commence à intégrer l'expérience au lieu de la figer.

À ce titre, l'humour est la troisième valeur universelle : il rejoint la spiritualité et la thérapie, en permettant des interprétations plus larges, plus légères, plus profondes. Comme dit le proverbe chinois que je viens d'inventer (à lire avec l'accent chinois) : « N'oubliez pas que l'homme qui a longtemps marché... pue des pieds. » Ce qui fait souffrir, c'est de garder des moments du passé, comme des pierres brûlantes dans le ventre. Des souffrances non exprimées, des humiliations jamais rétablies. En considérant que votre vie appartient à un grand flot, qu'il n'y a pas de raison de la prendre d'une manière aussi... personnelle, vous retrouvez la sagesse et l'intérêt de la condition humaine.

JEU N°8

Projetez-vous dans l'avenir

Pensez à un événement ennuyeux, projetez-vous dans dix ans et voyez comment vous réagirez à ce moment-là. Commencez à respirer en cadence, très bruyamment, puis commencez à rire, un rire faux dans un premier temps, puis de plus en plus fort.

Ainsi, vous comprendrez mieux les mécanismes en jeu, lorsque nous en aborderons les effets sur votre santé.

CHAPITRE II

L'humour : votre septième sens

QUI N'A JAMAIS RÊVÉ un jour de posséder un meilleur sens de la repartie ? Imaginez : vous devenez plus à l'aise dans les situations difficiles; d'un mot, vous dénouez les tensions. Ou bien vous prenez du recul par rapport à vos difficultés passées, vous voyez les choses sous un autre angle.

Par le plaisir qu'il ajoute à votre vie, l'humour peut devenir un de vos atouts principaux.

« Voilà quelques mois, raconte Marie, une charmante jeune fille de cinquante-trois ans, je souffrais beaucoup, car j'étais très susceptible. La moindre remarque me vexait. Mes collègues, mes amis, ma famille étaient obligés de me traiter avec précaution. En ma présence, ils s'efforçaient d'éviter certains sujets, de me ménager. Je me sentais exclue, cela m'ulcérait. On me disait que je prenais les choses trop à cœur. Mais j'étais alors persuadée que j'avais raison, qu'on ne me traitait pas bien. En réalité, j'ignorais comment réagir autrement, je n'avais pas appris. Il m'arrivait de marcher dans les rues en ressassant des pensées hostiles; je ruminais, je voulais me venger, « river son clou » à la personne qui m'avait « agressée ». Je mettais en avant ma sensibilité, réelle, pour masquer le fait que j'étais imbue de ma personne... En regardant les choses différemment, j'ai pu constater à quel point je faisais régner une tension. Sous prétexte de susceptibilité, je tyrannisais les autres, sans m'en apercevoir. Ils marchaient sur des œufs et finissaient par me tenir à l'écart et je leur en voulais. Maintenant, je suis plus à même de réagir aux réflexions qui pourraient être déplaisantes. J'ai appris à dire que cela me blesse, ou que je préfère qu'on les évite. Parfois même je commence à rire, à « en rajouter » grâce à l'humour. Je ne suis plus prison-

nière d'un comportement automatique, j'ai plus de choix, je m'adapte mieux aux différentes circonstances. Les changements ? Stupéfiants ! Mon mari ne craint plus de s'exprimer, de blaguer. Souvent je lui renvoie la balle. Avec mes enfants, surtout le dernier, c'est le jour et la nuit. Avant, je ne supportais pas les railleries de mon aîné, sa vanité, ses certitudes et ses opinions carrées. Désormais, je saisis toutes les occasions pour aller plus loin que lui. Il me trouve moins coincée et j'arrive mieux à communiquer. Je prenais son insolence pour du mépris. Je croyais qu'il n'existait qu'une seule manière de s'exprimer - la mienne ! A mes yeux, il fallait exprimer ce qu'on ressentait, d'une manière rationnelle. Je coupais les cheveux en quatre. J'étais tellement cérémonieuse ! Maintenant, j'ai compris que l'humour est une forme de communication parmi d'autres. C'est la révélation d'une nouvelle facette de moi. »

L'humour est sans doute l'une des plus grandes vertus, qui facilite la modestie, la paix de l'esprit et le bien-être. Sous une forme ou une autre, il est présent partout parmi les humains. C'est véritablement notre septième sens, avec l'ouïe, la vue, le toucher, l'odorat, le goût et l'intuition. Il s'adapte à toutes les formes de communication, et parfois même, n'a pas besoin des mots, ce qui le rend universel.

1. Qu'est-ce que le sens de l'humour ?

Le sens de l'humour est une façon d'aborder le monde, une manière de réagir aux événements. Ce n'est pas de raconter des blagues. Certaines personnes sont drôles sans avoir beaucoup d'humour. D'autres aiment raconter des blagues mais n'ont pas toujours trop d'humour. Rire n'est pas non plus une obligation. Ce qui importe, c'est de trouver votre propre style, une expression qui vous ressemble et vous gratifie.

Chacun interprète la réalité à sa manière, y puisant ce qu'il souhaite ou redoute. L'humour est une grille de lecture spéciale, une interprétation différente. C'est pourquoi tout être humain peut développer son humour, en appliquant sa déformation spécifique de la réalité selon les techniques développées dans ce livre.

2. L'humour, l'humeur, l'esprit et le rire

Des siècles durant, la médecine a estimé que les humains étaient régis par quatre humeurs principales : sang, bile, lymphe et nerfs. L'humeur désignait les liquides de l'organisme. Selon Hippocrate le tempérament sanguin prédisposait aux arthrites et aux hémorragies; le bilieux s'exposait aux troubles digestifs et hépatiques et aux scléroses. Le lymphatique risquait l'asthénie, la tuberculose et le rachitisme. Quant au nerveux, il pouvait subir l'hystérie, les palpitations et les névralgies. En équilibrant ces quatre pôles, la personne se trouvait dans la « bonne humeur ». L'expression française « bonne humeur » passa dans la langue anglaise, avant de s'y transformer en « humour, humor » et de revenir dans la langue française, qui ne connaissait, à l'époque de Versailles, que l'« esprit ». On y cultivait l'intelligence, le bon mot, parfois cruel, au détriment des autres. L'humour est aussi un état d'esprit, une façon de ne pas prendre les choses trop sérieusement, mais ne cherche pas particulièrement à prouver l'« intelligence » de son auteur.

Humour et esprit sont des mécanismes sociaux, appris dans les rapports humains, qui dépendent d'un contexte culturel. L'humour peut ainsi varier d'une époque à l'autre, même s'il débouche souvent sur des rires. Ce sont des activités humaines, acquises par le langage et l'observation. Les enfants se mettent à développer leur sens de l'humour vers dix-huit mois, quand ils commencent à devenir autonomes. Ils sont très demandeurs, car c'est le même mécanisme qui les fait réclamer des histoires : accéder à de nouvelles interprétations du monde. Ils posent les mains sur les yeux et font « bouh ! », se cachent sous le lit et apparaissent brusquement. Ils connaissent déjà les fondements de l'humour : jeu avec les émotions, tension, dissimulation d'un élément, surprise, jeu avec la réalité. « Jouer à se faire peur, pour de vrai ou pour du beurre. »

Le rire abaisse l'anxiété. Dans son désir de maîtriser l'environnement, d'agir sur ses parents pour se faire câliner et nourrir, d'établir des relations avec des adultes, l'enfant découvre que la réalité n'est pas gravée dans le bronze. En découvrant l'humour, il devient pleinement un être humain.

3. L'humour, les émotions et les fondations du psychisme

Tous nos comportements sont appris. Il en va de même pour l'humour. Présente dès les premiers mois de l'enfant, quand il commence à observer le monde autour de lui, cette tournure d'esprit ne demande qu'à se développer.

À peine bébé sait-il gazouiller qu'il apprend à se cacher sous les draps pour apparaître soudain, à faire peur pour rire, à avoir peur pour rire. Il constate que la peur et la surprise sont des mécanismes qui font rire, et qu'il peut ainsi dominer ses parents, même s'il sent qu'ils font semblant d'être effrayés, ce qui est encore plus amusant et l'autorise à rire. La peur ne fait plus toujours peur. S'y ajoutent quelques structures du rire : le cache-cache - « Je suis là, je ne suis pas là »; le sentiment de supériorité - « J'agis sur le monde extérieur » ; la répétition - « J'arrête le temps à ma convenance, je fabrique la réalité. »

Comme il n'est pas bête, même s'il fait encore ses besoins sur lui, il enregistre ces mécanismes pour les utiliser plus tard, sous forme de quiproquos, de mimiques, de mises en scène, de jeux de mots et autres techniques. Il adore les sons simples comme « popo, bobo, brr-brr, guilli-guilli », les gazouillis, et découvre que ses pieds, ses mains, puis les autres humains sont des partenaires de jeu.

Mais son apprentissage ne s'arrête pas là, il continue dans l'univers impitoyable de l'enfance. Dans la cour de récréation, les chères têtes blondes et brunes doivent s'imposer pour marquer leur territoire, comme n'importe quel moineau[1]. Il doit se défendre contre les invasions des barbares des autres bandes; voler au secours de la belle ou du copain plus faible en difficulté; faire toutes sortes de simagrées, de grimaces de sympathie, de rituels de soumission pour obtenir la protection des plus forts ; apprendre à calculer et marchander, pour se livrer à toutes sortes de trocs et d'échanges; faire d'immenses efforts, à s'en faire pleurer les neurones, pour apprendre à lire, à compter, et autres futilités.

Dans le même temps, l'enfant doit livrer un combat sans merci contre deux personnes nettement plus âgées et plus fortes que lui, des êtres impitoyables qui l'envoient se faire séquestrer à l'école plusieurs heures par jour, où d'autres vieux l'obligent à rester assis interminablement, faire du sport dans des tenues hideuses, attraper la chair de poule en nageant dans l'eau glacée, tourner en courant autour d'une piste, courir après une « baballe » dans la boue... C'est probablement au contact de ces individus éminemment

1 Pourquoi, Seigneur, faut-il faire tant d'efforts pour aboutir à ce qu'on voit le matin dans son miroir ?

suspects, dont l'un (le mâle) est mal rasé et trop distant et l'autre (la femelle) trop parfumée et trop envahissante, que l'enfant en mal d'amour développe son sens de l'humour. Plus tard, il dépensera des fortunes en « psycacanalyse » pour se consoler d'être un être extraordinaire qui n'a pas eu les parents qu'il méritait. Et pendant des années, il continuera à faire « psy-psy » au lit.

Mais, de gré ou de force, nos comportements produisent des résultats. Si nous n'obtenons pas de résultats positifs, nous chercherons des résultats négatifs. Nous entrons en interaction avec le monde extérieur, en étant reconnu, considéré, satisfait, utile, ou, à défaut, en étant chassé, frustré, méprisé.

L'humour qui n'atteint pas son objectif d'une manière positive (rire, sympathie, plaisir, énergie partagée) ou ne sait pas faire, cherchera à l'atteindre d'une manière négative (dérision, cynisme, sentiment de supériorité, dévalorisation d'autrui).

Souvent, on me dit que certaines personnes « n'ont pas le sens de l'humour ». Il n'en est rien. Mais elles n'appliquent pas correctement leur technique de déformation de la réalité. Il est toujours possible, avec l'entraînement, de transformer sa méchanceté en colère, son cynisme en arrogance, puis en humour noir, en cruelle moquerie, en ironie, pour finir par pratiquer un humour intégrant les autres.

Croyez-moi, je suis passé par là ! Avant, j'étais comme votre voisin dans ses mauvais jours. Donc, si vous êtes comme moi, un être frustre, immature, approximatif, se prenant trop au sérieux, réjouissez-vous : vous avez des dispositions naturelles pour développer votre sens de l'humour !

Si l'humour est un processus appris, le rire en revanche n'est pas appris. Il peut être spontané, et surtout physique, puisqu'il s'agit d'une expérience respiratoire. Les personnes qui respirent mal rient moins... et les personnes qui apprennent à respirer rient beaucoup plus. Le rire peut aussi être déclenché. Chez les Indiens Navajo, celui qui déclenche le premier rire d'un bébé prépare un festin pour sa famille.

On peut sourire devant des situations humoristiques, on peut rire sans qu'il n'y ait rien de drôle, même quand on voit quelqu'un en colère ou qu'on a peur. Il s'agit d'un réflexe immunitaire, d'une activité humaine innée, lorsque trop d'informations parviennent au cerveau, provoquant la confusion et empêchant de décider quel sens est le bon. Le bébé découvre le rire même s'il n'a vu personne le faire. Il rit parce qu'il est là, sans raison. Ou peut-être parce qu'il devine déjà à quels jeux il va devoir participer...

Évidemment, l'esprit, les nombreux styles d'humour (moquerie, ironie, dérision, sarcasme, humour noir), les différentes façons de rire (gras, enfantin, léger) font partie d'une même famille : la comédie de la vie. Ils ne provoquent pas le même effet... Si l'ironie déclenche l'hostilité, l'humiliation, la fermeture et le ressentiment, l'humour convivial facilite l'ouverture et le rapprochement entre les gens. Et il est toujours possible, quand on a une tendance au cynisme, de rajouter de l'humour plus doux, intégrant mieux les autres.

CHAPITRE III

Le rire au service de votre santé

NON, vous ne vous êtes pas soumis si aisément ! Des années d'expériences à l'école et en famille ont été nécessaires pour que vous puissiez oublier la joie de vivre de votre enfance, et enfin prendre les choses au sérieux ! Il a fallu vous forcer, vous diminuer, vous punir, vous rabrouer pour que vous deveniez enfin « réaliste ». Aujourd'hui, c'est fait, la vie s'est chargée de vous mater, vous hésitez entre cynisme et résignation, entre renoncer aux espoirs ou vous contenter d'un lot de consolation. Vous riez peu, vous savez que la vie n'est pas un jardin de roses, et que le bonheur n'existe que chez quelques rares privilégiés.

Chaque jour, les Américains consomment deux tonnes d'aspirine. Avec ces 730 tonnes annuelles, on pourrait construire des pistes de ski, pour faire bronzer les pauvres. Euh, ils n'en ont pas besoin... Les cadres s'enorgueillissent de 52% de risque de mort par problème cardiaque. Après leur quadruple pontage, ils regardent avec dédain ces miséreux qui n'auront jamais les moyens de participer au rêve chirurgical américain. Et ce beau pays compte 15 millions de grands dépressifs, dont certains sont mêmes Président.

Les Français, jadis célèbres pour leur art de vivre, sont les plus gros consommateurs de tranquillisants. Il est vrai que le fromage, à force d'être aseptisé, perd son goût. Il faut bien trouver des ersatz. En plus, il n'est pas remboursé par la Sécu...

En Angleterre, 90 millions de journées de travail sont perdues chaque année suite au stress et aux dépressions. Pourtant, depuis la perte de leur empire, ce ne doit pas être tellement fatiguant, d'être Anglais...

En Allemagne, on annonce deux mille morts par an par excès de bruit... bien qu'Hitler ait fini de gueuler. Le Japon affiche dix mille morts par an, victimes du Karoshi, la maladie de l'excès de travail. Ils ne parviennent pas à inventer les masques à « oxy-zen ». Les veuves demandent sa reconnaissance comme maladie professionnelle et accident du travail. Alors qu'il ne s'agit que de la forme moderne des kamikazes : on se suicide en se jetant la tête la première contre l'avion de la mondialisation.

De plus en plus, les entreprises seront amenées à utiliser la prévention du stress pour se couvrir juridiquement, car les employés commencent à leur faire des procès... On voit fleurir les consultants chargés d'harmoniser les relations humaines dans les entreprises les plus performantes.

Cependant, il s'agit d'un problème global de la société d'insatisfaction. Avec des étalages vertigineux dans les grandes surfaces, des centaines de chaînes de télé, des milliards de pages internet, comment voulez-vous prendre le temps de vous asseoir sur un banc pour regarder un oiseau ? À moins, bien sûr, qu'il ne soit passé à la télé, comme ça on pourra s'en vanter.

Chacun, ivre de chercher le bonheur à l'extérieur, compense en roulant mal, en buvant trop, en fumant trop, sans oublier les divers paradis chimiques ou artificiels et l'écran-dépendance galopante. Si le monde marche sur la tête, rien ne vous oblige à partager sa migraine. De toute façon, la migraine... c'est dans la tête.

Jusqu'à maintenant, votre santé était bien trop abondante. La civilisation moderne vous a apporté trop de confort. Sans cesse, vous devez faire des choix : à quelle température la douche ? Quel shampooing choisir parmi les dizaines proposées ? Quels vêtements mettre ? Quels plats préparer parmi les centaines potentiels ? Vous étiez amolli et stressé à l'idée de sélectionner les stations radio ou satellite, les livres, films ou disques disponibles, ou les activités innombrables qui s'offrent à vous dans les loisirs, le sport, la culture. Ajoutez à cela la nourriture souvent riche, trop de poisson et trop de viandes, trop de sucre et trop de blé, des légumes et des fruits en quantité, des produits bon marché, un système de santé public assez performant : la catastrophe était inévitable !

Vous avez ainsi accumulé un potentiel d'énergie dont vous ne saviez que faire. Vous étiez obligé de le gaspiller, parfois en fumant, en buvant, en vous minant pour des problèmes dépassés, en ressassant de vieilles colères. Ou pire, en faisant l'amour.

Pourtant, malgré tous vos efforts pour vous ruiner la santé, vous avez conservé un bon capital. Par chance, vous ne manquez pas d'amis et de collègues pour vous rappeler que tout est bien qui finit mal, que c'est trop beau pour durer... Finalement, même gorgé de médicaments, vous constatez un moche jour que vous avez réussi à tomber malade.

Bien des gens frivoles prétendent que rien n'est important, qu'il faut relativiser, prendre du recul. Vous, par chance, vous êtes quelqu'un de sérieux. Vous savez que la vie est grave, tragique même. Et que la grise mine est le début de la grandeur ! Le sourire et le rire ne cadrent pas avec les écrasantes responsabilités de l'homme et de la femme sérieux.

Pourtant, un matin, le doute vous saisit : si à force de vous plaindre, vous tombiez vraiment malade ? Et si en prenant la vie du bon côté, vous pouviez devenir plus heureux ? En meilleure santé ?

Faisons un pari et choisissez le ticket gagnant :

— ***Ticket n° 1*** : ne faites aucun des jeux proposés dans ce livre. Lorsque vous en aurez terminé la lecture, dites que vous n'avez pas appris grand-chose, et voyez l'identique dans votre vie.

— ***Ticket n° 2*** *:* pratiquez plusieurs fois chaque exercice contenu dans ce livre, et voyez la différence ! Ces exercices peuvent faciliter l'acquisition d'un nouvel état d'esprit, améliorer vos relations et votre santé.

Que vous vous pensiez capable de le faire ou non, vous avez raison.
Henry Ford.

Ma théorie est la suivante : « Ce dont je me sens incapable, c'est précisément ce qui m'attire et ce pour quoi je suis fait. » Sinon, cela n'entrerait pas dans mon champ de vision, et ça me laisserait indifférent. Si je ne me sens pas capable de faire de l'escalade, de la moto, de parler en public, de dessiner, il serait intéressant d'aller explorer le plaisir que j'en retirerais.

Le rire a depuis longtemps été considéré comme bénéfique pour la santé. Les Grecs anciens pratiquaient la thérapie émotionnelle, les pièces tragiques étaient suivies d'une pièce sur le même sujet, traité sur le mode de la comédie. Ils connaissaient la catharsis - décharge émotionnelle - qui pouvait être une transe religieuse, un fou rire libérateur ou une émotion exprimée fortement.

Depuis la fin du XVIIe siècle, les Japonais rient aux mêmes blagues revisitées, dans un style de théâtre appelé Rakugo. En kimono et sandales, l'acteur a pour seul accessoire un éventail et une serviette, dont il se sert pour représenter des objets de la vie quotidienne. Il évoque de nombreux personnages, environ trois cents, qui représentent les différents aspects d'un être humain. C'est une profession d'hommes, et même de nos jours on trouve très peu d'actrices. L'enseignement est oral : le professeur raconte une histoire, que l'élève imite. Lorsque celui-ci est capable de la reproduire à la perfection, il peut ajouter des détails de son cru. L'élève doit aussi, à la mode japonaise, faire la cuisine et le ménage pour son enseignant... Ce qui pourrait être une idée de réforme de l'éducation intéressante en Occident !

Jadis, il s'agissait de diffuser un enseignement moral, et de faire rire de certains travers des contemporains - un des passe-temps favoris des humains.

Au début de la représentation, l'acteur appelle l'Oreiller symbolique, qui va placer les spectateurs en état de rêverie et de bien-être, et leur permettre d'entrer dans l'imagerie de la pièce. Il déclenche aussi le rire d'une manière codée, par des jeux de mots, l'exagération, la situation. Même après trois siècles, les gens s'amusent des mêmes histoires, car chaque Rakugo-ka ajoute sa propre interprétation.

Durant son sommeil, un homme arborait un large sourire. Sa femme le réveilla :
« À quoi rêvais-tu ?
– Je ne rêvais pas.
Ils se disputent. Le voisin réveillé arrive et lui demande à quoi il rêvait.
– Je ne rêvais pas, insiste l'homme.
Puis le samouraï arrive, puis le seigneur local, mais l'homme persiste.
Enfin arrive le Tengu, le monstre maléfique.
– Je ne me soucie pas de tes rêves, je ne veux pas en entendre parler... Mais si tu veux me le raconter, je saurais bien t'écouter !
– Je ne rêvais pas.
Alors le monstre enragé s'apprêta à le tuer.
À cet instant sa femme le réveille et lui demande :
– À quoi rêvais-tu ? »
Ou encore :
Deux hommes se promènent par une soirée fraîche.
« Allons manger une soupe, dit un malin.
– Je n'ai pas assez d'argent.
– Ne t'en fais pas, viens.
Ils se rendent dans une échoppe, se partagent un bol de soupe.
Au moment de compter pour payer sur le comptoir, le malin commence
– Un, deux, trois, quatre, cinq... Quelle heure est-il ?
– Neuf, répond le tenancier.

– Dix, onze, douze. Le compte y est !
Ils sortent.
Le lendemain après-midi, notre homme a faim. Se souvenant de ce que lui a montré son ami malin, il entre dans une échoppe, boit un bol de soupe, puis se met à compter :
– Un, deux, trois, quatre, cinq, six, sept, huit... Quelle heure est-il ?
– Cinq.
– Six, sept, huit, neuf, dix... »

Les plus populaires des personnages de ce théâtre Rakugo sont l'idiot, le gentil, le prétentieux, le tricheur, l'autoritaire, le roublard, le menteur, et les non-humains. Il suffit de regarder n'importe quel sitcom ou film de notre siècle, ou le théâtre du passé, pour y voir des figures de l'« éternel humain ».

En 1935, le médecin français Pierre de Vachet organisait déjà des séances de rire pour ses malades. Il avait écouté les conseils de l'Antiquité d'Hippocrate et de Galien, les conseils au Moyen Age du chirurgien Henri de Mondeville, qui demandait à ses patients de remplacer les émotions négatives par la joie. En orientant le patient vers le plaisir d'être vivant, en lui enseignant à éviter les pensées de haine et de tristesse, à se réjouir d'être vivant et de profiter de bons moments, il influençait leur métabolisme et aidait la nature à guérir. Le rire est favorable au client, mais aussi au pauvre thérapeute débordant d'amour !

Le bien-être étant une vérité scientifique, n'hésitons plus. « Je ris parce qu'ils l'ont dit à la télé. » Comme vous ne pouvez mesurer la pression sanguine des gens pour voir si le rire améliore leur santé, regardez leur visage : c'est une observation qui dure depuis cent mille ans et qui est donc certifiée par la Faculté de Médecine. Au XVIe siècle, le Dr Laurent Joubert vantait les mérites du rire pour animer le diaphragme. Il savait déjà que ce muscle participe à l'équilibre de la personne. « N'est-ce pas sur le visage, et notamment dans les yeux, que le rire anime si librement que rien ne le surpasse ? N'est-ce pas là qu'il se montre et apparaît le plus favorablement, rendant ces parties plus que charmantes ? Il n'est certes rien qui donne plus de plaisir et de détente qu'un visage riant, avec son grand front, clair, éclatant, serein, ses yeux brillants, resplendissant d'une bonne position comme l'éclat des diamants, les joues roses et vermillon, la bouche rouge comme le visage, les lèvres joliment retroussées, le menton ouvert et un peu en retrait[1]... »

1 Désolé, monsieur N., je n'ai pas l'adresse de ce médecin. Et je crois qu'il a pris sa retraite.

Frontière entre le monde du souffle et le monde de l'eau, le rire masse les organes, stimule leurs fonctions, améliore le sang et la circulation de l'oxygène, déclenchant bien-être et euphorie. Il s'agit d'une gymnastique interne, équivalente à une séance de danse.

Presque à la même époque, en 1676, Robert Barclay sermonna[2] : « Il n'est pas permis d'utiliser des jeux, des jeux de société, des sports, ni des comédies parmi les chrétiens pour se distraire, parce qu'ils ne s'accordent pas au silence, à la gravité et à la sobriété chrétienne. Car le rire, le sport, le jeu, la moquerie, les plaisanteries, les vaines paroles ne sont pas une liberté chrétienne, ni une gaieté innocente. »

Les pèlerins américains traitaient le rire avec mépris, sauf s'il illustrait une leçon de morale.

En 1748, Lord Chesterfield écrivit à son fils : « Le seigneur Rire est le plaisir des voleurs, qui se réjouissent seulement des choses folles. Le vrai esprit et le bon sens jamais ne déclenchèrent un rire depuis la création du monde. Un homme de bien et de bon goût ne doit être vu que souriant, et jamais l'on ne doit entendre son rire[3]. »

Il fallut bien du courage à de courageux pionniers pour persévérer et éviter l'extinction du rire sur cette planète !

En 1790, Emmanuel Kant[4] estima que « dans le cas des plaisanteries, nous sentons leur effet relâchant dans le corps, avec une oscillation des organes qui facilite le retour à l'équilibre et a une influence bénéfique sur la santé. »

De nos jours, Norman Cousins affirme que les émotions négatives peuvent déclencher un cancer, et que les émotions positives peuvent le prévenir ou le guérir[5].

Atteint de spondylarthrite chronique ankylosante, il décida de se soigner en regardant des vidéos comiques, et demanda à ses amis de ne lui raconter que des histoires drôles. Après chaque séance de rire de dix minutes, il était soulagé de ses souffrances pour deux heures. Le taux de sédimentation, mesuré à chaque fois, baissait de cinq à dix points. L'aspect le plus fascinant de cette expérience est que ces effets se cumulaient, permettant peu à peu de retrouver une santé normale. La clef de la guérison peut se situer dans la réduction de la panique, du sentiment d'abandon et de l'anxiété. Le rire peut

---

2 Dans *Lumière intérieure, source de vie : apologie de la vraie théologie chrétienne* (Dervy).

3 Cité dans *Handbook of Humor and Psychotherapy*, Fry, William & Salameh, Waleed (Professional Resource Exchange).

4 Dans *Critique de la faculté de juger* (Vrin).

5 Cousins, Norman : *La Volonté de guérir* (Le Seuil).

être un complément de la médecine, associé à l'amour, l'amitié, le désir de vivre, l'espoir, la foi, la créativité et l'esprit joueur.

Lors d'une expérience menée dans les années 1960, des chercheurs estimèrent que la curiosité[6] est nécessaire pour l'appréciation de l'humour. Un groupe de sujets ayant reçu des injections d'épinéphrine (stimulant) s'amusèrent plus devant des dessins humoristiques que des sujets ayant reçu des injections de saline ou de chlorpromazine (calmant). Le désir de résoudre les énigmes, le goût pour l'incongruité, le plaisir de surprendre ou de choquer améliorent les capacités humoureuses. En ce sens, l'humour est une forme d'éducation de l'esprit. En s'immergeant, on apprend à rire. Lire des livres amusants, des blagues, et décider de prendre la vie du bon côté peuvent être une excellente façon de commencer la journée.

L'excitation, la stimulation agissent sur la peau et le système sympathique. En fait, plus les recherches médicales avancent, plus l'on découvre que le rire a des effets sur quasiment toute la physiologie. Un sang ainsi purifié nettoie les artères, les deux hémisphères du cerveau sont mieux synchronisés.

Les personnes dont une partie du cerveau est endommagée prennent les choses d'une manière littérale, ont moins de recul et donc moins d'humour. En étudiant leurs électroencéphalogrammes, il a été constaté que pour bien apprécier l'humour, il fallait utiliser ses deux hémisphères[7]. On considère que l'hémisphère gauche, en relation avec le côté droit du corps, s'occupe de la logique, des chiffres, des classements, de la langue. C'est le centre de la pupille, contenant cent mille cellules au millimètre carré, qui est sollicité. Cette phase peut durer environ une heure et demie.

Puis, pendant les vingt minutes suivantes, c'est l'hémisphère droit qui est dominant, celui des analogies, des métaphores, de la globalité[8]. Pendant ce temps, c'est la vision périphérique, panoramique, qui prend le dessus. On a les yeux dans le vague, on rêve. En fait, l'inconscient intègre ce que le conscient a appris. Pendant qu'on écoute une blague, une devinette, ou qu'on regarde un dessin humoristique, la curiosité augmente, puis décroît juste après. L'hémisphère droit (globalité) joue un rôle fondamental pour bien comprendre une situation amusante.

---

6 À propos de curiosité, savez-vous ce qu'on trouve dans les restaurants chinois à Madagascar, et ce qu'on n'y trouve pas ? Cela pour vous inciter à lire les notes !

7 Robinson, Vera M. : *Humor and the Health Professions* (Sklack).

8 Sur les cycles du cerveau, lire le passionnant ouvrage de Rossi, Ernest-Lawrence & Nimmons, David : *Vingt minutes de répit : prévenir les effets néfastes du stress* (Éd. de l'Homme). On peut lire aussi *Psychobiologie de la guérison : influence de l'esprit sur le corps : nouveaux concepts d'hypnose thérapeutique* (Desclée de Brouwer).

L'hémisphère gauche s'occupe des différences et des organisations. Lorsque le compositeur Maurice Ravel, l'auteur du *Boléro,* eut un accident cérébral au cerveau gauche, il devint incapable de déchiffrer ou de rédiger une partition.

Une expérience a été menée aux États-Unis. On présentait à des personnes munies d'électrodes des séries de blagues incomplètes. Il fallait appuyer sur un bouton pour avoir la chute, pour tester la rapidité de réaction et la capacité à saisir globalement une phrase. L'hémisphère gauche comprend le sens des mots, l'hémisphère droit saisit les mécanismes et donne l'information à l'autre hémisphère. Quand vous lisez ou entendez une blague, l'hémisphère gauche commence, puis le cortex entier est activé presque simultanément. Puis l'activité de l'hémisphère gauche diminue pendant qu'augmente celle de l'hémisphère droit. Enfin, les deux hémisphères fonctionnent en harmonie et le cerveau est impliqué en totalité. Toutes les procédures internes de diffusion de l'information sont mises à contribution : les émotions, les sentiments, les idées, les capacités cognitives, la mémoire, les mécanismes de comparaison et de visualisation. Pour comprendre une blague par rapport à quelqu'un ne la comprenant pas, il suffit de 3 à 4 dixièmes de seconde. Le cerveau de celui qui rit produit alors des endocrines, à la différence de celui qui ne rit pas.

Le cerveau fonctionne bien sûr à son optimum quand les deux hémisphères sont synchronisés[9], quand on réfléchit, déduit, rêve, médite, et qu'on laisse libre cours à ses émotions, surtout les plus agréables. Les larmes, qu'elles soient larmes de souffrance ou de rire, sont une réponse exocrinienne au stress. Elles contiennent les mêmes toxines que les cellules stressées, et participent, comme les autres excrétions, à la purification de l'organisme.

Le stress produit des hormones comme la corticotrophine, le cortisol, des bêta-endorphines, et la prolactine. Il n'est pas seulement négatif, mais permet à l'individu de mobiliser ses ressources physiologiques et psychiques.

Sur le système neuro-endocrinien, le rire augmente la production de catécholamines, hormones antistress. Le rire augmente aussi considérablement

9 Cher monsieur N., j'ai bien reçu votre photo avec les deux yeux au beurre noir. S'il est vrai que le cerveau des femmes est 10% plus petit que celui des hommes, il est beaucoup mieux rangé et surtout elles s'en servent beaucoup mieux. Pour éviter de nouvelles disputes conjugales, je vous conseille à l'avenir de ranger votre atelier, et de mettre votre linge sale directement dans la machine.

la production d'immunoglobuline A dans les glandes salivaires, une protéine essentielle du système immunitaire, défense de base des maladies respiratoires. Il se produit une neuro-innervation dans les tissus lymphoïdes, hypothalamiques, et la glande pituitaire. L'adrénaline et les neuro-endocrines améliorent les liens, donc la circulation de l'information. Les molécules se connectent aux récepteurs de la surface des cellules et modifient les données moléculaires, surtout les immuno-régulateurs comme l'interféron gamma, une lymphokine, solution produite par des lymphocytes. Ces mécanismes complexes s'activent pour détruire les virus et parasites, réguler les hormones de croissance, lutter contre les cellules cancéreuses en harmonisant le travail d'adaptation du système immunitaire[10]. Le rire provoque un changement, une modulation dans l'axe hypothalamus - glande pituitaire - glande médullosurrénale, et sur le système endocrinien. L'hypothalamus est une glande centrale, chargée d'envoyer les informations dans le corps. Une de ses structures compare les sensations avec celles déjà enregistrées.

D'après le docteur William Fry, les risques majeurs d'attaques cardiaques sont les cigarettes, l'obésité, le diabète, l'hypertension, le stress, l'excès de cholestérol et le manque d'exercice. Le rire est donc indiqué pour remplacer l'exercice physique, en réduisant le stress et l'hypertension. Les coureurs de marathon produisent des bêta-endorphines dans le flux sanguin, qui déclenchent un état d'euphorie. Le rire produit des endorphines, qui sont chimiquement proches des opiacés (héroïne et morphine). Cette chimie du cerveau explique le sentiment de bien-être et parfois d'extase que produit le rire. Il est possible qu'il agisse aussi sur les amygdales, puisqu'elles influent sur les émotions et le stress.

Les recherches dans les domaines psycho, neuro, bio, endocrinien et immunologique démontrent que le cerveau et le système immunitaire fonctionnent en circuit fermé : le corps et l'esprit ne se distinguent pas l'un de l'autre, ils interagissent. Le rire, utilisé à titre préventif, réduit les risques d'accidents cérébraux ou cardio-vasculaires, de cancer et de dépression. Il régénère les fonctions naturelles de la guérison. On peut parler de la psycho-neuroimmunologie de la joie. Mais même traduit en termes savants, il n'empêche qu'à la base... il y a une grosse partie de rigolade. Les études actuelles, quoique parcellaires, indiquent que le rire aurait des effets positifs sur l'eczéma, l'anxiété, la dermatite atopique, l'asthme (voir notes en fin de volume).

---

10 Dr Berk, Lee S. cité dans *Humor & Health Journal* (septembre/octobre 1996).

On sait aussi que le sourire déclenche le sourire. Les garçons de café et serveuses le savent bien[11]. Décider de sourire augmente le nombre de ses relations et les bons moments chaque jour grâce aux contacts humains.

Des neurologues californiens ont cru identifier une petite zone, de 4 cm^2, située dans le lobe frontal gauche. Lorsqu'une petite décharge électrique la parcourt, la personne sourit de ce qu'elle voit. Si la décharge augmente, la personne s'esclaffe. Il ne s'agit pas d'un réflexe, mais d'une interprétation ludique de l'environnement. À défaut de conquérir l'espace, pourquoi ne pas conquérir ces 4 cms^2 ?

JEU N°9

Détendez-vous par le rire

Les pensées joyeuses sont la première étape qui mène à l'humour puis au rire.

- Commencez par vous relaxer avec de la musique, ou en vous concentrant sur votre respiration et votre corps. Restez debout ou assis, et couché uniquement si vous ne pouvez faire autrement.

- Imaginez des minuscules doigts qui vous chatouillent, d'abord sur la peau, puis à l'intérieur.

- Concentrez-vous sur la souffrance, en en faisant une représentation visuelle : sa forme, sa couleur, son apparence, son poids; puis déplacez-la dans un sens ou un autre.

- Lancez-vous un défi : « Rien ne m'empêchera de rire ! » Si vous craignez d'être ridicule, soyez-le délibérément : « Ça fait du bien d'être ridicule, de braver l'opinion des autres ! »

Adoptez des postures grotesques, bougez votre corps et commencez à rire. Promenez-vous. Soufflez par saccades, de plus en plus fort, et forcez votre rire. Persévérez, votre vie en vaut le coup !

Si vous ne pouvez pas bouger, imaginez que vous le faites, le résultat peut être aussi valable.

---

11 À l'exception des garçons de cafés parisiens, qui mettent souvent un point d'honneur à ne pas sourire.

L'humour, surtout pour une personne malade, élargit les interprétations de la réalité. Quand celui-ci est le seul choix, automatique, il est absence de choix : on ne peut rire toute la journée, sauf à faire semblant, à rester sur des rails. Il est plus sage d'apprécier les différentes facettes d'une situation, d'en percevoir les oppositions et les contradictions. L'ego (les croyances, les opinions, les habitudes, les conditionnements, les mécanismes, le mental) est souvent englué dans des pensées négatives ou limitantes, du genre : « C'est trop tard, c'est trop tôt, je n'y arrive pas, il y a trop d'obstacles. » Mieux vaut se dire : « Comment puis-je tirer parti de la situation ? Puis-je en apprendre quelque chose ? Que faire de différent pour inventer de nouvelles manières d'être ? » Cela développe la créativité au service de votre potentiel. Cela évite aussi d'être défini ou invalidé par les jugements des autres, leurs vieilles opinions sur l'image qu'ils avaient de nous des années plus tôt, ou encore d'être victime des préjugés des inconnus. Les gens sont si insolents ! Ils ne vous connaissent pas, et vous ont déjà jugé. Heureusement que vous, vous n'êtes pas comme ça...

Chaque fois que vous riez, vous sécrétez des endorphines cérébrales, l'opium naturel du corps. La relaxation des muscles réduit la douleur, la production de catécholamines stimule la production des endorphines et augmente l'adrénaline. Le rire facilite l'éveil de l'esprit et l'apprentissage, améliore la mémoire, développe la créativité. L'humour élargit les concepts, permet des pensées plus larges et plus souples, réduit l'anxiété due à la compétition scolaire et sociale, augmente les affects positifs et intensifie la motivation. Il facilite aussi la communication, si importante à la période de l'adolescence.

Chaque jour, vous avez 40 000 pensées, et votre cerveau prend 5 000 décisions... certaines sans grand intérêt : saisir une fourchette plutôt qu'une cuiller, couper le pain avec un couteau plutôt qu'avec les mains, mettre tel ou tel vêtement ou tel bijou. Difficile de s'en empêcher, tant c'est habituel.

J'ai pourtant vu des yogis qui ne prenaient presque aucune décision, à part se tordre dans tous les sens comme s'ils avaient envie de retourner dans le ventre maternel, aller faire pipi, grignoter un morceau de temps en temps et rester immobiles toute la sainte journée. Je suppose qu'ils occupent une grande partie de leur méditation à se demander quand ils auront les moyens de s'acheter une télé et une parabole.

Un sondage québécois nous indique qu'à peine 98,4% des gens pensent que le rire est essentiel pour la santé. Ils ne sont que 90% à être convaincus qu'il peut guérir certains maux[12].

D'après un autre sondage, seule une petite minorité de 95 % d'Américains estime que l'humour est important.

De même, 95 % des gens pensent avoir un sens de l'humour... au-dessus de la moyenne. Ce qui devrait faire une moyenne très élevée !

Quand je donne des conférences sur le sujet, je demande : « Qui a le sens de l'humour ? » Beaucoup de mains se lèvent. Puis je demande : « Qui n'a pas le sens de l'humour ? » Peu de mains se lèvent. Difficile d'admettre qu'on n'a pas le sens de l'humour. Comme s'il était socialement inacceptable de n'avoir pas d'humour. Pourtant, on a parfaitement le droit de ne pas aimer l'humour[13].

Il existe trois choses que l'on n'avoue pas facilement : manquer d'humour, mal faire l'amour et mal conduire... Toujours pour ne pas endommager la sacro-sainte image de soi !

Les « rirophobes » sont parfois victimes du complexe de Pinocchio, qui a peur qu'on se moque de lui. Mais là aussi, je puis vous rassurer : vous ne pourrez jamais empêcher autrui de vous critiquer et rire des autres est un comportement courant, peut-être universel. Sauf si vous décidez de ne plus rire des autres, mais cela risque d'être ennuyeux. Il faut doser l'humour, entre l'accord avec l'autre, l'échange, et une tendre cruauté.

Paradoxalement, rire peut soigner ceux qui ont souffert du rire des autres, puisqu'il s'agit d'une expérience comportementale, émotionnelle et physique.

12 Desgagnés, Paule : *La Rigolothérapie* (Québécor).

13 Non, ma chérie, je ne parle pas pour toi. Toi, tu as le devoir de vivre avec moi avec humour, même si tu ne trouves pas ça drôle.

JEU N°10

Libérez-vous de vos peurs

- Faites une liste de vos peurs, classez-les de la plus légère à la plus intense, de la plus rare à la plus fréquente.
- Souvenez-vous des moments où vous avez redouté, ou souffert du rire des autres. Notez-les par écrit, ce sera plus efficace.
- Souvenez-vous des scènes où l'on a ri de quelqu'un d'autre, et vous avez trouvé cela désagréable.
- Souvenez-vous des scènes où l'on a ri de quelqu'un d'autre, et vous avez trouvé cela agréable.
- Quels sont les facteurs qui activent parfois la peur, et parfois non ?
- Quels sont les facteurs qui déclenchent parfois votre rire, et parfois non ?
- Maintenant, modifiez vos critères. Si vous étiez humoriste, qu'auriez-vous ressenti, dit ? Comment auriez-vous réagi ?
- Mettez-vous successivement à la place du moqué, puis à la place des moqueurs.

Changez la scène comme si vous étiez réalisateur vidéo.

- Si possible (il faut parfois plusieurs essais) recouvrez-la d'une scène apaisante, agréable, d'un souvenir de rire partagé.

Pendant mes consultations, pendant que la personne se relaxe, j'évoque la situation la moins effrayante. Le client doit rester détendu en imaginant la scène, puis j'y ajoute des éléments comiques, absurdes, en privilégiant la vision; c'est souvent en visualisant qu'on déclenche le rire, en voyant une situation. Les images sont des raccourcis pour atteindre l'incongruité, comprendre et changer. En focalisant l'attention sur un aspect insensé, on réduit la tension en diminuant l'impact.

Par exemple, à propos de la peur des araignées :
« D'ailleurs pourquoi cette araignée porte-t-elle des porte jarretelles ? Elle va en boîte, difficile de ne pas s'emmêler les pinceaux. Elle est suivie par un vieillard araignée appuyé sur une canne, ce qui lui fait une neuvième jambe ou une dix-septième ? Et que font-elles ? Elles dansent sous la pluie en faisant des claquettes : « I'm singing in the Rain... « Mais voilà que le fiancé araignée déboule dans sa voiture rouge vif. »

J'aide à modifier le théâtre d'ombres, les hallucinations des clients, pour faciliter leur retour à la réalité communément partagée : la peur des araignées et des insectes est, dans nos pays, un pur fantasme.

Une femme ne s'entendait pas avec son père, trop sentencieux comme le sont parfois les pères, sachant tout, l'assommant avec son expérience, sachant mieux qu'elle ce qui lui convenait. Je lui conseillai de pratiquer l'humour, même si c'était difficile. Elle commença à blaguer, à moins prendre au sérieux ses remarques. Elle ne parvint pas à le dérider - il était trop atteint ! - mais put entretenir des relations moins frustrantes.

Un tel rire était de l'argent dans sa poche,
car rien ne réduit davantage la facture du médecin.
Mark Twain.

À l'avenir, il serait bon de supprimer les charges sociales et la TVA sur les humoristes et les rigolothérapeutes, car ils contribuent à économiser des milliards à la Sécurité sociale.

Seigneur, donnez-moi la force d'accepter ce que je ne peux changer,
le courage de changer ce que je peux changer,
et assez de discernement pour faire la différence.
Saint François.

JEU N°11

Acceptez l'inchangeable

- « Je suis ainsi, et non seulement je ne vais pas changer, mais cela va s'aggraver avec le temps. »

- « Les autres me voient ainsi, et encore, ils ne me connaissent pas, je suis pire que ce qu'ils imaginent et je vais le leur prouver. »

- « Les autres sont ainsi, et plus ils iront, pire ce sera. Plus ça change, plus ça empire. Moins ça change, plus ça empire. »

- « La vie est moche avec moi, injuste et ingrate, mais je ne vaux pas mieux, et je le lui rends bien. »

- « Je n'ai droit à rien, on me prend tout, et quand j'arrive, la distribution est finie. »

- « Je porte un masque, une armure, une cuirasse, et je dois absolument collectionner d'autres masques, armures et cuirasses. »

- « On est né pour mourir et, dans un sens, c'est comme si on n'était pas né. Donc je ne suis pas né. »

En sortant de la poste, je m'aperçois que la guichetière m'a rendu sur vingt euros et non sur cinquante. J'y retourne, mais elle n'est pas sûre de ce que j'avance. Elle promet de compter sa caisse et de m'appeler le soir même. Effectivement, elle a trente euros de trop. Le lendemain, elle est un peu nerveuse quand elle me voit derrière le guichet, puisque j'ai dû me déplacer par sa faute. Je lui dis : « Hier matin, je vous ai prêté trente euros... J'en ai besoin aujourd'hui pour manger... » Son malaise disparaît, elle sourit. En fait, les commerçants et les guichetiers sont souvent les personnes avec qui on pourrait le plus plaisanter. Nous pourrions vraiment leur faciliter la vie, au lieu de déverser notre mauvaise humeur[14].

14 Je ne peux pas donner de noms, il y en aurait trop.

1. Effets physiologiques du rire

Souvent, on me demande : « Qu'est-ce qui vous fait rire ? » On s'attend à ce que j'énonce une série de bonnes raisons. Il y a beaucoup de raisons de rire, certes. Surtout à mes dépens. Mais on peut aussi rire, sans aucune raison, simplement par le plaisir d'être deux ou dans un groupe amical. On rit comme on respire, on « rispire ».

On ne rit pas parce qu'on est heureux, on est heureux parce que l'on rit. Cette évidence parfois mal comprise explique le succès de la thérapie par le rire. L'évolution, chez l'être humain, peut se faire du comportement vers l'inconscient, ou de l'inconscient vers le comportement. Par exemple, on peut programmer l'inconscient pour augmenter la confiance en soi, et réussir à mieux conduire une voiture. On peut aussi prendre des leçons de conduite et l'inconscient diffusera cette nouvelle confiance en soi dans d'autres domaines de sa vie. Une prise de conscience ne sert à rien si elle n'est pas suivie d'un acte, et si un acte reste inconscient, il n'évoluera pas.

En riant, on perd le contrôle musculaire. Enfin, le mental - ce train des pensées qui tournent en rond - lâche, et laisse la direction à la sagesse du corps. Essayez d'écrire pendant que vous riez : impossible. Impossible d'uriner ou de lancer un objet. Parfois, on ne peut plus parler. Il arrive même qu'on mouille sa culotte, quand le relâchement est total. Les expressions « tomber à la renverse, rire comme des bossus, rire comme des dératés, rire à s'en éclater la rate, se gondoler, se fendre la poire, s'éclater » sont des reflets de ce qui se passe réellement. Les Amérindiens, lorsqu'ils rient, se tiennent toujours à un support pour ne pas chanceler. Et d'après une légende, les Pygmées étaient si décontractés que lorsqu'ils étaient pris de fous rires, ils tombaient vraiment par terre... Heureuses gens ! Aujourd'hui, quand un problème les assaille, ils évitent d'accuser le monde extérieur, mais pratiquent des rituels ou vont cueillir des herbes pour guérir.

Le rire détend les muscles puisqu'ils sont tous impliqués : le visage, le cou, la poitrine, l'abdomen, les bras et les jambes, ainsi que les autres organes tels que cerveau, poumons, etc. En diminuant le tonus musculaire, il élimine les risques d'agression : impossible de frapper quelqu'un pendant qu'on rit ensemble. Le rire collectif pourrait être une piste très sérieuse pour réduire la délinquance et les malveillances.

Une autre raison qui explique le développement de la thérapie par l'humour, c'est que le rire est encouragé de nos jours. C'est devenu un plaisir courant, accessible et bon marché, et les jeunes générations sont habituées aux séries télé humoristiques.

JEU N°12

Recyclez vos vieilles colères

La colère perturbe le fonctionnement du coeur. Beaucoup d'infarctus ont lieu pendant les crises de rage. Cela provoque aussi des diarrhées, des allergies, des coups de sang. Mais :

- Faites un caprice ! Allongez-vous sur le sol, mettez des coussins sous vos poings, tapez en trépignant, et jouez l'enfant de trois ans. Amusez-vous(*) ! L'important, c'est de déconnecter les circuits de vos anciennes rages, de les exagérer, comme dans une comédie burlesque. N'êtes-vous pas lassé de porter toujours le même boulet ? De ruminer des rancunes vieilles de dix ans ? Expulsez-les. Rire de soi et de ses problèmes est le moyen le plus rapide.
- Hululez en vous plaignant, devenez enragé comme Donald, furieux comme Picsou ou Astérix.
- Prenez une photo de vous dans cette position et gardez-la dans votre permis de conduire, pour la prochaine fois que vous devrez le présenter à la police.

* Monsieur N., j'ai bien reçu votre lettre d'injures postée de l'hôpital psychiatrique Saint-Jean. Je tiens à vous dire que votre licenciement m'a bien fait rire. A aucun moment je ne vous ai recommandé de faire ce jeu pendant la fête du Nouvel An de votre entreprise, ni de forcer votre épouse et votre patron à en faire autant.

2. Le rôle du diaphragme

Le saviez-vous ? Votre diaphragme, presque impossible à ressentir, est pourtant essentiel à votre santé. Il sert à séparer les poumons (air) et les organes filtrant des matières plus liquides, l'estomac, le foie, la rate, les intestins. Il participe aussi à la respiration et à la décontraction, notamment quand il bouge. Sous l'effet du rire, il relaxe et stimule les organes.

Pour le faire vibrer, vous avez le choix :

- ❑ Le hoquet.
- ❑ La toux.
- ❑ Le sanglot.
- ❑ Le vomissement.
- ❑ Le rire !

Cochez votre réponse...

Les mouvements rapides du diaphragme permettent d'éliminer les toxines. Si l'on respire mal ou que l'on ne rit pas, le dioxyde de carbone n'est pas évacué, l'organisme ne recevant pas assez d'oxygène.

Quand on rit, le système cardio-vasculaire se dilate, ce qui provoque des rougissements et un échauffement de la température. Le sang circule plus rapidement, le cerveau est mieux oxygéné, libérant des substances de bien-être et de plaisir. Nous transpirons aussi davantage, éliminant ainsi des toxines.

Après une bonne goulée de rire, le corps est merveilleusement détendu. Les douleurs cervicales, dorsales et autres disparaissent. On dort plus profondément. En riant, une dame âgée de soixante-douze ans oublia son eczéma; une jeune fille oublia son mal de tête; un homme de quarante ans retrouva le sourire.

J'eus également à traiter plusieurs suicidaires. L'une d'elles, Clairia, immigrée et socialement déclassée en France, s'était jetée par la fenêtre. Déjà, dans son pays, elle était accro aux médicaments et avait fait plusieurs tentatives de suicide. Après cinq mois d'hôpital, elle vint me voir. Ce que nous fîmes ? Simplement rire. Elle ne savait plus rire. Je lui montrai à quel point il était facile de rire sur commande. À quoi bon lui parler de son enfance, de ses problèmes ? Elle avait vu des dizaines de psys dans sa vie. J'optai pour une approche physique et respiratoire. En réapprenant à rire, elle reprit contact avec ses émotions. La respiration est souvent la première étape de la guérison.

Je me souviens aussi de Luc, un enfant renfermé, admirateur des tueurs en série. Il avait secondarisé sa haine du monde et de lui-même, pour se transformer en être mécanique. Mais au fond de lui, ce n'était qu'un pauvre gosse qui souffrait de se sentir exclu, et ne savait comment s'approcher des autres. J'aime à penser que le rire l'humanisa.

3. La respiration

La respiration joue le rôle le plus important. Quand on rit, l'air sort à la vitesse de 120 km/h, contribuant à l'hyper-oxygénation du cerveau. Or le cerveau, pour fonctionner à son maximum, se nourrit essentiellement de glucose, d'oxygène... et de télévision[15]. Les seules activités où vous puissiez obtenir le même effet sont les sports intenses, aérobic, jogging, tennis, l'acte sexuel passionné ou le rebirth[16]. Le rire est une expérience expiratoire qui nettoie les muqueuses des poumons et lave l'intérieur du corps, par un afflux massif d'oxygène dans l'organisme, sans réduire la quantité d'oxygène dans le flux sanguin.

Apprendre à mieux respirer, c'est apprendre à mieux rire. Quand la respiration est bloquée, l'individu est contracté, apeuré. En libérant la puissance du souffle, on abaisse l'anxiété. Physiologiquement, l'énergie s'intensifie et l'on se sent mieux. Le rire qui secoue l'estomac provoque une contraction et une détente des muscles abdominaux, faisant monter et descendre le diaphragme. En général, nous respirons par le haut de la poitrine, ce qui nous limite. Respirer par le bas du ventre, c'est augmenter la confiance en soi en réduisant la peur, et apprécier l'humour convivial. Les Indiens, les Africains et les Sud-Américains sont en général de bons respireurs, ce qui explique pourquoi ils sont si souriants.

À quand les cours de respiration, de massage et de rire dans nos écoles et dans le métro ?

Chaque fois que l'on sourit et surtout que l'on rit, on agit sur le thymus, la moelle épinière et le cerveau qui lui-même agit sur les muscles faciaux, les côtes, le cœur, l'estomac, le système sanguin. Pour une cure de jouvence, c'est le moyen le plus rapide.

Le thymus est une glande essentielle, chargée de protéger le système immunitaire. Il se contracte sous l'effet du stress. Des autopsies de soldats morts dans l'angoisse ont révélé un thymus très réduit. En revanche, la colère, les larmes, les bâillements et le rire lui permettent de se dilater et de produire davantage de lymphocytes contenant des cellules anticancéreuses qui maintiennent la santé. Cet organe glandulaire, très développé à la naissance, est composé de deux lobes. Il réduit après la deuxième année, et surtout

---

15 Inutile, monsieur N., de vous jeter sur les sucreries, vous avez déjà le profil d'un sapin de Noël !

16 Le rebirth est une technique de respiration très poussée qui permet au corps de se libérer d'anciennes émotions refoulées.

après la puberté. Par la suite, il reste essentiellement des cellules souches, dans la moelle épinière. On consomme celui du veau, sous le nom de « ris ». Le thymus produit plusieurs hormones, notamment les polypeptides qui facilitent la compétence immunitaire des lymphocytes thymodépendants, la thymosine, la thymine, le facteur humoral thymique, la thymuline...

Les médecins estiment que le thymus permet, avec la rate, d'assurer l'intégrité biologique d'une personne. Il accueille les cellules mères des lymphocytes, provenant de la moelle osseuse. Celles-ci se multiplient, apprennent à reconnaître les antigènes de l'organisme et les antigènes étrangers. Puis elles quittent le thymus pour surveiller le système immunitaire. Si elles repèrent des antigènes étrangers, elles les détruisent, ou aident les lymphocytes B à sécréter des anticorps.

JEU N°13

Massage du thymus

Le thymus reste présent à l'état de vestige sous la gorge et au-dessus du sternum[*] (là où les chrétiens battent leur couple). Vous pouvez le masser légèrement, en larges cercles concentriques, pour stimuler ses fonctions. L'idéal est de rire en même temps.

D'une manière générale, dans notre société, nous ne nous touchons pas assez, ce qui justifie l'essor de l'indispensable massage. Lorsque vous êtes nerveux, vous pouvez vous masser l'estomac, remonter vers le plexus solaire, le sternum, la poitrine et la gorge, puis le visage, en respirant longuement. Puis commencez à rire, doucement, puis ouvertement.

Hippocrate, voilà vingt-cinq siècles, disait déjà : « Une personne gaie guérit mieux qu'une personne triste. »

Citons aussi la Bible : « Cœur joyeux améliore la santé. Souffle consterné dessèche l'os. » (Proverbes, XVII, 22).

* **Dr Annette Goodheart** : *Laughter Therapy* (Les Stress press).

Je sais qu'il n'est pas toujours facile de « décréter » la gaieté. Dans notre culture, nous croyons que celle-ci doit avoir une cause, provoquée par un plaisir venant de l'extérieur, ou une raison objective. Il n'en est rien. La gaieté, l'humour, le bonheur sont un état d'esprit, découlant d'une décision personnelle. Il suffit de constater à quel point nous nous plaignons dans nos sociétés d'abondance, alors que nos ancêtres se seraient réjouis d'en posséder le dixième.

Le rire, la joie de vivre et la gaieté peuvent également contribuer aux thérapies des artères, du cœur, de l'arthrite, de l'emphysème, et du processus du vieillissement. Il est mille fois prouvé que les personnes restant actives et gaies dans leur vieillesse assurent la transition en douceur.

JEU N° 14

Mille et un petits plaisirs

Si vous êtes malade, décidez de vous réjouir des mille et une petites choses de la vie, demandez à vos amis d'entrer dans cet état d'esprit. Ne lisez que des journaux et des livres amusants. Ne regardez que des vidéos comiques. Vous pouvez remplacer la moitié des pensées négatives par des pensées positives en moins de deux mois d'entraînement. Faites-en un concours : celui qui trouvera les meilleures histoires drôles aura le droit de prononcer votre éloge funèbre. Celui qui vous fera rire le plus longtemps héritera d'une petite cuiller, ou de cet affreux tableau dont vous ne savez que faire. Organisez des concours de grimaces.

Cela paraît impossible ? Ma mère, diabétique, est morte du cancer. Quelques semaines avant sa mort, alors qu'elle se trouvait en pèlerinage à Assise, elle dut être hospitalisée d'urgence. Je pris aussitôt la route avec ma sœur et mon beau-frère (en Italie, les familles doivent s'occuper des malades, les infirmières n'étant là que pour les soins). Nous avons passé des heures à rire, à plaisanter sur les bas morceaux et les abats qu'on lui avait retirés. Elle rejoignait le Ciel en catimini et en pièces détachées... Il ne resterait sur le lit que son cœur brûlant comme le Sacré-Cœur de Jésus. Ou encore, le chirurgien, fin gourmet, lui ôtait les meilleurs morceaux pour en faire un osso-buco !

Des années plus tard, je suis toujours heureux de lui avoir offert ses derniers fous rires, qui lui firent oublier un peu son corps martyrisé[17]. Quelle plus belle communion que le rire partagé aux portes de la mort ? Après tout, c'est le seul trésor dont on ne peut jamais déposséder quiconque. L'humour, associé à l'amour, avance en souverain en ce monde de misères et de manques. Quand l'un des deux piliers chancelle, la communication est bancale. La tendance de notre culture, culpabiliser puis diviniser, établit un pont entre nos faiblesses. Cela rend l'autre plus accessible.

17 Lire *Messages de l'après-vie* (Editions JMG).

Quand mon ami Rachid s'est fait virer de son travail, il est rentré chez lui pour annoncer la nouvelle à sa femme. Il a trouvé la maison vide : elle était partie avec les enfants et les meubles ! Mais, en ouvrant les placards, il a constaté qu'elle avait oublié un vieux biscuit sur une étagère. Il le goûta. Dieu ! jamais biscuit ne fut si bon.

J'ai moins ri lorsque pareille mésaventure m'est arrivée. Un jour, j'ai grillé un feu rouge. Un policier m'a arrêté et a sorti son carnet. Je lui ai expliqué que ma femme venait de me quitter en mettant le feu à la maison, parce que j'avais perdu mon emploi ce matin en me rendant au fisc pour un énorme redressement. Il a continué à remplir la contravention, puis a dit : « Donc, pour l'adresse, je mets *sans domicile fixe*. Dans ce cas, vous êtes obligé de payer tout de suite ! » Comme je n'avais pas d'argent, il a mis un sabot à ma voiture. Plus tard, elle a été vendue aux enchères par la Préfecture, une bouchée de pain. C'est ma femme qui l'a achetée.

4. À la poursuite du rire perdu

Un adulte éclate de rire en moyenne quinze fois par jour - et certains font baisser la moyenne ! Un enfant de quatre ans rit... jusqu'à quatre cents fois par jour. Êtes-vous intéressé par l'idée de retrouver quelques-uns de vos éclats de rire endormis ? Des dizaines de milliers par an ! Et notez ensuite la différence sur votre visage, votre peau, votre digestion, votre sommeil, vos relations... Nier la douleur, la dissimuler, la refouler a souvent pour résultat de l'augmenter. Elle devient le centre des préoccupations. Mieux vaut composer avec elle, comme avec ses soucis, en tâchant d'en tirer parti. Parmi les techniques les plus efficaces on trouve l'hypnose ericksonienne[18], et le rire.

L'objectif est d'apprivoiser la douleur. Ne pas la prendre de face. Vous pouvez considérer la douleur comme une partie de vous, vous pouvez en jouer. Ce n'est pas toujours évident, ni rapide, mais cela vaut vraiment la peine. Je connais plusieurs personnes qui souffrent depuis des années et *refusent* de consacrer quelques dizaines d'heures à se former pour apprendre à apaiser leur chair.

Lors d'une expérience, des malades ont été hypnotisés. Il est apparu que 70% d'entre eux ne souhaitaient pas guérir ! Mystère des blocages inconscients... Pourtant, c'est bien le cerveau d'une personne qui envoie les mes-

18 Milton H. Erickson, génie de la thérapie, est à l'origine de la programmation neurolinguistique, des thérapies familiales et systémiques. On peut lire *Un thérapeute hors du commun, Milton H. Erickson,* de Jay Haley (Desclée de Brouwer).

sages de la douleur, même s'il y a des causes objectives. En se réappropriant le rire et l'humour, on augmente ses chances. On connaît mal la magie de notre fabuleux cerveau. Mais on sait maintenant qu'il ne fait pas la différence entre ce qui est « vrai » et ce qui est « imaginé ». Par exemple, si vous êtes allongé sur une plage, avec sable chaud, vent léger et bruits de musique et de voix, votre cerveau émet une certaine longueur d'onde, on peut filmer vos sensations par des électrodes et une reconstitution de vos ondes par ordinateur. Si vous êtes au cinéma, en train de regarder un film où vous êtes allongé sur cette plage, votre cerveau envoie presque le même message. Et si vous êtes simplement chez vous, fermant les yeux, imaginant cette plage et ressentant la chaleur et le vent, entendant les bruits, là aussi votre cerveau enverra presque les mêmes ondes.

Par exemple, nous pouvons être effrayés par une araignée en plastique, refuser de toucher un serpent en caoutchouc, être dégoûtés à l'idée de frôler son visage avec une mouche artificielle.

C'est à partir de cette puissance de l'imagination que de nombreuses techniques basées sur la guérison par la visualisation ont vu le jour[19].

19 Notamment celle du Dr Simonton. Il a permis à des malades de guérir en les faisant visualiser des cellules saines attaquant les cellules malsaines.

JEU N°15

Diminuez votre douleur

Vous pouvez la décrire très précisément, en langage vidéo, comme si vous parliez à un interlocuteur au téléphone, qui doit la dessiner d'après votre description.

Il faut « chosifier » la douleur. Cela peut se pratiquer avec les souffrances psychologiques, puisqu'elles ont un effet physique. Notre corps est le filtre d'interprétation des émotions.

« La souffrance cesse d'être souffrance sitôt que l'on s'en forme une représentation nette et précise », disait Spinoza.

Vous devez décrire sans relâche la souffrance, jusqu'à la voir : sa forme, son aspect, sa couleur, sa taille, son poids, son odeur, etc. Puis commencez à la bouger, à la réduire, à la faire sortir du corps, à la dissoudre... Vous pourrez facilement soigner de nombreuses migraines et réduire les autres douleurs.

Utilisez le langage métaphorique du corps en le prenant au pied de la lettre.

Par exemple : « J'en ai plein le dos. » (*De qui en avez-vous plein le dos* ?); « Je me fais du mauvais sang. » (*Qui vous fait du mauvais sang* ?); « J'étouffe. » (*Qui vous étouffe* ?).

La formulation « quelle situation » au lieu de « qui ? » fonctionne aussi, mais est moins directe. « Qui vous fait voir rouge ? Quelle situation vous fait voir rouge ? Qui vous épuise ? Quelle situation vous tue ? »

Penser au futur est sans doute le point le plus important : avoir quelque chose à faire, être utile à quelqu'un, tendre vers un but qui ait du sens sont sans doute le plus puissant des moteurs.

Grâce aux travaux de nombreux thérapeutes, on sait que les émotions refoulées peuvent provoquer des maladies. Les médecins soupçonnent que 80% des maladies pourraient avoir des origines psychosomatiques : l'esprit influence le corps.

Comparez une de vos journées ordinaires : vous avez raté le bus ce n'est pas grave, il pleut c'est la saison, on vous a fait une réflexion vite oubliée, vous avez eu une contravention bien méritée, et le soir la purée était un peu froide mais délicieuse.

Avec une de mes journées : j'ai raté le bus c'est toujours à moi que ça arrive, il pleut ce n'est pas de veine, on m'a fait une réflexion que je ressasse toute la journée, j'ai eu une contravention les flics feraient mieux de s'occuper des délinquants, et le soir la purée était froide ça me gâche la vie.

L'être humain heureux est un gagne-petit qui se contente des miettes qui tombent du ciel. Alors que le malheureux sera heureux plus tard, quand il touchera le gros lot. En attendant, il économise sa joie et ses sourires. Beaucoup ont la gentillesse d'en emporter plein leur cercueil, car les asticots en raffolent.

Une grande partie de nos problèmes est imaginaire, ou bien nous les amplifions en nous faisant du souci, au lieu de nous concentrer sur la solution. Certains poussent le vice jusqu'à cumuler des soucis parfaitement contradictoires ! Ainsi, à quoi bon redouter à la fois le chômage et la fin du monde ? À quoi bon redouter à la fois que votre femme vous quitte et qu'elle reste ? À quoi bon redouter la mort de son mari et le fait de le laisser tout seul ? À quoi bon redouter de mourir sénile ou trop lucide ? À quoi bon redouter que les gens pensent du mal de vous ? C'est déjà fait !

Ce qui m'a amené à faire cette découverte scientifique : l'être humain est composé de 75 % d'eau et de 80% d'emmerdements...

Il existe quatre ou cinq (si l'on inclut l'amour) émotions principales, qui se divisent ensuite en innombrables nuances. On ajoute parfois la surprise et le dégoût. Comme on le voit dans ce livre, la surprise est une des bases de l'humour. Et le dégoût, quand on le transforme en sarcasmes. La langue française compte plusieurs centaines de mots pour décrire les émotions. Nous en vivons en général entre douze et vingt. Cette relative pauvreté émotionnelle explique en grande partie la fuite dans les explications, les excuses et les raisons, les médicaments, l'alcool et la drogue : tous ces dérivatifs servent à éviter la réalité, éviter de vivre et d'être heureux.

Nos centaines d'émotions ne sont que des sophistications, des « secondarisations » de ces émotions primitives.

À chaque émotion est associée une physiologie. Par exemple, nous pouvons difficilement être tristes en ayant les yeux levés vers le ciel, les bras vers l'avant, et en souriant. Nous avons du mal à être heureux en baissant les yeux, recroquevillés, en soupirant. C'est d'ailleurs ainsi que les acteurs jouent les émotions : en les imitant, ils les provoquent, les attirent. Vous pouvez faire pareil pour libérer leur puissance.

Pour se libérer de nos émotions toxiques, il est indispensable de rendre la vie au diaphragme, en apprenant à respirer profondément, en pratiquant le yoga, le rebirth ou la marche, un sport. Faire du sport n'implique pas que l'on sache respirer; il faut devenir conscient de sa respiration, pour qu'elle-même devienne puissante et profonde.

JEU N°16

Votre mémoire sensorielle

Chaque émotion vécue dans votre vie est enregistrée par votre corps et votre cerveau. Votre mémoire est partout, y compris au niveau cellulaire. Il s'agit de retrouver certaines sensations oubliées.

Vous êtes enfant... La veille de Noël, ou d'un anniversaire, ou d'un départ en vacances... vous êtes fébrile, impatient. Que se passe-t-il en vous lorsque vous attendez une bonne nouvelle ? Remontez juste avant le moment où vous vous apprêtiez à éprouver une grande joie, à rire aux éclats... Et maintenant, imaginez que vous allez recevoir un cadeau : une boîte contenant un objet magique vous permettant de retrouver votre joie de vivre chaque fois que vous le désirez... Quelle forme a cet objet symbolique ? Existe-t-il dans la réalité ou est-il unique ?

Désormais, chaque fois que vous aurez envie de rire, regardez ou touchez cet objet.

Cette technique s'appelle un ancrage. Vous associez une sensation de bien-être avec un état émotionnel précis. Vous pouvez l'intensifier en vous disant quelque chose. Par exemple : « Je suis heureux ! » ou : « J'aime la vie ! »

Si cela semble inefficace à ceux qui refusent même de s'y entraîner, il faut savoir que nous sommes déjà victimes de ces ancrages négatifs, lorsque nous nous répétons : « Je n'y arriverai pas, c'est trop difficile, c'est trop tard... » De nombreux ancrages auditifs sont liés aux chansons, aux musiques, aux sirènes, à certains bruits familiers, agréables ou non. De nombreux ancrages visuels sont liés aux gens que l'on rencontre et qui nous rappellent quelqu'un, aux lieux, etc. Il existe des ancrages physiques (sport, danse), olfactifs (odeurs d'herbe) et gustatifs (goût du citron ou d'un alcool).

Un jour, un homme alla voir un maître, qui avait la réputation de savoir toutes choses, dans l'intention de le prendre en défaut. Il tenait un papillon dans la main. Il demanderait au maître si le papillon était vivant ou mort. Si le maître répondait « vivant », il l'étoufferait. Dans le cas contraire, il ouvrirait la main pour libérer le papillon. Quand il posa sa question au maître, ce dernier répondit : « La solution est entre tes mains. »

CHAPITRE IV

Les émotions et leur impact physiologique

1. Les mécanismes émotionnels

NOTRE SYSTÈME LIMBIQUE règne en maître sur nos émotions de base, le plaisir, la passion, la colère, la peur. L'hippocampe agit comme un vrai grenier à souvenirs. Mais il nous appartient de choisir ceux que nous voulons exposer à nos visiteurs !

Avec notre éducation, nos parents nous ont transmis, bien plus qu'on ne le croit, des réactions émotionnelles. Ils ont façonné nos sensations, notre sensibilité. Ainsi, par exemple, nous sommes obligés de réagir si nous voyons un enfant ou un animal maltraité, ou si nous sommes victimes d'une injustice. Ce qui n'est pas forcément le cas dans tous les pays. Ailleurs, certains de nos comportements peuvent provoquer des émotions insoupçonnées chez les habitants, qui ont d'autres filtres.

En modifiant, même légèrement, notre relation avec les autres, notre relation avec la « réalité », nous prenons de la hauteur pour mieux voir les aspects amusants et fascinants de la vie. Nous pouvons atténuer la douleur de la condition humaine en pratiquant la gymnastique mentale que j'appelle judo verbal.

Au lieu de « réagir au quart de tour, de prendre la mouche, de ressasser des propos vexants et des situations humiliantes, d'être soupe au lait », nous pouvons accueillir les agressions du monde extérieur pour les transformer et les réorienter. Que les mauvais coucheurs aient pitié de leurs semblables et accrochent un sourire à leur face !

a) La peur

La peur est une émotion qui trouve son origine en partie dans la zone de la gorge, siège de la communication, mais aussi de la thyroïde, si importante. La respiration est bloquée, ou retenue. Les gens qui ont eu peur parlent parfois d'une petite voix, inaudible, et peuvent avoir des problèmes liés à la gorge. Bien sûr, chacun a pu faire l'expérience de la « peur au ventre », ou de l'angoisse située entre le plexus et le ventre, mais la peur se manifeste aussi dans la gorge pour des raisons physiologiques : nos ancêtres grognaient et mordaient; nous nous contentons de lancer des onomatopées, des cris, des menaces ou des injures.

La peur est une sensation si désagréable que nous dépensons des trésors d'imagination pour la nier ou la noyer. Elle empêche souvent le rire, ou le libère soudain, quand la confusion est trop grande, sous forme incontrôlable : ne sachant que faire devant le puissant qui nous menace, nous fuyons dans le silence, le rire hystérique ou le rire haineux contre autrui. Pendant la grossesse ou au cours de l'éducation, pour diverses raisons, le corps a appris à avoir peur et à se contracter. Cette sensation physique l'emporte sur la raison. A problème physique, réponse physique. En respirant profondément, on va modifier les informations contenues dans le corps, et augmenter ainsi le sentiment de sécurité et la confiance en soi. Cela est d'autant plus important si votre mère fumait, était angoissée, peureuse ou déprimée. Elle a pu vous transmettre un conditionnement qui ne vous convenait pas. Là encore, une pratique quotidienne de respiration pendant plusieurs semaines peut diffuser en vous un plus grand sentiment de sécurité.

Pour être efficaces, soyez simples. Il existe de nombreux livres et professeurs de yoga qui peuvent alléger votre vie. Geneviève, vingt-huit ans, travaille dans un centre accueillant des drogués. Parfois, elle reconnaît avoir peur. « Ensuite, on en rit entre nous, on plaisante sur leur comportement. Cela nous soulage. »

b) La colère

La colère trouve son origine dans le haut de la poitrine, siège de la quête de l'autre, du désir d'approbation, mais aussi du sentiment d'insécurité. Quand on est en colère, on respire assez vite par le haut de la poitrine, d'une manière saccadée. Le sang monte au visage et dans les extrémités, les battements du cœur s'accélèrent pour apporter l'énergie aux muscles.

À tort ou à raison, nous estimons que l'intégrité physique est menacée : un intrus envahit notre territoire, ou méprise nos valeurs; il nous faut réagir si nous voulons survivre, défendre ce qui nous est cher. Physiologiquement, on se prépare au combat, nos poings se serrent, l'attention se renforce, on entre dans une sorte de transe qui nous désensibilise quant aux conséquences du combat. Les coups vont faire moins mal sur l'instant, on ne sentira pas la douleur, on sera acharné à vaincre. Cela correspond au rire cruel, de défi, d'agression, de mépris, de victoire, comme on va le voir. Ou de folie désespérée, quand on ne trouve plus d'issue.

Physiquement, si vous ressentez de la douleur dans la nuque, les épaules, il est probable qu'une colère cherche à s'exprimer. Mieux vaut la reconnaître que la laisser vous empoisonner. Pendant des siècles, la société nous a demandé de ravaler notre colère, pour ne pas nous attirer d'ennuis. Même de nos jours, les comportements colériques sont davantage punis que les autres : on licencie plus facilement un colérique qu'un fainéant. Et la violence physique est réprimée partout sur terre, bien plus que la violence psychologique ou économique. Il est donc naturel de craindre d'exprimer sa colère, puisqu'on a appris à ne pas le faire face à ses parents et enseignants.

Respirez lentement, lentement; expirez surtout très lentement, pendant au moins sept à dix minutes. Laissez vos deux mains à plat sur vos jambes, posées sur votre ventre ou sur votre poitrine. Connectez la partie humaniste de vous-même. Ressentez l'énergie de la colère, transformez-la en douceur.

c) L'amour

L'amour trouve son origine dans la zone du cœur, mais surtout du plexus solaire. La respiration est ample, par le bas de la poitrine. Il y a une sensation de dilatation, de réduction de la conscience. Le monde extérieur est coloré en rose, on apprécie les infimes détails de l'autre personne, on se sent léger, transporté d'allégresse.

Toutes les émotions sont des sortes de transes, qui nous conduisent « hors de nous », nous arrachent à la conscience habituelle. Cependant l'amour est la plus prisée, par le sentiment d'euphorie, l'intensité du plaisir ressenti, le sens profond qu'il donne à la vie et à la relation avec l'autre sexe, et par le sentiment de sécurité et d'approbation qu'il procure. On se sent utile et reconnu, et c'est ce dont nous sommes le plus assoiffés. Le rire est partagé, convivial, et vire facilement au fou rire.

C'est cette formidable énergie que partagent les amoureux. Ils sont en transe, un rien les fait rire. Et quand nous les voyons, nous ne pouvons nous empêcher de sourire, et souvent de partager leur bonheur. Un jour, un couple d'amoureux visita le Louvre. Devant les statuettes antiques, les tableaux, ils ne cessaient de faire des commentaires qui les faisaient éclater de rire. Le monde avait un sens, et ce sens les avait guidés l'un vers l'autre pour leur offrir ces instants magiques.

d) La souffrance

La souffrance trouve son origine dans l'estomac et le ventre. La respiration est longue, avec de longs soupirs, en alternance avec des petites respirations saccadées. La contraction du corps provoque et amplifie un repli général, comme si se replier en fœtus pouvait limiter la souffrance. L'énergie circule en circuit fermé, la personne éprouve le besoin de se cajoler, de se toucher.

La souffrance, notamment sous la forme de la tristesse, se répercute aussi sur la poitrine et la gorge. On peut ressentir une contraction de la poitrine, une boule dans la gorge. Le rire peut agir comme un souffle nettoyant.

Pour les déprimés de longue date, il est conseillé, avant de passer à la thérapie par le rire, d'envisager des massages, ou, si le contact des mains sur la peau est trop difficile, de commencer par des bains avec des huiles essentielles et des herbes. S'il s'agit d'une dépression passagère, on peut envisager la thérapie par le rire, en prenant un engagement sur un certain nombre de séances, pour ne pas fuir au moindre prétexte.

e) Le plaisir

Le plaisir trouve son origine dans le ventre et le bas-ventre. La respiration est ample, avec dilatation de la poitrine et du corps. Il procure un sentiment de certitude. Il provoque un rire animal, proche du ronron des chats.

Il permet de prôner la joie, comme le font certains thérapeutes. Même si on n'est pas obligé d'être heureux, on peut trouver le sens de ce qu'on vit, et ainsi en sortir. C'est aussi ce qui permet de transformer le négatif en positif, comme y parviennent tant de personnes engagées dans le développement personnel ou spirituel.

2. L'attente

Une autre émotion importante, fondée sur le suspense et la visualisation de l'avenir, est l'attente qui provoque l'excitation.

Si nous attendons un événement en respirant mal, nous sommes inquiets ou effrayés; par exemple, lorsque l'on attend les résultats d'un examen scolaire, d'un examen médical, ou d'un entretien d'embauche. En revanche, si nous attendons un événement en respirant profondément, nous sommes confiants.

En général, lorsque nous voulons éviter de ressentir une émotion qui nous semble désagréable, nous bloquons notre respiration. Et, avec le temps, nous bloquons ce que nous ressentons, et comme les émotions cherchent à sortir, nous les endormons à coups de tranquillisants ou autres. C'est ainsi qu'elles se transforment, à notre insu, en intoxication émotionnelle qui peut générer une maladie.

Pour libérer les émotions, il est aisé de continuer à respirer, profondément, jusqu'à ce qu'elles puissent s'exprimer. Ainsi, elles se transforment en énergie. Nous ne sommes pas victimes de ce que nous ressentons, mais de ce que nous nous empêchons de ressentir. En observant nos propres émotions circuler à l'intérieur du corps, nous leur offrons la possibilité de participer à notre énergie.

3. La culpabilité

La culpabilité naît d'une colère réprimée, ou du sentiment d'avoir trahi ses propres valeurs, même si l'on sait que ces valeurs sont fausses.

Il s'agit d'un des plus puissants moteurs de l'exploitation et de l'humiliation. Elle n'est pas universelle, beaucoup de religions n'ayant pas eu l'idée d'inventer la chute de l'homme, l'infériorité de la femme, le péché originel, et la culpabilité en découlant. On se fait facilement manipuler et contrôler par la culpabilité, et on cherche à contrôler et manipuler les autres avec. (« J'ai tort... Il y a quelque chose qui ne tourne pas rond en moi. ») La culpabilité conduit à un surinvestissement du soi, un sentiment d'être grandiose, qui produit pas mal de criminels politiques et religieux, car elle s'appuie sur un puissant sentiment d'infériorité, que le monde extérieur ne peut combler. La culpabilité, ajoutée à la névrose d'avoir raison, produit les tyrans. L'être humain redoutant de se sentir coupable utilise une forme d'humour de compensation, de vengeance, toujours dans le but de rétablir l'ordre menacé. « C'est bien fait, l'arroseur arrosé, tel est pris qui croyait prendre, à malin malin et demi, etc. » C'est l'origine de l'humour caustique.

L'humour joue aussi sur un autre aspect de la culpabilité et de la protection de son image, qui est l'escroquerie. Au lieu de se sentir coupable, on préfère se sentir malin.

Bien des blagues de compensation ont pour héros des escrocs, ou des gens qui ont été plus malins que les forts. C'est parfois le triomphe du simple, du petit, du faible, qui a raison des puissants. Mais parfois aussi du plus intelligent, qui a abusé de l'idiot, notamment s'il a de l'autorité. On ne compte plus les blagues ayant pour victimes des gendarmes ou des policiers, notamment dans certains pays où ils peuvent être dangereux.

JEU N°17

Transformez votre inquiétude en excitation

- Pensez à un événement que vous attendez. Bloquez votre respiration, jusqu'à ressentir la peur ou un malaise.
- Respirez profondément, en laissant votre ventre se soulever et s'abaisser. Transformez la peur en excitation.

Cette technique très simple permet de comprendre pourquoi certaines personnes sont enthousiastes à propos de l'avenir, et d'autres avancent à reculons.

Bouger, surtout avec quelqu'un ou en groupe, est le moyen le plus rapide pour interrompre le disque rayé des pensées négatives, et ressentir davantage de plaisir.

4. Le rire s'appuie sur nos émotions de base

La peur et le soulagement :

Dans une dictature, un opposant se plaint au téléphone d'avoir la désagréable sensation d'être sur écoute, surveillé sans cesse. Dès qu'il a raccroché, un policier frappe à sa porte et lui remet un pli du ministère de l'Intérieur. Tremblant, l'opposant le déplie n'est pas vrai, sale paranoïaque ! »

La colère :
Liée au mépris des autres, elle nous incite à les dénigrer; elle nous permet de nous sentir supérieurs lorsque nous doutons de nos propres valeurs. Par exemple, les habitants de l'extrême Nord russe, appelés Tchouktchas, ont la réputation de toujours dire « quand même ». Ils servent de tête de Turcs comme les Belges, les Newfies, les Polonais... Les Zaïrois traitent les Africains de l'Ouest de *wara,* les Arabes de *mondibou,* les Blancs de *mondélé...* et ils le leur rendent bien ! Heureusement que je n'en connais pas la traduction !
Dans les camps de concentration, les nazis appelaient « musulmans » les hommes squelettiques, incapables de travailler, en train de mourir...

Devinette : Quelle est la valeur que l'on rencontre sous toutes les latitudes, dans n'importe quel peuple et ethnie ? Le racisme, mon frère, seule valeur vraiment partagée par toute l'humanité... Aime ton prochain comme toi-même... en l'humiliant, en le dominant... Ce qu'il croit ne vaut rien. Et l'idéal, c'est quand « Dieu » s'exclame : « Tuez-les jusqu'au dernier... »

Un Tchouktcha s'est acheté du café soluble. Il lit le mode d'emploi : « Prenez une cuiller à café de café soluble. » Il la met dans sa bouche. « Ajoutez deux sucres. » Il met deux sucres dans sa bouche. « Versez de l'eau bouillante. » Il y verse l'eau bouillante. « Remuez. » Il se lève, fait des bonds et murmure la bouche pleine : « Ce qu'ils inventent quand même comme conneries, ces Occidentaux... »

Comparons avec cette histoire chinoise, dont la victime est le domestique :
Un homme étourdi s'était trompé en chaussant ses bottes. L'une avait un grand talon, l'autre un petit. Il se dandinait dans la rue depuis longtemps quand on lui en fit la remarque. Il envoya aussitôt son domestique chercher des bottes pour se changer.
Longtemps après, le domestique revint, les mains vides :

« Maître, cela ne servirait à rien de changer de bottes. La paire qui reste à la maison a également un grand talon et un petit talon ! »

L'amour :

Il nous rassure sur la comédie humaine :

« Comment je sais que mon mari est fidèle ? Il couche avec la même secrétaire depuis dix ans ! »

La souffrance :

On la regarde de haut :

« Mon ami est borgne. Il pleurniche toujours au cinéma pour obtenir demi-tarif. »

Le plaisir :

Celui de se sentir lié aux autres, face à la « fatalité » ou à l'impuissance :

« Mon fils a économisé pendant cinq ans. Il vient de casser sa tirelire pleine à craquer. Et avec ses sous, il a juste eu de quoi s'acheter une nouvelle tirelire. »

Parmi les nombreuses autres émotions, vous pouvez choisir (avec de l'entraînement) d'être intrigué, chiffonné, passionné, perplexe, dérouté, léger, anxieux, rieur, abasourdi, navré, accablé, irrité, pensif, las, déçu, enjoué, crispé, déconcerté, fâché, cajoleur, énervé, embarrassé, attentif, mélancolique, navré, satisfait, fou, surpris, agacé, épouvanté, inquiet, ludique, farceur, soupçonneux, bienveillant, borné, triste, autoritaire, soucieux, blasé, snob, peureux, amoureux, honteux, effrayé, bonhomme, colérique, malveillant, moqueur, ironique, méprisant, affolé, faussement innocent, vigilant, bouillant, agressif, agonisant, arrogant, timide, ennuyé, béat, circonspect, froid, confiant, réservé, curieux, tout chose, déterminé, coupable, désapprobateur, incrédule, dégoûté, dégoûtant, répugnant, indiscret, extasié, enragé, envieux, épuisé, frustré, affligé, content, blessé, hystérique, idiot, indifférent, intéressé, calculateur, jaloux, joyeux, saint, seul, méditatif, machiavélique, misérable, négatif, encourageant, obstiné, opti... frant, prudent, regrettant, sauveteur, satisfait, penaud, suffisant, hargneu..., compatissant, indécis... et des centaines d'autres !

En général, pour qu'une émotion soit physiquement déclenchée, de trois à sept secondes, au maximum, sont nécessaires : le temps de recevoir l'impact (penser à quelque chose du passé, voir ou ressentir quelque chose du présent), de filtrer l'information, de l'évaluer selon ses critères personnels, et déclencher les ordres qui provoqueront les sensations. Chacun a fait l'expérience suivante : on vous dit quelque chose d'ambigu, et vous hésitez entre plusieurs émotions ; devez-vous en rire ? Le prendre mal ? Vous vexer ? Garder le silence ? Riposter ? Vous mettre en colère ? Bouder ?

Souvent, ce sont les habitudes émotionnelles qui décident. Vous disposez donc d'un temps précieux pour réorienter votre alchimie interne. Vos émotions peuvent être influencées, notamment si vous modifiez vos critères, vos valeurs. Par exemple, on peut être choqué de voir un enfant ou un animal frappé dans tel pays, et non dans tel autre. On peut se sentir obligé d'accueillir un étranger ici, et ailleurs on lui ferme la porte au nez. On peut être en colère si quelqu'un critique la religion, et ailleurs cela fait rire.

Les émotions se manifestent dans le tonus musculaire. Ainsi, grâce à l'expression, au sport, au mouvement, au chant, au rire..., nous avons la puissance de les transformer de manière physiologique. Bouger est donc le moyen le plus rapide pour modifier une émotion. Comme on l'a vu, chaque émotion étant associée à une posture physique, à une respiration, apporter une modification dans son comportement, c'est modifier l'émotion.

En cas d'agression, nos réactions de base sont :

- ***La fuite :*** ce mécanisme produit les blagues absurdes, nihilistes, paradoxales, pour éviter d'être confronté avec l'émotion de la situation présente. La respiration, basée sur la peur, n'est pas bloquée, mais précipitée.

> *Sous une pluie violente, le peloton emmène le soldat qui doit être fusillé. « Quel temps pourri », murmure le condamné. « Ne te plains pas, rétorque un soldat. Nous, en plus, nous devons rentrer. »*

- ***L'attaque :*** ce mécanisme est à l'origine des blagues de comparaison, de supériorité, de retournement de situation. La respiration intense permet de dominer la peur et de mobiliser ses ressources.

> *Jacob ne lit que des journaux antisémites. Isaac, choqué, lui demande pourquoi. « Tu comprends, explique Jacob, quand je lis des journaux européens ou même israéliens, je lis qu'il y a des problèmes dans tout le pays, dans les territoires occupés, l'infitada, le terrorisme, l'inflation, la corruption, l'intolérance. Alors que quand je lis des journaux antisémites, j'apprends qu'Israël dirige en cachette le monde entier, les institutions internationales, les banques, les finances, les gouvernements et qu'après la rencontre avec les extra-terrestres, Jérusalem deviendra la capitale de la Voie lactée, car le grand maître de l'Univers s'appelle Sion Jacob Abraham Lévy ! »*

- ***L'inaction (faire le mort) :*** (entrer en catalepsie, s'évanouir) sous l'effet de la panique, quand on estime n'avoir aucune chance de s'en sortir, comme les insectes et certains animaux. La respiration se réduit ou se bloque.

> *« Ton mari a-t-il déjà découché ?*
> *- Oui, voilà trois ans. Mais j'espère toujours qu'il rentrera. »*

JEU N°18

Le jeu des émotions

Amusez-vous à passer d'une émotion à une autre, en vous rapprochant du rire. Un peu comme si vos émotions étaient un escalier, et que vous passiez de marche en marche pour atteindre celle qui vous plaît.

Par exemple :

- Perplexe - étonné amusé - rieur.
- Choqué - énervé - scandalisé - faussement bouleversé - blagueur - rieur.
- Déprimé - écoeuré - désapprobateur - grondeur - s'empêchant de rire - rieur.
- Froid - tiède - chaud - sensuel - aimant - bienveillant - serein - rieur.

Les combinaisons sont innombrables, et vous vous perfectionnez dans cet art si important d'orienter ce que vous vivez.

JEU N°19

Déconnectez vos émotions

Chaque émotion est associée à une forme de respiration, une attitude physique, des pensées, des sensations. Pour modifier une émotion, on peut modifier n'importe lequel de ces paramètres.

• Déconnectez votre colère •

- Faites les gestes de la colère en chantant une chanson enfantine.
- Exprimez sur le ton de la colère, avec une gestuelle agressive, le contraire de ce que vous avez envie de dire. Au lieu de faire des reproches, dites à la personne : « Tu sais combien tu comptes pour moi, j'ai beaucoup d'estime pour toi, justement je pensais l'autre jour à quel point tu es un être merveilleux ! »

Ce décalage entre le contenu et la forme est souvent d'un grand effet comique, et permet de relativiser.

• Déconnectez votre plainte •

- Plaignez-vous en vous pinçant le nez, en prenant une voix nasale de canard.
- Plaignez-vous sur un air d'opéra, de préférence outrageusement tragique.
- Puis plaignez-vous sur un air d'opérette. Avec l'expérience, vous pourrez même danser en même temps.

JEU N°19

Déconnectez vos émotions (suite)

• Déconnectez votre peur •

Imaginez que vous vous trouvez devant votre patron. Couvrez-vous d'un drap comme un fantôme, en lançant le houhou ! de rigueur.

Imaginez que votre patron est un fantôme qui veut vous enchaîner. Protestez en jouant plusieurs personnages.

• Connectez votre joie •

Le matin, posez-vous quelques questions :

- Qu'est-ce qui peut me réjouir en ce moment ? Quelles sont toutes les petites choses qui peuvent me rendre heureux ?
- De qui suis-je aimé ? Qui est-ce que j'aime ? Qui pourrais-je mieux aimer ?
- Que suis-je heureux d'accomplir en ce moment ?
- À qui suis-je utile ? À qui pourrais-je être utile ?
- Quels bons moments vais-je mettre dans ma journée ?

Puis passez quelques minutes à jouer, à chanter, à danser, à rire.

5. Différentes sortes de rires correspondant à différentes émotions

a) Le rire nerveux

C'est un rire froid qui est provoqué par la peur. Par exemple, on peut « rire nerveusement » après avoir échappé à un accident. Lorsque le cerveau réalise ce à quoi il a échappé, il donne souvent au corps l'indication de trembler et de rire pour permettre à la tension physique de s'évacuer. Pendant un examen, un contrôle policier, une pression très forte, lorsqu'on se sent inférieur, lorsqu'on est déçu ou humilié, le sang afflue vers les muscles des bras, des jambes et du torse; les vaisseaux des extrémités se contractent, pour faciliter la préparation au combat, pour contrôler ses réactions, pour fuir. Le danger passé, le tremblement permet de remettre le sang en circulation.

Ce genre de tremblements après les chocs pourrait être encouragé - et non contrarié - par les équipes soignantes qui arrivent sur les lieux de l'accident. C'est le signe d'un retour à l'équilibre, car le choc doit être physiquement évacué. Il suffirait qu'un médecin ou policier se synchronise aussitôt avec les tremblements de la personne choquée et sa respiration, bruyamment, pour capter son attention, même inconsciente. On peut envisager un accompagnement musical rythmé. Puis, quand les deux personnes respirent et tremblent à l'unisson, le médecin ou policier peut ralentir ces tremblements en respirant plus calmement, et en ralentissant le rythme de la musique, jusqu'à ce que le corps et l'esprit retrouvent la paix.

b) Le rire chaud

Il sert à cacher ou exprimer sa colère. Si on se trouve devant un « supérieur » (quelle que soit son apparence, épouse, ami, patron, membre de la famille, voisin, relation, inconnu dans la rue...), on peut rire d'une manière gênée si on n'ose pas l'attaquer de front. Ce rire indique que l'on renonce à l'escalade du combat, soit par crainte des représailles, soit parce qu'on estime que l'enjeu est trop faible pour prendre des risques.

On peut aussi développer un rire méprisant, hostile, pour montrer qu'on refuse l'agression extérieure, ou qu'on domine l'autre. Ce rire est une tentative pour reprendre le pouvoir, au moins à ses propres yeux, ou pour s'interdire de prononcer des mots qui pourraient provoquer un conflit. C'est aussi un rire de supériorité, qui cherche à dévaloriser l'autre.

La colère est souvent provoquée par la peur. On a subi trop de pressions, on a dû survivre dans un environnement difficile, se faire sa place au moyen de violences verbales ou physiques. On se sent menacé, agressé, et on voit le monde comme un endroit où il faut frapper le premier.

Les gens ayant peur deviennent coléreux et cherchent à effrayer les autres, à les menacer ou à les dominer pour ne pas se laisser envahir par leur propre inquiétude. Les délinquants sont souvent des gens animés par la peur; ils cherchent à s'imposer en terrorisant les autres. Ils vivent dans un monde qu'ils rendent dangereux, et se sentent obligés de se défendre en attaquant, d'où leur attachement aux chiens de combat représentatifs, aux armes de toutes sortes, au « courage » mis en avant comme une valeur essentielle pour dissimuler la lâcheté ordinaire. Pour ne pas être pris en défaut de faiblesse, ils sont conduits à la surenchère.

On peut aussi masquer sa colère sous une gentillesse automatique, et souffrir de sa faiblesse. Au lieu d'attaquer, on s'efforce de trouver des excuses aux abuseurs, on espère qu'ils vont changer, on ne veut surtout pas apparaître comme quelqu'un de méchant ou d'agressif, même si on aimerait se laisser moins faire.

Le rire de supériorité tourne parfois aux sarcasmes, en général à sens unique. Vous connaissez un collègue ou un beau-frère qui vous « charrie » tout le temps, fait de l'humour à tout moment, en général au détriment d'autrui. C'est quelqu'un qui réagit en automatique, sans se soucier de trouver un accord avec ses victimes.

Pour vous faire respecter, il faut comprendre deux choses :

– L'humour agressif est un mode de communication comme un autre, c'est-à-dire que cette personne cherche à communiquer, à établir des relations, mais qu'elle s'y prend mal.

– Vous pouvez apprendre à riposter, à rétorquer, à réagir en public, quitte à devoir vous y reprendre trente fois avant de toucher votre but. Lorsque vous vous entraînerez à riposter, il « augmentera la dose », il cherchera à vous faire mal. Puis, quand vous l'aurez touché à plusieurs reprises, il se modérera... car telle est aussi la nature humaine ! Bien sûr, en continuant, vous parviendrez, s'il n'est pas borné, à établir avec lui une communication humoristique qui transformera le sarcasme en taquinerie et en humour convivial.

« Chérie, tu ne fais rien de bien, tu es nulle !
- C'est pour ça que tu m'as choisie, je suis à ton niveau, tu n'aurais pas supporté une femme plus efficace que toi. »

Le rire chaud se transforme facilement en rire convivial lorsqu'on exprime gentiment ce qu'on ressent, lorsqu'on partage ses émotions.

c) Le rire de souffrance

Il s'agit du rire que provoque le soulagement après la souffrance, du rire de celui qui s'amuse du malheur des autres, et parfois du rire désespéré. *« L'homme souffre si profondément qu'il a dû inventer le rire. »* (Nietzsche)

Un jour, en Asie, je me trouve à une terrasse de café, quand un « fou » surgit, nous menaçant avec un caillou. Après quelques minutes de lâcheté générale, je me lève et lui dis sèchement en français d'arrêter de m'embêter. Il s'immobilise. Puis je lui demande, en faisant le geste, de jeter son caillou. Il le fait, déclenchant l'hilarité des pousse-pousse présents : ce rire est provoqué par le soulagement, la supériorité face au « fou » qui a perdu la face en public, le respect parce que j'ai pratiqué l'« arroseur arrosé ».

J'ai vu une « folle » qui arrachait ses vêtements, et les hommes blaguaient sur sa sexualité d'une manière très insultante. J'ai vu également une « folle » à qui un groupe lançait des épluchures de fruits et des trognons, en riant. Une fois, en Europe, une grosse voiture s'arrêta devant des auto-stoppeurs. Au moment où ils prenaient leur sac pour s'approcher de la voiture, ses occupants leur jetèrent des pelures d'orange, puis redémarrèrent en riant aux éclats. C'est aussi cela l'humour : l'agression. Il ne s'agit pas de se demander s'il ne devrait pas en être autrement, mais plutôt d'apprendre à réagir, par l'humour agressif quand on se fait attaquer, ou par le judo verbal en utilisant la force de l'adversaire.

Cependant, ceux qui se moquent des fous ou des faibles ne sont pas inhumains. Inquiets et lâches, ils ont besoin de se sentir supérieurs à quelqu'un, et avec les fous, c'est facile. De plus, ils peuvent être gênés devant une situation, un handicap, et ne pas savoir comment réagir autrement. En ce sens, l'humour est le reflet exact de ce que l'on pense des autres. Si l'on rit toujours aux dépens des autres, c'est qu'on les méprise et qu'on les craint.

L'humour est souvent issu de la complexité d'une situation et de sentiments contradictoires. Si vous vivez une situation complexe, dont vous ne voyez pas l'issue, vous dormez, sans le savoir, sur une mine de rires...

Un individu n'est pas une unanimité, mais plutôt une sorte d'assemblée démocratique, où certaines tendances l'emportent sur d'autres. En laissant chaque aspect s'exprimer, il est possible qu'ils rient les uns des autres... Franchement, votre lutin intérieur n'a-t-il jamais envie de s'esclaffer quand le pédant, le vaniteux, le mesquin prend le pouvoir en vous ? Oh, pardon, je parlais de moi ! Vous n'êtes pas comme ça. Ou alors, ça se saurait. Or je n'ai jamais vu d'émission de télé vous critiquant. Et comme ce qui ne passe pas à la télé n'existe pas...

d) Le rire de déni

Lorsque l'on n'est pas capable d'affronter la réalité, on peut déclencher un rire défensif. Nier ce qui se passe est une première réaction déclenchée par la peur ou la confusion. Ainsi, paradoxalement, la personne peut s'y habituer. Le rire de déni devient donc le début de l'acceptation, le temps qu'elle se prépare psychologiquement. Le rire permet de supporter une charge émotionnelle, qui évite de trop souffrir ou de trop déprimer. On peut le rapprocher des étapes du deuil. Lorsqu'une personne va mourir, ou quelqu'un de son entourage, elle passe par le déni (le refus), puis par la révolte, la négociation, la dépression, et enfin l'acceptation et la sérénité, lorsqu'elle a trouvé un sens profond à sa vie.

e) Le rire d'amour et de plaisir

C'est le rire de communion, de partage. Ce sont les rires de deux amoureux, ceux d'un groupe d'amis ou d'une famille, une sorte de transe collective, quand une énergie chaude et amicale circule entre les personnes. On se sent bien, détendu, heureux d'être ensemble. C'est souvent le rire le plus intense, et celui qui provoque les meilleures dispositions des gens les uns envers les autres. Quand vous partagez ce rire, vous renforcez les liens d'amitié.

f) Le rire pour soulager l'ennui

L'ennui nous guette à tout instant, et c'est une des émotions que nous voulons éviter à tout prix. Nous préférons de loin nous exprimer par la colère ou la souffrance, plutôt que par l'ennui. S'ennuyer, c'est être coincé, se sentir impuissant dans une situation, comme l'enfant qui ne sait que faire.

L'ennui survient aussi quand la pression externe est trop forte, pour les gens prisonniers d'un rôle, obligés de donner une image sérieuse d'eux-mêmes. Ce rire se déclenche pendant des cérémonies militaires ou religieuses, un enterrement, une cour de justice. Il se trouve toujours quelqu'un qui ne croit pas au rituel, qui trouve dérisoire les attitudes des participants, ou qui est très impressionné et se met à rire. La pression collective peut exploser en pouffements incontrôlables, qui se transforment parfois en fous rires contagieux.

6. Les ennemis du rire

Le rire a trois ennemis naturels : la souffrance, la compassion et la terreur. On peut rire en voyant quelqu'un tomber, mais si cette personne a mal, on ne rit plus (sauf, hélas, si on le considère comme un méchant ou un mécréant. *« Quoi de plus agréable que de rire aux dépens d'un ennemi ? »* disait déjà Sophocle). Si on éprouve de la compassion pour les « fous », non seulement on ne se moque pas d'eux, mais on désapprouve ceux qui le font. La charité et la honte bloquent le rire. Et on peut rire dans les pays de dictature, mais jamais pendant les massacres. En revanche, dans les pays en guerre ou pauvres, on raconte sans cesse des blagues pour conjurer le sort. Les Soviétiques et les Européens de l'Est, Bulgares, Roumains, Polonais..., y occupaient leur temps, comme de nos jours les Algériens, les Africains ou des peuples d'Amérique latine.

Quand les gens souffrent trop, il est difficile ou impossible de pratiquer l'humour. Seuls les maîtres spirituels en sont capables, mais nous pouvons nous inspirer d'eux. Bien sûr, on peut rire pendant les enterrements, puisqu'il faut soulager la tension. Mais s'il est fréquent de rire à l'enterrement d'une personne âgée, qui a « fait son temps », c'est très rare quand il s'agit d'un enfant, car c'est ressenti comme une injustice douloureuse et incompréhensible. « On ne parle pas de corde dans la maison d'un pendu. »

Il est inutile d'être « humoureux » à l'excès, comme le sont ceux qui rient en pilotage automatique. Parfois, on a besoin d'une conversation sérieuse, d'une attitude sérieuse, ou certains sujets ne nous paraissent pas prêter matière à rire. Soyez clairs face à vos enjeux, à vos buts. Il y a un temps pour analyser, un temps pour compter, un temps pour faire des projets, un temps pour rire.

Une cliente, dans un groupe, riait follement pour un rien. C'était un rire puissant, qui jaillissait à tout propos, et hors de propos, même quand personne ne trouvait rien de drôle. Je lui demandai si ce rire lui permettait d'être comprise et acceptée par ses collègues. Elle reconnut qu'elles étaient exaspérées. On le lui reprochait chaque jour. Ce rire était un mécanisme de défense pour éviter la souffrance. Elle avait développé une réaction automatique pour ne pas entrer en contact avec ses émotions. Cela lui posait de réels problèmes de communication. Ce rire était perçu comme une agression, car indifférent à ce qui se jouait, et ses collègues y étaient devenues allergiques.

Celui qui rit constamment peut être un monomaniaque, aussi limité dans son expression que celui qui pleure ou crie tout le temps. Il existe également une forme d'épilepsie « gélastique », qui provoque un rire incontrôlable, souvent dû à une tumeur de l'hypothalamus dans l'enfance. Vous aimeriez que les autres aient davantage d'humour ? Les autres aussi aimeraient que vous en ayez davantage ! Alors, pensez à l'échange, à l'accord avec l'autre, et incluez le monde dans votre humour.

Savez-vous pourquoi le *Cosby Show* est resté un sitcom si populaire pendant des années ? Un psy était chargé de relire les scénarios pour éviter de ridiculiser une partie de l'audience. Il est toujours plus facile de faire rire sans se soucier des autres, comme l'attestent tant d'humoristes qui racontent des blagues racistes, sous prétexte qu'ils appartiennent à une minorité raciale. On a vu souvent des humoristes maladroits aggraver la situation de la victime sous prétexte de la dénoncer. Et, sous couvert d'humour, des émissions de télévision se moquent de gens connus ou inconnus, cherchent à les ridiculiser, sans se soucier des dégâts causés dans leur vie, et sans même leur offrir la possibilité de se défendre ou de riposter. Il s'agit d'une forme nouvelle de tyrannie : la tyrannie télévisuelle, qui tourne parfois au lynchage. Par exemple, un animateur éternue au visage de passants ; un autre fait huer sur un plateau le comportement d'un homme après avoir fait un montage défavorable; un autre montre des « jeunes » enfermant avec du scotch des personnes dans des cabines téléphoniques... Peu importe si elles sont en train de téléphoner pour trouver un emploi ou à leur mère mourante... La force de l'image est telle que des « animateurs » peuvent truquer en toute impunité. Et la victime, quel que soit son état émotionnel, est censée trouver drôle de se faire martyriser. Si elle proteste, on la hue davantage...

Il ne s'agit pas d'humour, mais simplement d'agression, et parfois de délinquance.

7. Le rire est un choix

Pendant longtemps, j'ai souffert des deux maladies les plus répandues sur terre : la procrastination (l'art de remettre au lendemain ce qui aurait dû être fait la veille) et le savoir-tout. Je n'étais guère enseignable, trop rebelle pour reconnaître mes manques. Comme cela m'a coûté pas mal de pertes d'amis, d'amies, d'argent, et de souffrances, j'ai fini par changer[1], et suis devenu très enseignable. J'ai décidé que des millions de gens depuis cent mille ans avaient découvert des fonctionnements formidables, qui pouvaient m'être utiles, et que je n'avais pas à réinventer la roue. Il ne s'écoule pas une année sans que je suive plusieurs séminaires et cours divers. Sans doute parce que je suis dur à la comprenette !
Mes clients, dans les groupes que j'anime, vantaient mon sens de l'humour. Je l'utilisais beaucoup aussi en séances individuelles, aussi bien pour les problèmes physiques que psychiques. Aussi, pour m'« améliorer[2] », j'ai décidé de suivre un cours d'humour. Pourquoi pas ? Après tout, j'avais pris des cours de toutes sortes, sur les émotions, le langage, la psy, le magnétisme, le chant et tant d'autres choses encore. J'ai pris l'annuaire. Voyons voir... *Haras... Héraldistes... Herboristes... Hi-fi...* Pas d'humour dans les *Pages jaunes !* Beaucoup d'humoristes dans le *Guide du show-business,* mais pas de prof. d'humour !

Je me suis renseigné auprès de mes amis qui m'ont regardé d'un air sidéré avant de s'éloigner un peu plus. Une superbe Africaine, en jupe courte devant un sex-shop, a trouvé l'idée superbe, mais à cause de mon accent français, elle croyait que je lui demandais des cours d'amour. J'ai cherché un peu partout. Je n'en ai pas trouvé. Je venais de pénétrer dans le monde des idées reçues, selon lesquelles l'« humour est un don » ; on en « a » ou on n'en « a » pas. Un peu comme les grains de beauté, les cheveux blancs ou les pieds plats. Il n'existait pas un seul enseignement, pas à l'Université bien sûr (patientons encore quarante ans !), mais même dans les cercles les

---

1 Désolé de te décevoir, Bernard, mais tu n'as pas du tout changé. Tu es même pire qu'avant ! (Note de tes amis et de ta famille.)

2 Le désir de « s'améliorer » est une maladie des psys, le plus souvent incurable et fatale : à force de tout faire pour changer, ils changent, et voulant devenir eux, deviennent quelqu'un d'autre. Quand ils sont enfin quelqu'un, ils ne se reconnaissent pas et finissent par se quitter ! En dehors des psys, il n'existe qu'une seule autre espèce connue qui aime le changement : le bébé, quand sa couche est mouillée. La chenille, elle, n'a pas le choix. Faut dire qu'elle est très moche.

plus actifs. Pourtant, tout le monde est d'accord sur ce point : l'humour est un des meilleurs systèmes de communication; il prend toutes les couleurs des échanges humains, de l'amour chaleureux à la sagesse divine, en passant par la cruauté et l'agressivité. C'est un liant, un supplément de communication.

Alors ? Mystère ? Non, blocage. On sait que quand un sportif franchit un record, peu après d'autres le franchissent. L'esprit se bloque à l'idée de ce qui est possible ou ne l'est pas. Et j'avais, innocemment, franchi cette frontière que vous franchissez joyeusement.

Ce cours d'humour, j'ai donc décidé de le créer. En dehors de nombreuses méthodes formidables dans le domaine de la thérapie, du développement personnel et du coaching, il s'avère que l'humour est parfois la voie la plus rapide vers la guérison[3].

Je dois le reconnaître, j'ai été plutôt sympa avec mes contemporains. Je n'ai jamais cherché à évincer les jeunes premiers, les boys bands et les magnifiques sportifs qui gagnent des millions. Pour ne pas vexer les intellectuels de mon quartier, j'ai évité de passer des doctorats. Les éditeurs et les médias m'ont protégé de la vanité, en ne me rendant pas célèbre. Les femmes m'ont aidé à garder l'anonymat, d'abord ma mère, en ne me faisant pas si beau qu'elle le croyait, et plus tard d'autres, en me quittant, ce qui pouvait être acceptable ou réjouissant, mais pire, en me survivant et en étant heureuses sans moi[4] !

Que faire, quand on a un physique d'homme moyen, de taille moyenne, des yeux moyens, des épaules moyennes, des oreilles moyennes, des cheveux moyens, un sexe moyen (d'après les plus indulgentes), et qu'on gagne moyennement sa vie ? Devenir réaliste ? Non, je suis trop orgueilleux pour ça. Devenir résigné ? Non, je suis né trop pauvre pour être blasé. Eh oui, développer l'humour, la plus belle conquête des humains. Pensez ! La seule façon bon marché de plaire à de belles femmes (ou à de beaux hommes, Mesdames... ou au vôtre !). Faire rire la galerie, participer à transformer un moment plat en moment agréable, c'est boire l'élixir des dieux.

3 Du moins, la mienne ! Mais c'est déjà important, pour un client, de se faire soigner par un thérapeute guéri !

4 En homme véritable, je n'ai jamais bien compris ce qu'une femme pouvait trouver à un autre que moi. Non, je ne parle pas de vous, monsieur N. ! Votre femme me trouve très bien.

Franchement, quelle femme m'aurait, sans humour, serré contre sa généreuse poitrine ? J'ai souvent couvert leurs récriminations sous une blague. Quand elles se plaignaient du manque d'argent, je les faisais rire en jouant les marionnettes avec mes orteils dépassant des trous de mes chaussettes. Quand elles me rappelaient que je leur avais promis une vie de cinémas, de restaurants et de câlins, et non une vie de spaghettis devant la télé, je leur lançais une blague comme on lance une cacahuète à un chien, ou un os à un singe. En quelques minutes de rigolade, j'avais, pour un temps, repeint mon taudis aux couleurs chaudes et sensuelles de leur rire de gorge... Quand elles me reprochaient mon caractère belliqueux, je les flattais honteusement... et elles me croyaient, les pauvres. J'étais le fou de ma reine, et j'ai aimé cela... à la folie !

Au fond, la seule différence entre ma vie et la *success story* d'un milliardaire américain, parti de rien pour faire fortune, c'est que ma voiture a cent mille kilomètres. Je n'ai qu'une femme et encore, elle en doute. Je ne suis propriétaire de rien, je n'ai pas de villa, ni de piscine, et ne vais ni dans les hôtels de luxe ni dans les îles enivrantes. Je ne connais aucun mannequin ni vedette du cinéma. Je n'ai même pas couché avec cette princesse qui a pourtant donné une chance à beaucoup d'hommes. A part cela, ma vie ressemble à s'y méprendre à celle d'une star : j'ai l'eau chaude, un bon lit, je ne paie pas pour faire l'amour, je mange tous les jours, j'ai des chaussures et des livres, j'ai le téléphone et je peux prendre autant de photos de moi que je le souhaite et les coller sur la couverture des magazines. J'ai bien conscience qu'en avouant cela, je rends l'espoir à une jeune fille éperdue en train de me lire. Vous êtes trop grosse ? Trop petite ? Trop maigre ? Vous vous trouvez sotte et coincée ? Ou même trop vieille ? Vous avez le choix : vous pouvez en vouloir à la vie, développer des maladies de peau, prendre trente kilos, vous bourrer de produits chimiques ou alcooliques pour vous abrutir... ou...

...ou, au contraire, faire rire votre entourage, notamment ce beau garçon qui en oubliera l'heure. Tout en riant abondamment à ses blagues, effleurez-le délicatement. Tout en partageant ses idées et admirant ses opinions si belles et justes, faites-le reluire par la brillance de votre regard alangui. Qu'il sente qu'il est l'homme ici, et que la grâce féminine s'incline devant sa puissance retenue et pourtant si tendre. Tout en le faisant rire, aidez-le à ôter ses chaussures. Pendant qu'il se bidonne, ôtez sa chemise. Pendant qu'il se gondole, allongez-le sur le lit. Oui, ça y est, vous avez gagné ! A vous les plaisirs charnels et ses baisers sur cette bouche qui a dit de jolies choses[5] !

Après ce paragraphe d'autodérision, comparez vos réactions si je vous y inclus : « Heureusement, nous autres, les médiocres, nous avons beaucoup d'occasions de progresser. Nous ne sommes pas comme les arrogants doués, qui savent tout faire mieux que nous, plaire, gagner, être minces et parfois avoir du cœur ! Nous sommes obligés, pour être à la hauteur, de développer des techniques, un dur apprentissage pour nous hisser vers la moyenne. Le 10 sur 20 est notre ciel, l'espoir qui nous fait vibrer au-dessus de notre tête. Enfin, un jour, après de méritoires efforts, la Vie nous récompense et nous donne le 11. Dans notre ascension, nous avons parfois la chance de croiser ceux que nous avons enviés, qui s'enfoncent lentement sous le poids de leurs lauriers... »

8. Rire en réunion

L'objectif des réunions est multiple :

- Rencontrer des gens, ce qui provoque une certaine tension. On a peur de parler aux inconnus, il faut trouver une contenance, des sujets de conversation. Imaginez, si on ne s'embêtait pas dans ces réunions, on en ferait beaucoup... moins. La rencontre étant la base de toute société, et de tout projet, vous pouvez décider d'attirer l'attention sur vous en blaguant un peu.
- Partager les informations : là aussi, le rire détend l'atmosphère parfois compassée de certaines réunions.
- Prendre des décisions : l'humour peut aider à trouver l'accord, favorise la magie des idées.
- Étudier les stratégies des autres pour nouer des contacts ou prévoir l'évolution des situations. L'humour permet d'aborder une question sous plusieurs angles différents, et développe votre créativité.
- Se faire bien voir des gens puissants. L'humour vous fait passer pour quelqu'un de plus léger, moins dangereux.

L'entraînement à l'humour permet de capter le moment approprié, le tempo pour plaisanter, et le style à utiliser selon la situation et les enjeux.

---

5 Quoi, mademoiselle N., lui aussi est parti le lendemain ? Le bâtard !

On fera davantage d'humour à un pot de départ que lors d'une réunion sur les investissements.

L'humour est aussi un état d'esprit et une attitude que l'on suscite en créant le contexte. Une fois que vous en avez pris l'habitude, vous découvrez chaque jour de nouvelles sources d'humour. Vous passez d'une réalité de pénurie à une réalité d'abondance. Le remède contre le manque d'humour se trouve dans le développement des capacités d'observation.

L'attitude est le point déterminant. Si vous refusez l'attitude « humoureuse », prendre la vie du bon côté, etc., si vous trouvez des excuses, vous ne pouvez améliorer l'humour. Laissez la joie de vivre émerger au-dessus des paperasses, des factures, des soucis, et vous faire un clin d'oeil.

Quel est votre sens de l'humour ? Comment vous le définissez, quelles caractéristiques vous appréciez ? Immerger dans l'humour vous permettra de mieux comprendre les mécanismes. Identifiez aussi ce que vous n'aimez pas dans l'humour. Rien ne vous oblige à pratiquer ce que vous n'aimez pas...

Quand avez-vous perdu votre sens de l'humour ? Dès l'enfance, devant le tableau noir, sous les quolibets de gamins de six ans ? Ou avez-vous préféré attendre le lendemain de votre nuit de noces ?

Un des stéréotypes restant de l'éducation est de se prendre trop au sérieux, parfois dans les relations professionnelles, parfois aussi dans les relations amoureuses et amicales. En établissant votre côté sérieux par vos compétences, vous n'avez pas besoin de jouer un rôle de sérieux...

On appréhende les réactions des autres, et on cherche à rester dans un rôle pour éviter de s'exposer. L'humour est précisément cette petite prise de risque qui améliore la communication. En testant, vous vérifiez si votre humour est approprié, si votre partenaire commence à entrer dans l'état d'esprit adéquat. Commencez avec vos amis, ceux qui vous aiment, et ne pratiquez pas en milieu hostile, sauf quand vous serez expérimenté. Testez d'abord avec un ou deux collègues, pour créer une minorité humoureuse, puis tâchez de gagner la majorité.

Même un contexte mauvais ou difficile, un groupe délicat et sérieux, une ambiance solennelle peuvent être transformés si vous le décidez et si vous cherchez des allié(e)s dans le groupe.

Par exemple, lorsque j'anime des séminaires en entreprise, les cadres (hommes en costume strict et femmes en tailleur chic) ne réagissent pas aux premiers traits d'esprit. Je persiste, surmontant mon stress d'artiste faisant un bide. Vers la fin de la matinée, un frêle sourire s'esquisse sur un des visages, signe, chez la sous-espèce des cadres, d'une intense jubilation. Puis l'un ne peut plus se retenir et rit. C'est le signal, chacun s'autorise à apprécier l'humour, puis commence à participer, à renvoyer la balle. Et l'ambiance démarre ! Bientôt, l'humour fuse de partout. « Patron ! Sais-tu que, sous la cravate et le costume sombre de ton équipe dirigeante, bat un cœur espiègle et un ventre mutin ? »

JEU N°20

Recyclez votre passé

Maintenant que vous avez souvent pratiqué l'humour (mais si, mais si... cessez de vous sous-estimer !), vous pouvez envisager ce jeu de recyclage du passé, qui est un des plus terribles et des plus drôles qui soient. Vous risquez de frôler la sagesse, de vous approcher des essentielles vérités philosophiques, ou de goûter un instant de mysticisme. Vraiment ! Un peu comme quand les hommes, voilà longtemps, commencèrent à goûter la religion... en mangeant des missionnaires.

- Écrivez votre vie, sous forme de chronologie, du début à aujourd'hui. « Ma vie, c'est l'histoire de... » Écrivez au moins cinq pages, le plus vite possible, d'un trait, sans vous relire. Notez uniquement ce qui vous passe par la tête, vos sensations, votre famille, les événements marquants, en positif ou en négatif. Surtout, ne vous censurez pas. L'idéal est d'écrire comme en « écriture automatique », sans se soucier du style ou d'éventuelles répétitions.
- Lorsque vous avez terminé, lisez ces pages à voix haute, plusieurs fois de suite sans interruption.

Si vous voulez vous amuser encore plus, faites ce jeu avec un ou une ami(e). Quand chacun a écrit, lisez-vous mutuellement ces pages. Vous risquez de vous énerver, de crier, de pleurer. Relisez-les encore et encore, jusqu'à ce que toute l'absurdité de ce que vous appelez votre « vie » vous apparaisse, déclenchant le rire.

- Puis prenez un gros feutre, commencez à relire en rayant ce qui est ridicule ou n'a plus d'effet. Faites plusieurs relectures en barrant : vous verrez alors ce qui reste de vos pauvres fantasmes et de vos pauvres illusions !

Bien sûr, ce jeu décapant est réservé aux personnes courageuses comme vous, celles qui sont en train de lire ce livre. Les gens ne lisant pas ce livre ne doivent surtout pas penser à s'amuser ainsi !

Je vante, moi, la joie ! Rien ne vaut pour l'humain sous le soleil que manger, boire, se réjouir !
Ecclésiaste, 8-15.

CHAPITRE V

La fonction sociale du rire

FACILITER LA COMMUNION, lever certains tabous, huiler les rapports humains, mais aussi soulager l'angoisse, permettre d'entrer en contact avec des inconnus : c'est particulièrement le rôle des personnels hospitaliers.

Les médecins et les infirmières sont célèbres pour leur rire. Souvent, les professionnels rient entre eux, plutôt qu'avec les patients, peut-être pour se protéger de leurs émotions. L'humour sert de ciment pour leur groupe, et ils ne pensent pas toujours à l'utiliser comme additif thérapeutique, en complément du traitement. Pourtant, il peut réduire l'apport d'analgésiques en augmentant la tolérance à la douleur.

De même, les malades ont plus tendance à rire entre eux qu'avec le personnel ou les visiteurs. Il semble que cela corresponde au besoin de faire des tribus, des groupes, pour se comparer aux autres tribus, à leur désavantage.

Il s'agit d'un réflexe de survie pour garder la santé mentale, et surtout pour rester efficace. En effet, les tabous sociaux sont brutalement rompus. Une personne se promène dans la rue ou en voiture, et est victime d'un accident. Elle est rapidement transportée par des inconnus dans un hôpital où d'autres inconnus vont lui toucher le corps, éventuellement la déshabiller et l'opérer. Aucune présentation ! Le blessé ou le malade est supposé s'abandonner corps et âme à des gens en blouses blanches ou vertes.

De son côté, le personnel soignant va tout faire pour assurer la survie de l'hospitalisé. Plus question de pudeur, de questions, ni même de choix. En un instant, ce qui nous paraissait inconcevable devient évident dans ce lieu de droit particulier qu'est l'hôpital. C'est en partie pour faire face à ce choc, ajouté à la tension et au besoin de soulagement, que le rire est nécessaire.

Cependant, les infirmières peuvent subir un épuisement émotionnel. Si elles ne se sentent pas gratifiées dans leur travail, plus humain que technique, elles peuvent ressentir une perte de leur capacité, du sens de leurs gestes. Elles sont confrontées, dans des proportions importantes, au cancer et à d'autres maladies graves.

Une étude américaine cite des chiffres qui illustrent tragiquement le proverbe : « Ce sont toujours les cordonniers les plus mal chaussés. » Si plus de 70 % des malades guérissent, les infirmières dans le même cas ne sont que 63 %... et les médecins 50%. À rapprocher de la mortalité précoce des psys et autres thérapeutes... Ils sont souvent trop compatissants et vivent huit ans de moins que la moyenne[1].

Apprendre à rire et à développer l'humour devrait faire partie du cursus de tout apprenti soignant... si l'on veut des médecins et des infirmières en bonne santé.

En général, l'humour n'est pas identifié comme tel dans les hôpitaux. Il s'agit d'un humour conversationnel, basé sur la familiarité, sans préparation. On se taquine, on feint l'hostilité, comme les enfants qui font semblant. Pourtant, que de perspectives pourraient s'ouvrir si le rire était introduit entre malades et soignants !...

1 Chiffre cité par Bandler, Richard & Grinder, John dans : *Les Secrets de la communication* (Le Jour actualisation).

JEU N°21

Méditation humoristique

Pensez à une scène amusante d'un film ou de votre vie.

Ancrez-la en l'associant à une sensation physique de joie. Échangez vos images avec des amis. Pensez avec qui, quand, précisément, vous allez activer l'humour pour ajouter quelques secondes, puis quelques minutes par jour.

Puis respirez à fond, et commencez à rire, d'abord doucement, puis de plus en plus fort.

Pratiquez aussi ce jeu après une période de grand stress.

1. Les salles de rire

Après avoir constaté les effets bénéfiques du rire, certains hôpitaux américains ont créé des « salles de joie ». Ce sont des pièces agréables, aménagées pour le plaisir des malades, avec de nombreux jeux individuels et de société, des bandes dessinées, des dessins et revues humoristiques, des jouets, des cassettes audio et vidéo, des livres de blagues. Chacun peut, selon son état de santé, retrouver peu à peu le plaisir de vivre et puiser la force de combattre les effets secondaires des médicaments, de la chimio ou des radiothérapies.

L'hôpital est certes un lieu d'humour noir, parfois macabre. Le malade voit son intégrité physique attaquée, son identité menacée. L'image de soi est endommagée, l'intimité exposée à des inconnus. Plusieurs sentiments peuvent se mêler : la gêne, la honte, la révolte, la peur, le dégoût, l'espoir, le déni.

Mais dans les hôpitaux, on peut également apprendre le rire déclenché, selon une vieille tradition de sagesse. Des moines bouddhistes s'amusent à rire quelques minutes chaque matin, pour bien respirer, se mettre en forme, et favoriser un esprit serein. À Delhi, on peut voir, dans les jardins publics, des personnes âgées se promener, et soudain se mettre à rire, sous la conduite d'un animateur. Puis elles marchent de nouveau, et rient encore... A quand l'introduction de cette merveille dans nos maisons de retraite ?

Clifford Kuhn (psychiatre) est allé jusqu'à se former à la comédie - comme je l'ai fait moi-même[2] - et a organisé des tournées, pour améliorer sa communication humoristique. Il a pu ainsi apporter le rire à des malades atteints du cancer. Le comédien Jerry Lewis a travaillé avec lui pour répandre cette nouvelle forme de thérapie dans les hôpitaux.

« En réalité, dit le Dr Kuhn, on n'apprend pas aux gens à rire : on partage l'expérience de l'humour. » Les malades mourant du cancer sont souvent les plus drôles, car ils se trouvent dans une situation extrême, et ne peuvent plus se cacher derrière une fausse identité sociale, ce que Jung appelait la *persona*. Blessé dans son corps méconnaissable, ayant perdu une partie de son identité physique, loin du travail et des soucis quotidiens, se sentant proche de faire ses adieux à la comédie humaine, le malade peut se consacrer à l'essentiel : comprendre le sens de sa vie et de sa mort.

Il est important pour le personnel de saisir l'opportunité, si une personne veut faire de l'humour, et d'y aller franchement. Souvent, les soignants ont tendance à faire comme s'ils entraient dans une église, trop sérieusement. Ils craignent d'initier l'humour et d'être mal perçus, de dévaloriser celui ou celle qui souffre.

Pourtant, en *testant* systématiquement les réactions, en cherchant l'*échange*, il est possible d'établir une relation humoristique. On peut commencer par des remarques légères et enjouées sur le temps, l'alimentation, puis gentiment sur les appareils, les soins, le personnel, l'organisation de l'hôpital, enfin sur le teint de la personne ou autre détail physique. En améliorant la qualité de la relation, l'humour suivra. Celui-ci est aussi utile pour faire réagir les malades, pour qu'ils se battent, qu'ils mobilisent leur énergie, pour faire baisser leur colère, leur anxiété et leur frustration. On peut rire de rage, rire par défi, rire par courage, rire pour braver la mort. On peut aussi rire parce qu'on trouve drôle un instant, ou absurde le cours de la vie. On peut surtout rire pour rien. Et c'est parfois encore meilleur !

L'humour peut être utilisé discrètement ou ouvertement. La bonne nouvelle est que les soignants n'ont pas à être des humoristes professionnels. En ayant l'esprit orienté « humour », on découvre chaque jour quelques occasions. J'ai blagué dans de nombreux pays du monde, sans connaître plus

2 C'est ainsi qu'outre ma consternante banalité, je suis devenu un acteur insignifiant, un chanteur médiocre, et un artiste affligeant. Mais à force de cumuler, peut-être vais-je créer une grande qualité, si éblouissante que les passants en seront verts de jalousie, surtout s'ils sont Martiens.

de trois mots de vocabulaire. La magie ne réside pas dans l'humour, mais dans l'échange qu'il permet.

Par exemple, un Indien me refuse un billet déchiré en disant « malade »; je lui montre mon poulet découpé en morceaux dans l'assiette : « malade ». Une Malgache sort de son restaurant en disant aux employés : « Au revoir les enfants » ; je réponds : « Au revoir, maman ». Après négociation, j'achète un objet en Chine, et j'essaie aussitôt de le revendre au vendeur trois fois le prix qu'il vient de me le vendre. A Paris, une jeune fille rieuse fait semblant d'étrangler son fiancé dans la rue; je m'approche d'elle, et lui demande si elle veut un coup de main car il a l'air résistant. Elle acquiesce, il proteste, nous sourions.

Détails, mais qui permettent d'entrer en contact, et qui déclenchent toujours le sourire. Ils sont aussi perçus comme une marque de respect : vous n'êtes pas un touriste chez des étrangers, mais un humain parmi des humains différents. Et toutes les portes s'ouvrent.

Une vieille dame veut prendre rendez-vous chez le médecin, mais celui-ci est en vacances. La secrétaire lui propose une date, quinze jours plus tard.
« Mais je serais peut-être morte d'ici là ! » proteste la vieille dame.
« En ce cas, soyez aimable d'annuler votre rendez-vous au moins quarante-huit heures à l'avance. »

Le rire et l'humour peuvent être appropriés lors de l'accompagnement des mourants, non comme une obligation, mais en l'acceptant quand il se présente et en le recherchant[3]. Accepter la mort est un des enseignements des religions, mais aussi de toute philosophie. Cela permet de vivre davantage au présent, comme les enfants, ce qui explique la sérénité de ceux qui ne craignent pas la mort.

Bien sûr, plaisanter sur son cancer est rarement la première réaction. D'abord, il faut attraper le cancer. Ensuite, comme en cuisine, on fait avec les ingrédients de son placard. Voilà ce que dit Christine Clifford, présidente du Cancer-Club américain, dans son livre de blagues écrites et dessinées *No Hair Day*[4]... :

3 Le rire et l'humour sont également recommandés pour l'accompagnement des vivants.
4 *No Hair Day,* « Un jour sans cheveu » (Pfeifer-Hamilton Pub.).

« Je ne peux préciser à quel moment exact l'humour devint une part intentionnelle de mon traitement du cancer du sein. Je sais que j'ai eu un moment « Ah ! Ah ! » qui a modifié profondément ma vie. Des jours, des semaines et des mois s'écoulèrent pendant que j'endurais la chirurgie, une radiothérapie complète, et traversais la chimiothérapie... » On lui avait offert des cartes, des fleurs, des livres, et un jour, quelqu'un l'a fait rire... « J'aurais tant souhaité que quelqu'un m'apporte quelque chose pour me faire rire ! J'avais tant pleuré que mon puits était à sec. J'avais besoin du soulagement et de la tonicité du rire... La vie avec le cancer a de nombreux moments drôles, aussi bien que de très sérieux... Le cadeau partagé du rire est un cadeau sans prix à l'esprit. »

Mourir avec sa famille autour de soi, racontant les tendres anecdotes du passé, est un bon moyen de mourir heureux. Ainsi, vous pourrez dire de votre cher défunt : « Il est mort si plein de vie... De toute sa vie, il n'a eu l'air aussi vivant ! »

Parfois, l'accompagnement des mourants est tellement ennuyeux que c'est presque de l'euthanasie pour les vivants ! Vous convoquez votre famille, tout le monde arrive, bien habillé, la voiture passée au lavage : les hommes ont ressorti leur costume sombre qui les étrique depuis qu'ils ont pris dix kilos, les femmes à peine maquillées pour faire plus vrai. Mais la mémé ne meurt pas au jour prévu. Elle est là, toute pimpante, dans son lit. « Hé ! vous avez l'air si sérieux, dit-elle d'une voix gaie. Est-ce que je suis déjà morte ? À voir vos mines constipées, j'espère que vous n'êtes pas les anges chargés de m'accueillir ! »

Un enfant la rassure. Mais le beau-frère, dont la femme est très bavarde, se demande, inquiet, si une femme peut continuer à parler quand elle est morte.

Elle s'accroche, alors que l'imprimeur vous embête pour savoir quelle date mettre sur le faire-part. Les fleurs fanent, les costumes se froissent, les conversations s'épuisent. Certains sont obligés de repartir à mille kilomètres en regrettant d'avoir perdu leur temps sans pouvoir amortir le coût du déplacement en assistant en direct à l'événement. D'autres, lassés d'attendre, en profitent pour se rendre dans une nouvelle boutique dont ils ont vu l'adresse dans un magazine. Et la mémé profite de ce moment-là pour passer l'arme à gauche. « Ah ! c'est bien elle, tout pour nous contrarier. »

Et les morts ont un avantage sur les vivants : ils vivent gratuitement. Si un mort est vraiment très gentil, il peut aussi faire la surprise à ses proches de les attendre au cimetière, assis sur sa tombe, les larmes aux yeux, pour leur lire un message de sympathie et les consoler.

Un jour, un célèbre hypnotiseur, après un passage télé, a reçu un coup de fil : « Bonjour Monsieur, je viens vous remercier car vous m'avez sauvé ! Non seulement je suis guéri, mais les parties manquantes de mon corps se sont réparées, les coutures de l'autopsie se sont cicatrisées, et j'ai retrouvé assez de force pour sortir du cercueil, creuser la terre, soulever la dalle, et courir jusqu'à ce téléphone ! »

Appréciant l'humour des autres, de nombreuses personnes âgées ont gardé leur sens de l'humour et leur créativité. Vue de loin, une personne âgée n'est guère attirante. Quand on l'aime, on la trouve adorable. Notre perception dépend de notre affectif.

On peut même envisager de pratiquer de l'humour lors d'un sermon d'enterrement, si la personne décédée était drôle. On peut rappeler ses bons mots, son courage, son esprit vif, certaines anecdotes amusantes qu'une partie de l'assistance connaît. C'est une manière de lui rendre hommage peut-être plus juste que de se lamenter. Cela peut aussi aider les participants à faire leurs adieux, même s'ils suffoquent de douleur. On peut se demander : « Qu'aurait-elle voulu ? Que l'on pleure, ou que l'on pleure et rie en même temps ? » Dans bien des pays, la mort est vécue comme un moment de transition heureux, puisque l'âme continue son périple.

Seul un très proche peut parvenir à pratiquer l'humour lors d'un enterrement, et non un inconnu ou un professionnel, même religieux. Il doit bien connaître et aimer le ou la disparu(e), pour que l'assistance l'autorise à en plaisanter. Il veille bien sûr à ne pas se montrer sarcastique, mais plutôt bon enfant, évoquant les moments heureux de la vie du décédé, qui seront la véritable porte d'entrée de l'humour. Là comme ailleurs, les plaisanteries les plus courtes sont les meilleures : il convient de ne pas se forcer à sourire, et d'accepter ses émotions, quelles qu'elles soient. Seule l'authenticité est libératrice.

Comme le chantait Jacques Brel : « J'veux qu'on chante, j'veux qu'on rie, j'veux qu'on s'amuse comme des fous pendant qu'on m'mettra dans l'trou ! »

Lorsque notre foi religieuse est profonde, nous ne craignons ni le doute, ni la critique, ni l'humour. Nous pouvons, en un éclair, percevoir l'aspect tragique et comique de l'existence humaine.

Ainsi priait sainte Thérèse d'Avila au XVIe siècle : « Seigneur, protège-nous des saints sombres, sérieux et renfrognés. »

Un jour, je demandai à un patient :
« Est-ce que des personnes de votre famille souffrent de troubles mentaux ?
- Non, dit-il, ils en sont plutôt satisfaits. »

JEU N°22

Une réunion de famille qui a du sens

- Imaginez la force de votre réunion de famille, si vous décidez de pratiquer l'humour convivial avec l'un de ses membres malade ou mourant. Pour davantage d'efficacité, vous pouvez laisser les enfants suggérer et commencer, leur humour sera probablement mieux accueilli que celui des adultes. En améliorant les liens, vous réduisez la souffrance et l'anxiété des uns par rapport aux autres. Cela produit le miracle le plus courant : l'énergie circule entre les membres de la famille, l'amour reprend le dessus.

C'est d'autant plus valable si l'agonie dure longtemps. Au bout de six mois, les dévoués proches sont épuisés... pendant que Mémé, tranquille et innocente, poursuit son petit bonhomme d'Alzheimer. La fille gentille, exténuée par les soins, est tentée par la dépression ; le garçon culpabilise de ne pas lui faire autant de visites qu'il souhaiterait, et chacun attend... sans le dire. Pourtant, il faut tenir, tenir encore, après les lavages épuisants, les espoirs, les sommeils troublés, la course folle après le travail, les questions sans réponse, les souvenirs heureux, les réminiscences mélangées, le regret de n'avoir pas dit ou fait cela quand il était encore temps.

Aux moments les plus pénibles de la vie, l'humour répond, comme l'autre plateau de la balance, qui va rééquilibrer les émotions. Dépression, pertes, frustration, humiliation, déception, souffrance, trahison deviennent des anecdotes, des paraboles qui nous apprennent à jouer avec notre vulnérabilité. Transformer l'histoire de sa vie en métaphore est efficace... C'est ce que nous faisons de toute façon.

On sépare ainsi la blessure, l'événement, de la douleur. On dissocie aussi la douleur et son interprétation. Et on limite ainsi les effets de celle-ci dans le temps.

- Vous pouvez aussi noter ce qui se dit de drôle dans la famille. Cela vous aidera à trouver des sujets de conversations humoristiques. À la prochaine réunion, décidez d'évoquer les souvenirs amusants, les mots d'enfants. Une histoire en entraînant une autre, vous allez vous amuser !

JEU N°22

Une réunion de famille qui a du sens (suite)

-Vous pouvez aussi jouer au théâtre, aux marionnettes. Chacun invente une histoire, raconte une blague, s'invente une profession ou un hobby, se présente d'une manière inattendue.

- Avec des amis, en famille, à la cantine, à l'hôpital, vous pouvez créer le contact par toutes sortes de questions inter-actives :

Qui a un trou à sa chaussette ?

Une partie dit du mal d'un signe du zodiaque, l'autre partie en dit le plus grand bien.

Que ceux qui fêtent leur anniversaire ce mois-ci se lèvent ! Réunissons-nous par deux selon les initiales de nos noms et prénoms.

Quels sont vos deuxième et troisième prénoms ?

Chacun raconte ce qui se trouve vraiment dans ses tiroirs et ses placards secrets.

Racontez à votre voisin de droite le plus beau moment de votre vie.

Racontez à votre voisin de droite le plus beau moment de la vie de son voisin de gauche.

Jouez au téléphone arabe (faites circuler une phrase de bouche à oreille autour de la table).

Levez-vous et applaudissez de plus en plus vite. Présentez-vous en chantant.

Il est vrai que pendant que l'on s'amuse, on perd son temps, au lieu de le consacrer plus utilement aux commérages, aux critiques, aux plaintes, aux disputes.

JEU N°23

Joyeuses et longues veillées funèbres

- On peut aussi organiser des groupes d'amis pour, à tour de rôle, monter des sketches, trouver des idées amusantes, des objets et des histoires drôles appropriés, raconter des histoires, préparer des surprises, présenter des imitations ou caricatures des amis ou de certains membres de la famille (par la comédie, des dessins, des miniatures en pâte à modeler, des marionnettes...).
- Si vous parvenez à créer l'émulation, cela peut devenir l'enjeu d'un concours entre enfants, adolescents et adultes de la famille : celui ou celle qui imitera le mieux telle personne, le mourant ou le malade. Pour éviter de peiner celle-ci, agissez bien sûr avec amour. La complicité est essentielle. Si cela dérape, excusez-vous, modifiez, mais ne cessez pas. Cela vaut le coup !
- Si elle en est physiquement capable, la personne malade peut aussi imiter tel ou tel membre de la famille ou relation, fabriquer des figurines, proposer des scénarios d'histoires qui l'aideront à se sentir mieux.

L'humour familial est souvent intime, faisant appel à des détails connus de tous, ou que l'on est ravi d'apprendre. Il est donc inépuisable. En pensant à certaines scènes, à certaines manies, vous dénicherez des perles qui deviendront peut-être des blagues familiales, que chacun aura plaisir à répéter.

Les réunions de famille sont aussi l'occasion de diffuser les nouvelles des uns et des autres, des amours, des examens, de mieux faire connaissance avec les cousins, donc de renforcer l'identité et la solidarité collectives. Le plus important est, bien sûr, d'obtenir l'autorisation ou l'encouragement de la personne malade, éventuellement de l'informer de ce désir d'être heureux ensemble. Néanmoins évitez l'humour noir qui, en règle générale, n'est pas approprié, sauf si le malade apprécie ce style.

Dans une période de grande inquiétude, on peut estimer que, outre le temps qu'il requiert, l'humour n'est pas sérieux, voire qu'il témoigne d'un manque de respect. C'est un préjugé néfaste. La personne malade, son organisme, son cerveau, sa chimie, tout concourt à faciliter l'humour et le rire. Vous êtes aidé par la nature.

En cas de scrupules ou de difficultés, on peut confier l'organisation de l'humour aux trois ou quatre membres les plus drôles de la famille, associés aux enfants, afin qu'ils servent de locomotive. Chaque jour, chacun peut téléphoner aux autres pour raconter les anecdotes, les réactions, suggérer des idées, évoquer tout ce qui ne s'est jamais passé, les jours où sont arrivées les bonnes choses, les craintes inutiles. Chacun peut rivaliser d'exagération, d'inversement, de décalage, de contraste, s'amuser à la joute oratoire, à trouver des reparties percutantes.

La taquinerie familiale permet à chacun d'exprimer ses craintes, ses peines, et même ses mauvaises pensées. En prenant soin de ne pas ridiculiser, ni déshumaniser, on peut blaguer des handicaps et des problèmes. Vous pouvez aussi tout simplement demander au malade quel genre d'humour il aime, et lui annoncer votre plan. Demandez-lui de vous signaler vos erreurs, et tâchez d'obtenir qu'il s'engage à n'être pas trop susceptible au début.

Face à la terreur qu'inspirent souvent la maladie et la mort, l'humour est un baume pour désamorcer la souffrance, apprivoiser les peurs archaïques, amadouer la menace.

Pendant la dernière guerre, on frappe brusquement à la porte de Jacob. Effrayé, il va ouvrir, et découvre un affreux personnage vêtu de noir :
« Je suis l'ange de la mort, je viens te chercher, ton heure est venue.
- Ah, merci, Seigneur ! s'écrie Jacob, rassuré. J'avais peur que ce soit la Gestapo ! »

L'histoire suivante joue aussi sur l'impuissance face à la force du destin, et le moyen de reprendre l'avantage en se montrant plus malin que celui-ci :

Un jour, pendant qu'il déambule dans le souk de Rabat, le grand vizir sent un souffle glacial derrière lui. Il se retourne et voit la Mort qui le regarde, étonnée. Il court à perdre haleine et, essoufflé, demande audience d'urgence au roi.
« Majesté, veuillez m'accorder la permission de partir immédiatement pour Casablanca, c'est une question de vie ou de mort.

- Je te l'accorde », dit le roi.
Peu après son départ, la Mort se présente au palais pour annoncer au roi les noms des sujets qui doivent quitter ce monde.
« À propos, j'ai croisé ton vizir dans le souk. J'ai été étonnée de le voir là, car je l'attends ce soir à Casablanca. »

La taquinerie familiale fonctionne selon ce même principe : accepter l'inévitable, chercher l'issue, rester debout, partager la peur humaine. Elle permet à chacun d'établir une relation directe et égalitaire entre le malade et son entourage : un enfant de cinq ans, un adolescent de quinze ans ou des adultes peuvent chacun être source de moments agréables, ce qui est très gratifiant et favorise la créativité collective.

Finies les bienséances, la hiérarchie de l'âge ou de la position sociale : chacun devient un élément essentiel du groupe, et cela permet aux talents de se multiplier.

En général, l'humour fonctionne mieux s'il est direct, faisant référence à la maladie dont souffre la personne. Mieux vaut raconter des histoires liées aux membres et aux os à une personne fracturée que des histoires d'aveugles.

« Savez-vous comment on détermine l'âge d'un pirate ?
- On scie sa jambe de bois et on compte les stries. »

De nombreuses plaisanteries, liées aux dentiers, à la perte de mémoire ou à la perte de puissance sexuelle, circulent, reflet des préoccupations de l'âge.

« Moi, j'achète le Viagra par étui de quatre, comme ça, j'en ai pour toute l'année... En revanche, grand-père n'est pas content : il les a avalées d'un coup et seules les trois premières ont marché... »

Souvenez-vous que c'est surtout le malade qui a besoin d'apprivoiser l'angoisse. Votre objectif pourrait être d'introduire chaque jour quelques minutes de plaisanterie. Au début, vous serez gauche et sans idée. En persistant, vous serez surpris de voir jaillir vos trésors d'imagination.

2. Le jeu, vertu spirituelle

Le jeu est une des activités essentielles de l'être humain. Hélas, on y renonce quand on est malade, ou quand un proche l'est. La leucémie, le cancer sont-ils des divinités dont on ne doit pas rire ? Celui ou celle qui les subit doit-il oublier tous les bons moments disponibles, qui peuvent être créés par son désir ardent ? Bien sûr, si vous riez, quelques tristes sires vous condamneront - les mêmes qui vous supplieront de les accompagner en cas de maladie. Pourtant, le rire partagé est sans doute une des formes les plus élevées de l'amour, puisqu'il ne fait pas appel aux échanges sexuels et transcende l'âge ou la race. C'est un pur don gratuit, une véritable élévation spirituelle.

Même dans le coma, on le sait aujourd'hui, les gens entendent tout ce qui se dit autour d'eux. Selon les paroles prononcées près de leur lit, le pouls, la pression sanguine et l'électrocardiogramme se modifient. En leur parlant normalement, gentiment, ils réagissent. De retour du coma, ils savent ce que l'on a dit.

Un prêtre murmura un jour dans l'oreille d'une femme dans le coma : « Si vous mourez, qui préparera et fera cuire les biscuits à Noël ? » Plusieurs mois plus tard, elle lui avoua qu'elle se sentait mourir, quand soudain elle pensa aux biscuits de Noël et décida de vivre. Le prêtre ne lui avait jamais répété ce qu'il avait murmuré quand elle se trouvait dans le coma[5].

Les médecins ont de plus en plus conscience de la décision du malade : se battre pour vivre, mobiliser ses forces ou, fatigué, accepter de mourir. D'où l'importance de la relation humaine dans les soins. Comme le disait Hippocrate : « C'est le médecin qui guérit, non la médecine. » L'attitude des médecins, leurs croyances, leur respect des croyances du malade ont un impact considérable.

Le père du Dr Bernie Siegel, dans le coma, attendit pour mourir l'arrivée de son dernier petit-enfant. Ma mère, dans le coma, attendit pour mourir l'arrivée de son sixième enfant venant de province. Elle lui serra la main fortement en versant une larme. Imaginons comme il serait doux de mourir avec des chants légers, heureux, tristes, mélancoli-

5 Siegel, Bernie S.: *L'Amour, la médecine et les miracles* (Laffont).

ques, d'adultes et d'enfants autour de soi... Et, pour ceux qui n'ont pas d'amis, le rire pourrait devenir leur ami, faire partie de leur famille.

Le Dr Bernie Siegel cite le cas d'une femme attendant l'opération pour un cancer du sein. Elle écrivit sur le sein sain : « Pas celui-là, idiot. » Une autre se teignit les poils du pubis en vert et écrivit au feutre : « Défense de marcher sur la pelouse. » Un petit garçon utilisa un pistolet à eau pour attaquer ceux qui le faisaient pleurer par leur tristesse.

Dans les hôpitaux, le rire permet de personnaliser les malades. Vous n'êtes plus le « stade terminal de la 14 », la « leucémie de la 127 ». Vous êtes quelqu'un, avec un nom, un physique, une personnalité. La relation humaine permet d'améliorer la condition du malade et l'aide à guérir.

On cite le chiffre de dix à seize mille morts par an en France suite à la consommation abusive ou incontrôlée de médicaments. On parle de plus en plus de maladies iatrogènes (provoquées par les médicaments) et d'hospitalisme (maladie provoquée par le fait d'être hospitalisé).

La médecine distributrice de médicaments est condamnée à évoluer. Mme Durand frappe chez un docteur parce qu'elle souffre. Elle en ressort une heure trente plus tard - une heure vingt-trois d'attente, sept minutes de consultation - avec une ordonnance. Quatre-vingt-dix pour cent des consultations débouchent sur une ordonnance, avec très peu de conseils sur l'hygiène de vie, l'alimentation, le développement du bien-être et de la sagesse pour préserver sa santé.

Mais les médecins ont du mal à redevenir des guérisseurs : quand on propose aux malades de changer de vie, soixante-dix à quatre-vingts pour cent d'entre eux refusent. D'un autre côté, on peut se réjouir que plus de vingt pour cent des malades acceptent de changer radicalement leur mode de vie.

Je connais un homme qui dirigeait un magasin de bricolage. Il travaillait tout le temps et ne pensait qu'à sa vie matérielle, argent, voitures, maison, consommation. Lorsqu'il eut le cancer, son frère, qui s'intéressait aux soins naturels, voulut le conseiller, pour ajouter à ses traitements des plantes, des huiles essentielles, des massages, de la méditation, et opter pour une alimentation plus légère, comportant davantage de légumes et de céréales. Mais cet homme n'en fit rien, refusa de se faire aider, refusa de s'aider lui-même, et mourut quelques mois plus tard.

L'origine du mot « docteur » vient de *docte,* savant. Comme dans nos sociétés les personnes âgées possèdent une expérience non utilisée, on pourrait leur permettre de donner des cours de gaieté, de joie de vivre, aux étudiants et infirmières, puis à tous les jeunes. En recrutant des vieillards heureux pour apprendre à vivre aux prédélinquants, on s'éviterait bien des soucis.

Nos pensées sont des choses, des réalités biologiques qui finissent par influencer la chimie du cerveau. Comme le disait Bouddha : « Ce que vous pensez, vous finissez par le vivre. » Et, avant lui, cinq siècles avant Jésus-Christ, le génial Epictète : « Ce ne sont pas les événements qui peuvent me nuire, mais ma réaction aux événements. » Saint François d'Assise ajouta : « Je veux regarder aujourd'hui le monde avec des yeux tout remplis d'amour... voir au-delà des apparences... et ne voir que le bien en chacun... Que seules les pensées qui bénissent demeurent en mon esprit... Revêts-moi de ta beauté, Seigneur, et qu'au long de ce jour, je te révèle. »

On le voit, les croyances sont déterminantes. Ce que nous pensons et ressentons agit sur notre élan vital, notre goût pour la vie. Prendre soin de ses pensées est aussi important que prendre soin de son corps, et peut-être davantage, puisque ce sont nos pensées et nos croyances qui déterminent la façon dont nous traitons celui-ci. Un autre aspect fondamental pour soutenir sa guérison est d'en prendre la responsabilité, de ne pas compter seulement sur les soignants. Par exemple, si un malade s'en veut pour une mauvaise action, s'il estime que Dieu cherche à le punir, s'il se considère comme une charge inutile, il est en position moins favorable qu'un malade croyant que la maladie est là pour lui rappeler de profiter de l'instant et de faire le bien autour de lui. De même, si une personne estime que Dieu veut qu'elle meure pour des raisons qui lui appartiennent, ou si elle estime que Dieu lui demande de vivre, elle ne mobilisera pas ses ressources de la même façon.

Quand nous souffrons, plus que jamais nous avons besoin d'être uniques, de lutter contre le stress, de favoriser les défenses naturelles de l'organisme. Établir une communication par l'humour peut égayer des journées entières. L'humour convivial permet de restaurer l'intégrité psychique d'une personne, et non de dénier les souffrances des maladies, de la chimio et des opérations.

Et puis, méfions-nous des statistiques. On sait, depuis Churchill, que la statistique est la forme scientifique du mensonge. Si vous lisez que vous avez six mois à vivre et que soixante-trois pour cent des malades présentant vos symptômes ne survivent pas après deux ans, amusez-vous à défier ces statistiques. C'est ce genre de chiffres qui tuent les gens partant à la retraite avec un barème d'espérance de vie, et découragent les malades. Soyez exceptionnels, et vivez ; ne serait-ce que pour obliger les vieux profs chauves à lunettes à réécrire leurs colonnes de chiffres ! Apprenez le zen au croque-mort, ou qu'il meurt d'impatience en vous attendant. Soyez malins, comptez sur les rémissions spontanées, les guérisons spectaculaires. Après tout, les miracles existent aussi. Et le moyen souverain de les provoquer est d'aimer la vie, de faire des projets, de partager les bons moments avec autrui, d'être utile.

Voici quelques données en cours de vérification à l'échelle mondiale. Les médecins et infirmières peuvent participer à cette étude.

Il s'agit de déterminer les facteurs favorisant la santé à long terme :

– Appartenir à un groupe de soutien, participer à des réunions de malades pour échanger ses expériences favorisent la survie.

– La bienveillance des amis et des proches est globalement très positive. Ils peuvent vous apporter le bien-être, et n'hésitez pas à leur recommander de garder un esprit positif et ne pas vous assommer avec leurs propres craintes.

– Le désir du malade d'être aidé, d'aimer la vie, améliore sa santé. Lapalissade ? Réveillez ce désir en vous, même s'il vous faut pour cela mobiliser tous ceux que vous croisez. Vous finirez par trouver quelqu'un qui, par son attitude ou ses paroles, déclenchera en vous ce désir.

– Les malades appartenant à des clubs, des associations, des réseaux caritatifs ou autres améliorent leurs chances, pour des raisons semblables : on est quelqu'un, des personnes se préoccupent de nous, on nous attend quelque part. Être vivant ou mort fait une différence dans la vie de ces gens, et ils préfèrent nous savoir vivant.

– Avec le même cancer, les femmes survivent plus que les hommes, peut-être pour rester près des enfants ou petits-enfants, et grâce à leur habitude d'être au service des autres, de partager leurs émotions, de reconnaître leurs faiblesses, de se faire aider. Les hommes sont en général moins à l'aise avec leurs émotions, et se confient beaucoup moins. Ils ont tendance à savoir avant d'apprendre, et perdent des occasions d'évoluer.

– Avec le même cancer, les hommes mariés vivent plus longtemps que les célibataires pour des raisons identiques[6]. Avoir des objectifs, prendre plaisir dans les détails, rire de soi, prendre soin de ses amis et accepter qu'ils prennent soin de vous, maintenir la croyance et le désir de vivre sont de puissants alliés de la survie.

Le Dr Simonton estime que ces techniques d'accompagnement peuvent doubler le temps de survie, améliorer la vie du patient en qualité, et multiplier le nombre de malades survivant à long terme. Nous pouvons aussi développer la philosophie des Cajuns de Louisiane : mourir heureux, dans la joie de vivre.

Christina est une femme d'environ trente-cinq ans, plutôt déprimée. Elle n'a jamais eu le courage de se libérer de certains traumatismes, notamment la violence de sa famille et, plus tard, de son mari qui donnait des coups de poing dans les murs et les portes. Lorsqu'en consultation individuelle elle commença à décrire ces scènes comme s'il s'agissait d'un film comique, elle se demanda, incrédule, pourquoi elle commençait à en rire. « Mais on ne peut pas rire de ces choses-là », répétait-elle sans cesse en riant de plus belle. Je lui demandai de reproduire les grognements de cochon qui accompagnaient ces crises. Mon cabinet de consultation retentit de cris bizarres et de sanglots où se mêlaient des hoquets de rire. Après quelques minutes pendant lesquelles je participais à des descriptions absurdes et saugrenues, le fou rire la gagna, au point d'en pleurer.

Il faut toutefois préciser que pour des situations très douloureuses, une séance est rarement suffisante; parfois le processus doit s'étaler dans le temps. On guérit rarement un alcoolique ou un dépressif en une séance. Le plus difficile est qu'il prenne la responsabilité de ce qu'il provoque. De plus, de toutes les méthodes thérapeutiques, la thérapie par l'humour est de loin la plus délicate, qui demande beaucoup d'expérience et de compassion. Elle n'est pas indiquée pour les thérapeutes

6 Ce qui provoque un paradoxe : une femme acariâtre favorise le cancer de son mari tout en l'en protégeant !

débutants. Richard Bandler confia qu'en pratiquant cett
devenait méchant. Ou alors, mieux vaut s'entraîner avec
l'on préfère, les « cas » les plus légers[7]. J'ai moi-même commis pas
d'erreurs, au début, mais qui m'ont été en général pardonnées parce que j'ai bon cœur et suis un gentil petit gars.

Il m'arrive de pratiquer l'humour sans obtenir de réaction, quand la personne est trop sérieuse. Il me faut persister, sans résultat, jusqu'à ce que l'humour traverse les couches de sérieux qui engluent la personne. Avec le temps, la détente arrive. Mais le client est d'abord soucieux d'être écouté, compris, de commencer à apercevoir les solutions, même s'il les rejette. Il a beau se dire « ce n'est pas pour moi », en lui germe la possibilité que le changement soit de ce monde. On n'apprend pas à chanter en un jour. On n'apprend pas non plus à communiquer par l'humour en un jour.

Parfois, la repartie est instantanée. À une cliente qui se plaint d'avoir été escroquée de cinquante mille euros, je reproche de n'être pas venue me voir plus tôt, je ne l'aurais escroquée que de trente mille.

Parfois, il faut davantage de temps. Une cliente qui avait perdu son frère dans l'enfance et n'avait pu exprimer son chagrin, avait développé une hargne incroyable. Il fallut d'abord l'apprivoiser avant d'entamer la métamorphose vers le rire. Après trente ans de colère et de souffrance, et un investissement très fort de sa part, elle est devenue l'une des personnes les plus radieuses que je connaisse.

Certaines personnes qui ont vécu un drame, placent en lui leur identité, et ne supportent pas qu'on y touche. Il est nécessaire de séparer la douleur et la personne. La douleur est devenue le seul filtre d'interprétation du monde extérieur.

7 Non, monsieur N., vous n'êtes pas Christina.

3. Les clefs de l'humour réussi

a) Les métaphores

Vous pouvez utiliser des métaphores (anecdotes, fables, histoires, illustrations, exemples). La plupart des blagues sont plus ou moins réelles. Elles servent à illustrer un point particulier, sans le dire directement.

La mère de mon ami Jules est envahissante. Elle lui a offert deux cravates, une bleue et une rouge. Quand il est allé chez elle, dimanche, elle s'est effondrée en larmes : « Je savais que tu n'aimais pas la rouge ! »

b) Le ton de la voix

Avec l'expérience, vous pouvez développer plus de cinquante tons de voix différents, qui vous permettent de jouer sur tous les registres émotionnels, du léger au sérieux, en passant par le dérisoire, le solennel, l'infantile, le grave, le sentencieux, en prenant la voix de divers personnages. Varier le ton peut être indispensable si l'histoire que vous racontez est tirée par les cheveux.

L'autre jour, pendant l'absence de sa femme, un homme recueille une petite tourterelle sur son balcon. Elle est si belle, il lui donne du lait et du pain, puis elle chante pour lui. Il l'installe dans son lit, la borde et soudain elle se transforme en jeune fille nue. C'est à cet instant que sa femme rentre. Elle n'a jamais voulu croire son histoire.

c) La fausse naïveté

Souvent drôle, la fausse naïveté consiste à s'étonner, à poser des questions, quand le client tient des propos faciles à contester : *« Les autres sont tous (...) Je suis différent (...) Toute ma vie n'a été qu'une longue suite de (...) Jamais je n'ai pu (...). »*

Vous cherchez à provoquer des contre-exemples, en généralisant à outrance, en approuvant :

« Vous avez raison, les autres sont tous comme ça, et souvent pire. Personne ne vous a jamais aimé, ni compris. Pas de chance, votre vie est un calvaire auprès duquel celui de Jésus ressemble à une randonnée. Jamais vous n'avez pu, ni ne pourrez jamais... D'ailleurs, au fond de vous, vous le savez... Hier était tellement plus agréable ! Quant à demain, pouah ! quelle saleté ! Ça devrait être interdit, des demains comme ça ! »

Vous pouvez jouer un côté enfant, et même stupide, ce qui permet au client de se détendre, de ne plus s'accrocher à certaines idées qui le bloquent.

« Mon fils a épousé une bonne à rien, toute la journée dans les magasins, à dépenser, à boire le thé avec ses copines, à jouer au golf. Alors que ma fille a épousé un homme formidable, qui lui permet de ne pas travailler, de faire du shopping, de recevoir et de faire du sport. »

Et bien sûr, grâce à l'exagération, la caricature, vous pouvez faire une satire, un portrait grotesque, burlesque de ce qu'il vit. Cela passe mieux en prenant la position du clown : si vous lui assénez d'un ton sérieux une « vérité » qu'il refuse d'entendre, il se braquera. Si vous lui dites la même chose sur un ton surréaliste, d'une manière risible, il l'acceptera plus facilement.

L'humour facilite l'acceptation des aspects désagréables, des mécanismes de comportement devenus inutiles, des zones de souffrance dépassées. Il réduit les résistances, les transformant en mécanismes amusants. Surtout, il agit de manière non mentale, non analytique. Or, nos croyances ne se sont pas formées d'une manière analytique, mais émotionnelle. En modifiant les émotions associées à nos comportements et à nos croyances, nous modifions celles-ci. L'idée est qu'il faut changer quelque chose, lever un frein quelque part pour que le système se remette en route.

La modification du point de vue et de la perspective est un prérequis au changement. On apprend à rire avec ce qu'on aime, tout en continuant à aimer cela. On peut se moquer de sa dépendance, de ses préjugés, de sa situation, de ses raisonnements, pour ne plus en être prisonnier. Et cela n'oblige pas à les rejeter, et surtout pas à se renier.

On peut aussi garder certaines manies, si l'on y tient. Tous, nous chérissons quelques idées stupides, enfantines, sans aucun fondement. Pourquoi pas ? Il n'existe pas de modèle humain, si ce n'est chaque individu, parfait représentant de l'espèce. Chacun est libre de garder sa colère, sa rage, sa mauvaise humeur, ses préjugés, en les adoucissant par l'humour, en les utilisant à bon escient. La difficulté n'est pas de se mettre en colère, disait Aristote. Tout le monde peut le faire. La difficulté est de se mettre en colère au bon moment, avec la bonne personne, pour le bon motif.

Assez souvent, en thérapie, le client ne réalise pas ce qui s'est passé. Il n'a aucune idée des croyances en mouvement, et croit que d'avoir compris suffit. En général, on est tellement aveugle sur ses propres mécanismes que le mental n'a aucune chance de les modifier.

Une étudiante se plaignait de ses études. Elle n'était pas faite pour la comptabilité. Je la blaguai sur son incapacité à faire autre chose, et l'incitai à ne rien faire du tout, à se marier et à mener une vie tranquille, monotone et insipide. J'utilisai toute son histoire, son physique, son passé, sa famille, pour justifier que sa vie était déjà assez bien pour elle. A vouloir plus, elle risquait d'être rattrapée par le destin morose qui l'épargnait jusque-là. Mieux valait une petite existence médiocre, faisant des choses qu'on n'aimait pas, jusqu'à trouver un homme qui ne lui plaisait pas, s'installer avec lui dans un appartement désagréable. Tout, plutôt que de risquer d'être bien. De toute façon, « les bonnes choses pour elle ne durent jamais, c'est bien trop beau pour elle. » Il est fascinant de voir à quel point nous croyons ces sornettes !

Dès la deuxième séance, elle m'assura qu'elle n'avait plus besoin de moi. Elle avait compris que ses études étaient un bon choix, et se demanda même si la « discussion de la dernière fois » avait servi à quelque chose. Un cas fréquent, c'est le client qui ne parvient pas à faire vivre une partie de lui émergente, ou qui ne la reconnaît pas. Il suffit parfois de l'inciter à exprimer les différents aspects de lui-même, en lui montrant le chemin (même en creux, en contre-exemple par l'humour) pour l'aider à accepter ce qu'il est, à choisir ce qu'il veut devenir.

Ce qu'un client appelle discussion, les thérapeutes l'appellent :
- Recadrage (programmation neurolinguistique).
- Authenticité (Rogers).
- Reformulation et écoute active (Gordon).
- Stratégies d'objectifs, synchronisation, métaphores (Erickson).
- Appel à l'inconscient par association d'idées (Freud).
- Travail sur les archétypes contenus dans les rêves et les symboles (Jung).
- Prescription du symptôme (Fankl, Watzlawick)[8].

8 Sans oublier les apports d'Adler, de Leonard On, de Françoise Dolto, de Winnicott, William Schultz, Frederick Perls, Alexander Lowen, Jacobson, Alfonso Caceydo, Viktor Franld, Eric Berne, Stanislas Groff, Émile Coué, Jacques Salomé, et tant d'autres.

En faisant baisser la pression contenue dans une scène ou un comportement, comme avec une cocotte-minute, le client peut plus facilement aborder son problème.

« Quelle est la différence entre un groupe d'hommes affamés devant un régime de bananes et un groupe de singes affamés devant un régime de bananes ?

- Hommes et singes peuvent se battre, mais les singes, eux, ne se battent que quand il y a un vrai régime de bananes. »

Konrad Lorenz, fondateur de l'éthologie (la science comparant le comportement des animaux et celui des hommes), avait une oie dont il était la « mère », car l'oie choisit comme mère le premier objet ou être bougeant qu'elle voit en sortant de l'œuf. Elle dormait dans sa chambre. Elle avait l'habitude de monter le soir l'escalier en suivant le mur du palier. Un jour, elle coupa sa route en passant près de la rampe, à l'intérieur de l'escalier. Quelques marches plus tard, paniquée, agitée, elle s'interrompit. Puis elle redescendit, remonta l'escalier en suivant le mur... et fut rassérénée !

Une autre oie est en train de picorer quand une ombre, derrière elle, l'effraie. Elle se retourne en position agressive, prête à combattre.

Mais elle s'aperçoit qu'il s'agit d'un mâle beaucoup plus gros. Aussitôt, elle s'en prend à un plus petit, à un caillou, ou feint de picorer...

On place un régime de bananes dans une forêt, avec un faux serpent en plastique. D'habitude, c'est le mâle dominant qui s'en empare. Mais comme il y a un serpent, il tolère qu'un mâle dominé s'approche avec précaution et touche le serpent avec un bâton. Quand chacun réalise que le serpent est inoffensif, le mâle dominant chasse le mâle dominé qui n'a pas eu le temps de tout manger.

Je vous laisse le soin de transposer ces histoires dans votre propre vie...

4. Peut-on pratiquer l'humour systématiquement ?

Pas forcément. Pourquoi nous priverions-nous de toutes les autres approches ? Aucune méthode n'est universelle, sauf si le client est informé, par exemple dans le cadre d'un séminaire sur l'humour.

Peut-on rire de tout ? À cette question souvent posée, la réponse est aussi simple : aucun comportement humain ne peut être absolu.

On peut pratiquer assez facilement avec les hypocondriaques, toujours ravis de découvrir quelles nouvelles maladies ils pourraient développer. Les schizophrènes sont amateurs d'humour, et on peut les faire revenir à la réalité en forçant les limites de leurs mondes. Avec les paranos, il faut utiliser l'humour au détriment des autres, pendant parfois un bon moment, avant de venir par petites touches à eux. Lorsqu'ils parviennent à pratiquer l'humour avec eux-mêmes, ils sont en voie de guérison, car l'humour n'empêche pas la vie d'être triste.

Ainsi, ce fut un jour douloureux quand Watson mourut. Avec sa loupe, Sherlock Holmes observa les rides de son ami, et en déduisit que l'âge était le coupable. Ou encore, quand il fallut porter l'énorme cercueil d'Obélix mort d'un arrêt cardiaque suite aux excès alimentaires, et qu'Astérix rentra seul au camp de Babaorum, moustache tombante, dédaignant les soldats romains qui le narguaient. Pauvre Falbala, tu aurais dû lui dire plus tôt ton amour !

Et toi, Agecanonix, pourquoi n'es-tu pas parti le premier ? Ne pleure pas, Idéfix, tu vas vivre avec moi désormais.

Le jour où Titi mourut, et que Grosminet n'eut pas le goût de le manger, il lui dressa un autel et honora sa mémoire. Quand Milou rendit l'âme dans les bras de Tintin en larmes, ce jour-là le capitaine Haddock se remit à boire, et le professeur Tournesol fut guéri, pendant que les Dupond et Dupont en dire même plus... Quand il n'y eut plus que 69 Dalmatiens... 68 ? Attends, tu es sûr ? On va les recompter.

De même, lorsque Blanche-Neige rentra du cimetière avec les six nains, oh, pardon, les cinq nains, euh, les quatre nains. Elle mettra bientôt une annonce dans le *Nouvel Observateur :* « Jeune femme, douce, ayant vécu en communauté, cherche homme grand, citadin, n'aimant pas creuser la terre, pour fonder foyer avec nombreux enfants. Vends aussi sept petits lits pour septuplés. »

5. Les clowns thérapeutes

Depuis longtemps, bien des bénévoles, surtout des femmes, ont donné de leur temps pour visiter des malades, leur parler, les réconforter, ce qui facilite leur bien-être et parfois leur guérison. On a vu fleurir les visiteuses d'hôpitaux et les conteuses qui contribuent formidablement à la solidarité humaine.

Pour les enfants, le moyen de communication le plus rapide est le rire. Des clowns interviennent de plus en plus dans les hôpitaux, pour leur permettre de s'amuser et surtout de rester des enfants, malgré les traitements lourds et longs. Dans ce contexte grave, où le personnel est habillé en vert ou en blanc, voir apparaître des clowns multicolores déclenche une joie immédiate.

Un cliché popularisé par les peintres montmartrois est celui du clown triste. Le clown serait souvent un dépressif, obligé de compenser sa déprime en surjouant sa vie, en cherchant à faire rire, cachant son désespoir sous un masque grotesque. L'humoriste Steve Allen affirme que 25 % de ses confrères américains ont fait un séjour en hôpital psychiatrique ! Mais on peut aller bien mentalement et être encore plus à l'aise avec l'humour; et la psychothérapie n'enlève pas le talent, bien au contraire, elle le révèle, le rend plus harmonieux et plus varié. Le mythe de l'artiste souffrant est peut-être un mythe romantique : il n'est pas nécessaire d'être malheureux pour être heureux.

Les clowns thérapeutes sont avant tout des clowns, plutôt que des thérapeutes. Avec leurs costumes fantaisistes, leurs surnoms inouïs, ils amènent la distraction, la focalisation sur eux. Or, la distraction de son état mental (ce qu'on appelle se « changer les idées ») et la focalisation de l'attention sont deux techniques de base de l'hypnose. Leur présence provoque une transe légère chez les enfants impatients et excités, puis une transe joyeuse qui les prépare à cette forme de transe plus profonde : le rire[9].

Il existe de nombreuses formes de transe, de la transe légère (rêverie) jusqu'à la transe profonde (méditation, possession, état hypnotique). Les spécialistes estiment qu'on entre en transe soixante fois par jour, en regardant la télévision, dans les transports en commun, en lisant, devant un feu de cheminée, dans son bain, et bien sûr si l'on pratique la relaxation ou le yoga.

9 Voir les adresses utiles en fin d'ouvrage.

À travers les âges, beaucoup de techniques ont été utilisées pour provoquer la transe. Chez les militaires, on connaît le roulement des tambours pour activer les galériens, les tambours, le clairon, les trompettes. Chez les religieux hindouistes, on trouve des mantras, (expressions répétées de nombreuses fois) et des mandalas chez les bouddhistes (images que l'on contemple). Les chrétiens orthodoxes ont poussé très loin l'art de l'icône et sa contemplation, qui provoque une transe. Les catholiques utilisent des chapelets et des prières, les musulmans soufis y ajoutent des techniques de souffle, qu'on retrouve chez les orthodoxes chrétiens et chez les yogis. La Huna est une ancienne religion hawaïenne. Les gens respiraient très longtemps en priant, et en dédiant leurs pensées aux divinités. Ils reprochaient aux missionnaires blancs de ne savoir ni respirer... ni rire, et les nommèrent les « gens sans respiration ». Le mot « famille », dans leur langage, est *ohana,* qui signifie « gens qui respirent ensemble ». Ceux dont la partie médiane du corps est trop raide sont réputés ne pas savoir respirer, car leur diaphragme ne peut bouger.

Les civils pratiquent la transe par le chant collectif, la danse, les manifestations politiques ou sportives. Les plus anciens rituels sont illustrés par les os d'ours taillés en flûtes datant de Neandertal, soixante-dix mille ans, et les *digeredoo* des aborigènes australiens.

Les instruments à vent, à cordes ou percussions sont universels et se déclinent sous d'innombrables formes, du tam-tam aux castagnettes en passant par le clairon et le cor. La créativité humaine est sans limite, et un musée de tous les instruments du monde en CD-Rom nous conduirait à de merveilleuses découvertes.

On retrouve dans le rire les mêmes mécanismes que dans la transe : distraction, focalisation de l'attention, changement d'état physiologique, détente physique, ouverture à de nouvelles idées et perceptions. Le rire est donc une forme de transe, indispensable à l'équilibre humain. Sous le flot de la vie quotidienne, l'individu est décentré, déconcentré, troublé. Le rire remet en place les pièces du puzzle. Il partage cet honneur avec l'amour, la spiritualité, le sentiment d'appartenance, la contribution à la communauté, la musique, la danse et le chant, qui sont les fondements de l'humanité.

Dans les hôpitaux, la nature, les arbres, les jardins, les jets d'eau produisent un effet bénéfique. Beaucoup d'économies seraient réalisées par la Sécurité sociale si on les aménageait en endroits où médecins et infirmières aimeraient vivre.

Le clown a précisément pour fonction qu'on se moque de lui. Il est volontaire et maîtrise la situation, protégé et exposé à la fois par son costume et sa façon de parler. C'est l'opposé du rôle de la victime montrée du doigt, désignée comme bouc émissaire par d'autres. Le clown joue l'idiot, le faible, avec beaucoup de confiance en lui. Il affirme sa timidité, revendique sa gaucherie, et nous montre que pour réorienter un comportement, il faut jouer avec celui-ci. Cette manière de s'adresser aux enfants est bien sûr valable pour les adultes : la légèreté, la blague, la proximité, la complicité sont de bons atouts, lorsque la relation humaine est établie.

Il fait aussi souvent le contraire de ce qui est attendu de lui, comme les *tricksters* amérindiens, sortes de chamanes inversant tout pour rappeler que la norme n'est pas absolue. Ils marchent à reculons, vivent la nuit, s'habillent parfois en femmes, commettent les actes interdits, bravent les tabous. Cette pratique était déjà connue des Romains. Lors des Saturnales, qui se déroulaient du 17 au 24 décembre, on fêtait Saturne, dieu de l'agriculture, et la fête de la liberté. Ce jour-là, les esclaves devenaient les maîtres et ceux-ci leur obéissaient.

Au Moyen Age, la fête des fous était célébrée le 25 décembre, ou parfois le jour de l'An ou de l'Épiphanie. Là encore, les domestiques donnaient des ordres aux maîtres. Dans certaines villes, la veille de Noël, ou durant les secondes vêpres du 25 décembre, une jeune fille tenant un bébé pénétrait dans l'église sur le dos d'un âne, en souvenir de la fuite en Egypte. Durant la messe, toutes les prières se terminaient par « Hi-han ! ». Mais, la nature humaine étant portée aux débordements, l'Église ne tarda pas à interdire ces célébrations...

Chez les Navajos - où médecine, thérapie et spiritualité sont associées -, le clown représente les dieux. En fait, son rituel chasse le démon; il administre le traitement qui diffuse la santé dans le corps du malade. Ils ne croient pas à la survie de l'âme ni aux disparus, mais que la haine peut tuer ou rendre malade à distance. Il est donc important d'apprivoiser les lois de la nature. Bien des peuples ont cru que la maladie était causée par un ennemi. En cas de violation des tabous de la société, il est urgent de se réconcilier avec le surnaturel, par une cérémonie.

Les Indiens ont un fort sens de l'humour, mais, comme tous les autres peuples du monde, ils n'aiment pas être victimes... surtout des Blancs !

Ils blaguent, évidemment, sur Christophe Colomb, le Bureau des affaires indiennes, le général Custer. Et les tribus se taquinent entre elles.

JEU N°24

Faire le contraire mène au contraire du contraire

- Pour augmenter la confiance en soi, jouer exagérément le timide.

« Voilà quelques semaines, confie Nathalie, une participante du Cours d'humour, j'étais si timide que je rougissais pour un rien. Je ne pouvais m'exprimer que sur le mode de la plaisanterie. Cela ne convenait pas pour les discussions sérieuses. À force, je craignais toujours de ne pas être crédible, aux yeux de mes collègues surtout. Maintenant, pendant au moins dix secondes, je joue les timides, en me tordant les doigts, en parlant d'une voix d'enfant, et, paradoxalement, je me sens beaucoup plus sûre de moi ! »

- Si vous êtes trop silencieux, amusez-vous à jouer les moulins à parole. Si vous parlez trop, gardez le silence par longues périodes.

- Si vous êtes arrogant, jouez le modeste. Si vous avez mauvais esprit, dites du bien de toutes les personnes que vous croisez. Croyez-moi, cet exercice est le plus difficile de tous !

Ce changement d'attitude permet d'ouvrir des aspects méconnus de soi-même et donc développe sa personnalité. Une ou deux fois ne suffisent pas, il faut s'entraîner une vingtaine de fois au moins pour commencer à acquérir l'habitude, puis continuer chaque jour.

Souvenez-vous d'une constatation faite par tous les gens qui changent : il faut du temps pour enseigner aux autres votre nouveau comportement. Et quoi que vous fassiez, certains garderont la même opinion de vous, et ne s'apercevront jamais de votre changement...

JEU N°25

Pour « clowner » votre vie

- Libérez le ou la fantaisiste qui sommeille en vous, amusez-vous à vous surprendre et à surprendre autrui.

« Qu'est-ce qui aujourd'hui étonnerait les gens ? Que vais-je faire d'inhabituel et ludique ? Qui, de mes connaissances, prendra au mieux la chose ? »

- Si ce n'est pas hostile, faites-le. Vous pouvez agir par des visites, des coups de fil, des cartes ou lettres, ou lors de vos rencontres.

6. Le rire déclenché

Bien sûr, si vous êtes comme l'Occidental moyen, vous n'avez pas de quoi rire : trop de factures pour peu de biens, trop de soucis et trop peu de reconnaissance, trop de travail ou pas de travail, trop de déceptions et trop d'ingratitude, mésentente conjugale ou bien personne dans le lit, ou pire, quelqu'un dans le lit...

L'idée d'un rire déclenché sur mesure vous paraît le comble de l'artificiel. Rassurez-vous, le sérieux avec lequel vous traitez votre vie n'est pas naturel non plus, mais très artificiel : il a fallu des années d'éducation pour considérer que les impôts, les frustrations professionnelles, le dépit amoureux étaient les plus grands drames que le monde ait connus. Il vous a fallu des années pour réprimer l'enfant rieur que vous étiez, celui qui est là, en vous, le véritable Enfant au bois dormant, impatient que vous le réveilliez de sa passivité mécontente.

Il est normal que l'on se méfie du rire, d'abord parce que nous en avons tous été les victimes, et ensuite parce que nous avons longtemps considéré qu'il devait être provoqué par une raison extérieure. Rire n'était pas non plus socialement bien vu, sauf chez les ivrognes bien sûr. Voilà à peine un siècle que l'Occident admet le rire public. Auparavant, il était malséant d'éclater de rire, vulgaire de s'esclaffer ! Le rire était honteux, suspect, sous prétexte que Dieu ne riait pas. Ce qui est faux, puisque les maîtres spirituels sont des gens très rieurs. À un journaliste qui lui demandait de sourire pour une photographie, le pape Jean XXIII répondit : « Croyez-vous que le monde prête à sourire ? »

Et c'est vrai que, parfois, il n'y a pas de quoi rire ! Triste époque, qui a d'ailleurs fabriqué de nombreux névrosés, qui sont devenus tyrans au xxe siècle[10]. Un jour, seules les personnes équilibrées seront admises à se présenter aux élections. Dans un souci de recherche d'excellence, on demandera probablement aux futurs présidents, ministres ou députés d'avoir fait plusieurs années de développement personnel, pour éviter des aberrations trop nombreuses.

Vers quatre ou cinq ans, l'enfant apprécie de jouer avec le langage, teste l'absurde et l'illogisme, adore l'exagération et la déformation de la réalité. Vers neuf ou dix ans, l'humour convivial devient plus agressif, parfois antisocial - surtout chez les garçons ! - dans un désir d'affirmation.

Se forcer à rire, c'est retrouver une habitude ancestrale, c'est dérouiller les circuits de son cerveau, jusqu'à ce que cela redevienne naturel. Se forcer à rire, c'est encore jeter son rôle aux orties, poser son masque, et enlever le carcan de l'éducation et des idées limitantes. C'est ouvrir la poitrine, libérer le plexus et le thymus, permettre à vos poumons, à vos organes, à votre sang et à vos cellules de prendre un coup de jeune.

Un sportif fera des mouvements inhabituels pour exercer ses muscles. Il vous suffira de quelques semaines pour devenir plus à l'aise, de quelques mois pour devenir souvent drôles, et de quelques années pour me demander l'autorisation d'enseigner le *Cours d'humour !*

Raconter des blagues est un moyen simple. Bien sûr, vous allez dire : « Je ne m'en souviens jamais. » Mais il existe une solution : raconter les blagues dès qu'on vous les a apprises, demander sans cesse aux gens de vous

10 Quelqu'un a dit : « Dieu peut pardonner mes petites blagues sur Lui, car je Lui pardonne Ses grandes blagues sur moi. »

en raconter. Avec vos amis et votre famille, vous pouvez décider de vous raconter une blague en préliminaire à chaque coup de fil.

En étant plongé dans l'univers des blagues, votre inconscient fera les jonctions nécessaires. Si vous apprenez l'allemand, vous lirez en allemand, vous écouterez des chansons et des émissions télé en allemand. La différence entre apprendre l'humour et apprendre l'allemand, c'est que l'humour n'est pas allemand[11].

Une vraie cure de rire, trois fois trois minutes par jour, peut produire des miracles. Alors, ressortez votre sablier, enfermez-vous dans la salle de bains, mettez la radio à fond, ouvrez la douche pour couvrir vos bruits et allez-y, tentez l'exercice ci-contre qui permettra de laisser jaillir le volcan intérieur qui régénérera votre vie !

Si vous vivez en famille, partagez le plaisir du rire au petit déjeuner. Ce moment de la journée est souvent très stressant, on crie, on houspille... alors que vous pouvez lui donner un ton très différent. Vos enfants vont adorer ! Chacun peut imiter le rire d'un singe, d'un cochon, d'un corbeau, d'un renard, d'un fromage... Si c'est trop difficile, commencez par vous entraîner le dimanche. Ne lâchez pas avant d'avoir obtenu des résultats.

Si vous vivez en couple, vous pouvez rire ensemble chaque fois que vous avez fait l'amour, c'est-à-dire le jour de son anniversaire et le 1er janvier.

---

11 « Entschuldigung, Frida mein Liebling. Ich liebe Dich ! Das ist gross Racism ! » (« Excuse-moi, Frida ma chérie, je t'aime ! C'est du *gross* racisme ! ») En Europe, les Allemands sont en avance pour la thérapie par le rire. D'ailleurs, peut-on imaginer un monde sans Beethoven, un Noël sans « Mon beau sapin roi des forêts ? » et surtout, sans gâteau de la Forêt Noire ? Ce qui prouve qu'un Allemand, c'est quelqu'un qui transforme tout en bouffe ou en musique. Ah bon, les Français aussi ?

JEU N°26

Comment faire une cure de jouvence gratuite lorsqu'on est fauché ou radin ?

Deux à cinq minutes par jour pour votre santé... et pour pas un rond(*) ! Voilà comment vous y prendre :

– Écartez les bras, pliez les genoux, redressez-vous, pliez encore, redressez-vous en chantant « a, e, i, o, ou ». Mieux, si vous avez la chance d'avoir toujours quelqu'un dans votre vie (femme, mari, enfant, compagnon de prison), faites-le ensemble, le rire est encore plus facile(**).

– Vous pouvez imiter les ululements du hibou, les hurlements du loup ou d'un collègue. Singez votre patron, faites des grimaces (en dehors de sa présence).

- Vous pouvez aussi déclamer d'un ton très solennel, tout en faisant cet exercice physique, ce genre de phrase : « Je suis quelqu'un de très sérieux, hihihi ! et ma vie est très sérieuse, héhéhé ! Je suis le plus sérieux du monde, hohoho ! »

- Vous pouvez bien sûr inventer des sortes de poèmes :

« Je rate tout
Je ne suis pas un râteau
J'échoue tout
Je ne suis pas un chou
Je perds tout
Je ne suis pas le Pérou !»

J'ai utilisé cette technique avec plusieurs personnes atteintes de « sérieusisme » avancé, presque au stade terminal, et avec des personnes physiquement malades : cancer, mélanome, asthme, allergies, fibromes, migraines... Et, n'oubliez pas, si cela ne marche pas, essayez autre chose, puis recommencez, recommencez encore, jusqu'à ce que ça marche. La réussite se trouve derrière une certaine couche d'échecs, le « oui » est dissimulé derrière plusieurs épaisseurs de « non ».

---

* Si vous pensez que gratuit = sans valeur, pourquoi ne pas donner un euro à une association d'entraide chaque fois que vous riez ? Vous pouvez aussi, lorsque vous avez accumulé un million d'euros, me les envoyer.

** « Mais les voisins vont entendre !
- Tant mieux, ça les changera de vos disputes ! »

CHAPITRE VI

Face au drame

L'HUMOUR est un des moyens qui permettent de limiter les effets néfastes d'un drame. Il s'adresse à toutes les personnes en situation difficile : chômeurs, malades, détenus, adolescents, hommes et femmes mariés...

Avant, pendant, ou après le choc, il est ainsi possible de garder une vision à long terme. En effet, si vous vous répétez que tout ce qui ne tue pas renforce, vous pouvez rester créatif, ouvert, en vous souvenant toujours que dans une situation de crise aiguë, vous n'avez pas forcément tous les éléments pour juger.

En cas d'accident, la panique augmente les risques. Il faut réagir vite. Les policiers et les militaires sont capables d'affronter le danger par la vertu de l'entraînement constant, pour créer des réflexes.

1. Pour survivre au drame

Dans les cas dramatiques, il est possible de :
– Sortir du conflit intérieur en prenant des décisions. Rester statique ne vous donnera aucune information supplémentaire. Il faut faire quelque chose, mais quoi ? Si vous ne voyez pas clairement, vous pouvez demander aux gens qui vous aiment, et appliquer leurs conseils.
– Penser en termes d'humour, en se demandant ce que ferait un scénariste de comédie ou un humoriste professionnel dans la même situation, ce qu'il remarquerait, la manière dont il tournerait les choses.

JEU N°27

Souffler, c'est respirer

Pour réduire la panique, la frilosité, le stress, le moyen le plus rapide est d'expirer lentement, profondément, jusqu'à ce que votre respiration soit calme. Ne vous souciez pas de l'inspiration ; concentrez-vous sur l'expiration, en comptant jusqu'à 8 ou 10, puis essayez de tenir jusqu'à 15.

Pendant ce temps, vous pouvez joindre le pouce et les autres doigts comme les méditants, pour créer un circuit d'énergie fermé. Vous pouvez aussi tout simplement poser vos mains à plat sur vos cuisses ou votre ventre pour obtenir le même résultat.

Après avoir acquis un peu d'expérience, inspirez aussi lentement, puis chantonnez en continuant à respirer.

Quoi qu'il advienne, pour survivre à ces drames, tentez votre chance. Connaissez-vous la différence entre l'être humain et le bousier ? Le bousier, scarabée sacré des Égyptiens, trouve une bouse de vache, en prélève une boule et la pousse devant lui jusqu'à un endroit confortable. Puis il y pond ses œufs et ses larves se nourriront de la bouse. Si vous dressez une barrière d'allumettes devant lui, il poussera sa boule, poussera, et finira par la faire passer de l'autre côté. Mais lui restera prisonnier... il oublie qu'il sait voler !

De même, quand les dauphins sont pris par les criminels filets dérivants (qui peuvent atteindre plus de cent kilomètres de long), déchiquetés, paniqués, ils s'affolent pendant que le filet se referme en un immense rond, et se font prendre... alors qu'ils sont les meilleurs sauteurs du monde. C'est ce qu'Erickson appelait : « Faire confiance à son inconscient, à ses ressources. Nous en savons plus que nous ne le croyons, nous avons la faculté de nous tirer de pas mal de situations. » Cherchons l'issue !

Joseph Fabry a fui l'Autriche en 1938. Il est le fondateur de l'Institut américain de logothérapie, thérapie de la raison, du sens de la vie, d'après les travaux de Viktor Frankl. L'idée est de relier le client à ses valeurs essentielles, au sens profond qu'il donne à son existence. Une des techniques de base, l'intention paradoxale (la prescription du symptôme) « est fondée sur le double fait que la peur provoque l'effet qu'on appréhende et que l'hyper-intention empêche la réalisation du désir. Et la logothérapie considère la responsabilité comme l'essence même de l'existence humaine. L'importance de la responsabilité se reflète dans cette exigence catégorique : vivre comme si c'était la seconde fois et qu'on s'apprêtait à répéter les mêmes erreurs[1] ! »

Il a passé plusieurs années en classe avec le neveu de Sigmund Freud. Celui-ci lui racontait les blagues de son oncle Sigmund. Tous les dimanches pendant la réunion de famille, le fondateur de la psychanalyse racontait des blagues...

Freud n'était pas le triste sire qu'on a parfois décrit, sinon il n'aurait pu réussir ses thérapies. Ce qu'il décrit de sa pratique dans ses livres n'a guère de rapport avec ce qu'il faisait vraiment, il manquait de recul et nous ne possédons évidemment ni films ni enregistrements pour nous forger notre propre opinion. Il était humain et chaleureux, ce qui contribuait à son efficacité. Si Freud avait été le silencieux hautain que certains de ses imitateurs psychanalystes ont caricaturé, il n'aurait eu tout simplement aucun résultat. De plus, il a eu très peu de clients et avait construit sa théorie avant sa pratique. Il a toutefois eu le courage de parler du mot d'esprit, mais sans utiliser vraiment les « associations d'idées » pour provoquer l'humour : faire dériver les mots, les sens, les croyances, les sonorités, les comportements, les expressions physiques, les relations, bref, tout faire dériver pour créer de nouvelles connexions.

En dehors de Freud, les grands thérapeutes du siècle ont tous le sens de l'humour : Jung, Adler, Frankl, Erickson, Rogers, Perls, Bandler, Grinder, Farrelly, Raquin... Rogers considérait l'humour comme un des atouts principaux de l'enseignant.

Viktor Frankl est le véritable maître à penser des thérapeutes du sens. Psychiatre juif autrichien, alors qu'il possédait en 1940 un visa pour

1 Frankl, Viktor : *Découvrir un sens à sa vie : avec la logothérapie* (Ed. de l'Homme).

les Etats-Unis, il a préféré rester pour protéger ses parents. Il a en partie échoué. Ils sont morts en camp de concentration, mais au moins avec l'amour de leur fils. Sa famille a été quasiment exterminée[2] ».

Lui-même a été déporté dans un camp durant trois ans. Devenu le n° 119104, il posait des traverses de voie ferrée en creusant la terre gelée.

« C'est ainsi que les illusions caressées par certains d'entre nous se dissipèrent une à une, et que nous les remplaçâmes par un sens de l'humour plutôt noir. Nous savions que nous n'avions rien à perdre, à l'exception de nos vies absurdement dénudées. Sous la douche, nous nous efforçâmes de rire de nous-mêmes et des autres. Après tout, c'était vraiment de l'eau qui coulait (et non du gaz). »

Pour juguler l'angoisse, préserver son identité, l'humour permettait de retrouver un certain sens de la vie qui facilitait la survie et conservait la dignité des déportés.

Le lecteur sera sans doute étonné d'apprendre qu'on pouvait y trouver des gens qui n'avaient pas complètement perdu le sens de l'humour. Même s'ils ne le manifestaient qu'assez rarement, cet humour était une arme défensive très efficace. On sait que l'humour aide à garder une certaine distance à l'égard des choses et qu'il permet de se montrer supérieur aux événements, ne fût-ce que pour quelques instants. Je m'étais ingénié à développer cette faculté chez un ami avec qui je travaillais sur un chantier de construction. Nous nous étions promis d'inventer au moins une histoire amusante par jour, dont le sujet devait être basé sur ce qui allait nous arriver après notre libération. Mon ami avait été assistant chirurgien dans un grand hôpital. Un jour, j'essayai de le faire rire en lui décrivant ce qui se passerait lorsqu'il reprendrait son ancien travail et qu'il aurait parfois l'impression de se trouver encore au camp. Le contremaître, sur le chantier de construction, nous ordonnait sans cesse de travailler plus rapidement : « Plus vite ! Plus vite ! » criait-il. « Un jour, dis-je à mon ami, tu seras de retour à la salle d'opération, en train d'opérer quelqu'un à l'abdomen lorsque, soudain, un garçon de salle entrera à toute vitesse pour annoncer le chirurgien en chef. Il surgira dans la salle d'opération en criant : « Plus vite ! Plus vite ! »

2 Je n'ai vraiment compris ce que signifiait être juif que lorsqu'un de mes amis m'a dit : « Tous ont été exterminés. Lors des réunions de famille, nous sommes cinq. » Hélas, ce n'était pas de l'humour juif. Pour que ça en soit, il aurait dû dire : « Nous sommes cinq, juste assez pour jouer au poker ». Ou : « Et encore, mon frère est devenu bouddhiste. »

Eh oui... l'humour, c'est parfois cela : un acte d'héroïsme. Et je dis cela parce que si des personnes atteintes du cancer, des personnes en camp de concentration, des gens vivant sous les bombes, ou des prisonniers de guerre comme on va le voir, sont capables de pratiquer l'humour... nous n'avons tout simplement aucune excuse d'en vouloir à la vie ! Nous n'avons aucune raison de pleurnicher sur notre sort. Notre sinistrose de luxe est une injure au monde qui souffre et un mépris pour les peines plus terribles de nos compatriotes ou des étrangers[3].

Viktor Frankl est sans doute également l'inventeur moderne de la thérapie du paradoxe, même si des sorciers africains, des chamanes amérindiens et des Grecs l'ont pratiqué sous diverses formes : l'intention paradoxale, qu'on appelle aujourd'hui la *prescription du symptôme,* c'est-à-dire faire ce qu'on redoute le plus, en l'exagérant. Par exemple, comme on l'a vu, être délibérément timide, ou décider d'être angoissé de huit heures à huit heures vingt. On peut aussi s'efforcer de broyer du noir pendant sept minutes, puis de penser à des idées gaies, puis trois minutes d'idées noires, puis sept minutes d'idées gaies. L'entraînement permet de réorienter ses propres émotions au lieu d'en être victime, de se montrer plus souple avec soi-même.

L'intention paradoxale est également appelée « plus de la même chose » : on suggère au client de faire ce qu'il lui coûte de faire. Traverser cette peur lui permet de dénouer les conflits d'origine interne puis d'origine externe, de mettre en évidence l'aspect absurde des plaintes, et de retrouver le sens de la vie.

Par exemple, si un client me demande si j'enregistre nos conversations, je lui assure que « oui, puisque je suis obligé, en tant que thérapeute, de fournir à la police la liste des cas graves, pour qu'ils préparent les lits dans les hôpitaux psychiatriques. On me donne une prime de deux cent euros par livraison, pour ma contribution à l'assainissement de la société ». J'ajoute « que ce n'est pas beaucoup, mais il y a tant de production de dingues que les prix ont chuté ces derniers temps. »

Il m'arrive aussi de désigner une lampe, en assurant qu'une caméra y est cachée et que ce sera diffusé ce soir sur TF1 dans le cadre d'une nouvelle émission sur le délabrement psychique des femmes, hommes, jeunes

3 À part votre souffrance, cher lecteur, qui n'a jamais eu d'égale sur cette terre.

ou autres, selon le cas. Je peux utiliser un ton sérieux ou léger, jamais je n'ai réussi à convaincre un client que c'était vrai. Ce qui me permet de gagner un peu d'argent de poche en ayant la conscience tranquille[4] !

Aux obsédés et aux anxieux, je raconte ma dernière mésaventure :
« La semaine dernière, à la campagne, j'ai crevé en pleine nuit. Je n'avais pas de roue de secours. J'ai démonté une roue, et ai décidé de l'emmener chez un garagiste. J'ai marché vers le village, à sept kilomètres de là. Chemin faisant, je me suis souvenu que les garagistes, héritiers des maquignons, étaient des profiteurs. En plus, il allait deviner que j'étais parisien et m'arnaquer. Comme c'était la nuit, il allait doubler son tarif. Comme je n'y connaissais rien, il allait me donner une roue pourrie, et j'allais m'écraser contre un arbre. Tout en marchant, je calculai que le prix qu'il allait me demander pour faire semblant de réparer ma roue correspondrait à plusieurs mois de revenus, cela me rendit furieux. Lorsque j'arrivai au village, tout était silencieux. Les volets du garagiste étaient fermés, ce qui m'énerva encore plus. J'ai ramassé des cailloux et ai bombardé ses fenêtres. Peu après, la lumière s'est allumée au premier étage, et une tête ébouriffée est apparue dans l'encadrement. Alors j'ai crié : « Vous pouvez la garder, votre roue, espèce de voleur ! »

Le paradoxe est aussi utile pour que le client fasse quelque chose, qu'il réalise des tâches. S'il n'y a pas modification du comportement, il n'y a pas changement; en modifiant ce que l'on fait, on provoque une interaction différente avec les autres, et l'inconscient enregistre de nouvelles expériences qui élargissent les croyances.

En dissuadant un client de faire ce qu'il doit faire, on parvient souvent à déclencher son rire, ou son action.
« Surtout, ne vous amusez pas à draguer une fille, elle risquerait de dire non. Quel scandale, quelle humiliation ! Vous dire non, à vous ! Je ne sais si vous préféreriez une fille qui dise oui dès qu'on lui demande... ? Et une femme qui dit oui à vous ne peut être que méprisable, sinon elle vous tiendrait la dragée haute ! Et vous savez que si vous abordez cent filles, si vous vous intéressez à elles, plusieurs risquent de dire oui. Et

4 Seul monsieur N. ne m'a rien rapporté : son « Wanted » n'est que de cinq dollars !

vous vous retrouverez au lit, en train de prendre du bon temps ! Et que deviendrait alors votre culpabilité et votre peur des femmes, alors que vous seriez avec cette charmante personne qui peut-être ne songerait qu'à vous aimer et vous trouver formidable ? Non, se rapprocher d'une femme est un passe-temps dérisoire, indigne d'un mâle ! Mieux vaut rester au bar, entre hommes, ne pas perdre son temps avec ces idiotes. Accoudé nonchalamment, moue dédaigneuse, vous pouvez à loisir critiquer les pauvres lourdauds bellâtres qui leur racontent des blagues débiles, et ça les fait rire ! Vous savez que tout ça est ridicule, mieux vaut devenir très intelligent dans sa tête et alcoolique dans son foie. De toute façon, à quoi ça sert de faire l'amour, de danser, de vous promener en forêt et d'aller au cinéma, pour ensuite avoir un bébé qui accroche ses petits bras autour de votre cou et vous couvre de bisous ! Et pouvez-vous me dire combien ça rapporte, de compter sur quelqu'un ? Rien du tout. Il faut absolument donner raison à la petite voix qui vous dit que vous ne méritez pas d'être heureux. N'oubliez pas que voilà dix millions d'années, Adam a forniqué, et voilà le résultat ! »

Cette technique dissuasive : « Je ne vous dis pas, il ne faut surtout pas », est souvent efficace quand une personne n'ose pas faire quelque chose et qu'on veut prescrire une tâche.

« Je ne vous dis pas de vous acheter un répondeur; mieux vaut obliger les autres à appeler dix fois en vain pour prouver qu'ils tiennent à vous... »

« Je ne vous dis pas de vous inscrire à un cours de danse, pensez, c'est tellement... je ne sais pas, enfin... de tourner dans les bras d'un cavalier... »

« Puisque vous souffrez de solitude, il ne faudrait surtout pas demander à tous vos amis de vous présenter leurs sœurs et leurs copines, ce serait beaucoup trop ! »

JEU N°28

A pas peur !

Vous pouvez lister vos peurs et vous dissuader de passer à l'action, en exagérant au maximum :

« Il ne faut surtout pas que je cherche du travail, je risquerais d'en trouver... Et à moi l'indépendance, l'appartement et, peut-être, la voiture à crédit... »

« Il ne faut surtout pas que je monte sur la grande roue, je risquerais de me trouver très courageux et, jusqu'à maintenant, la lâcheté m'a bien servi pour justifier mes comportements. Si j'ai une meilleure image de moi, je vais être entraîné à réaliser mes rêves et, de fil en aiguille, à prendre la responsabilité de mon bonheur. Surtout pas ! »

« Je ne dis pas de réviser régulièrement, tu risquerais de devenir un bon élève, d'être fier de toi, d'avoir des récompenses, de passer tes examens sans angoisse et de bien profiter de l'été ! »

« Il ne faut surtout pas que tu sois courtois, poli, et que tu tiennes compte de la sensibilité des autres, tu risquerais d'avoir des tas d'amis ! »

« Il ne faut surtout pas que tu manges des légumes, que tu supprimes les sucreries et fasses du sport, tu risquerais de devenir une femme encore plus appétissante et tu passerais ton temps à chasser les hommes bourdonnant autour de toi. »

« Sois égoïste, arrogant et méprisant, ainsi les autres te ficheront la paix ! »

Loi de l'évolution humaine : « Si à chaque fois que vous faites un pas en avant, vous en faites deux en arrière, il vous suffit de vous éloigner de votre but pour l'atteindre ! »

À une fille trop timide, Viktor Frankl pouvait dire : « J'ai demandé à une amie : « Avez-vous des relations sexuelles en ce moment ? »

Elle a répondu : « Seulement quand je me fais violer. Mais je sors peu ces derniers temps. »

À un homme qui hésite à devenir professionnel indépendant, Frank Farrelly peut dire : « Quoi ? Tu envisages de travailler pour un gars comme toi ? »

À un jeune le traitant de fils de pute, Guy Bedos répondit :

« Comment tu l'as appris ? »

2. Pour survivre au conflit et à la souffrance

Celui qui a un « pourquoi » qui lui tient lieu de but, de finalité, peut vivre avec n'importe quel « comment ».
Nietzsche.

Le conflit humain est sans objet.
René Girard.

Ceux qui se taisent pendant les conflits, qui subissent en silence et ne savent pas dire non, ou qui réagissent par des injures sont plus longuement victimes des conflits que ceux qui réagissent avec humour. L'humour augmente réellement les chances de survie, parce qu'il développe la créativité, permet de voir une situation sous différentes facettes.

Le docteur Jim Mitchell[5] cite une étude sur les prisonniers de guerre américains au Vietnam, dont certains ont été détenus plus de huit ans dans des conditions épouvantables, torturés parfois chaque jour.

Cette étude avait pour but de déterminer les facteurs qui aident à survivre dans des conditions extrêmes. On trouve bien sûr la foi religieuse, la certitude que des gens pensent à eux et... l'humour.

- 95 % estiment qu'il est essentiel d'avoir un compagnon de cellule ayant le sens de l'humour.
- 89 % estiment que l'humour est très important.
- 71 % citent comme atout la capacité de contrôler leurs pensées.
- 53 % jugent indispensable de s'adapter aux souffrances.

Les deux axes psychiques qui permettent de conserver sa dignité sont : faire confiance en ses capacités et chercher l'issue. Aujourd'hui je n'ai pas encore trouvé le trésor de la situation, mais tôt ou tard je le trouverai.

5 Ancien chef des services de psychologie de l'École de guerre de l'US Air Force.

Ce médecin cite l'exemple d'un prisonnier ayant attrapé la toux dans sa cellule humide, ne disposant que d'un uniforme léger et d'une couverture. Il communiquait avec d'autres prisonniers par le langage des détenus :

A	B	C	D	E
F	G	H	I	J
K	L	M	N	O
P	Q	R	S	T
U	V	W	X	Y/Z

Il suffit de taper le nombre de coups correspondant à la rangée, puis le nombre de coups correspondant à la position de la lettre dans sa colonne[6]. Au bout d'une semaine, la toux avait empiré. Il sentit quelque chose bouger dans sa gorge. Il y mit les doigts et en sortit un ver de quinze centimètres de long. Un prisonnier envoya alors le message à tous les Américains détenus : « Félicitations au lieutenant-commandant Al Stafford qui a donné naissance à 18 h 30 à un ver de quinze centimètres pesant 140 g. Stafford et le ver sont en bonne santé. »

La clef du rire pendant des situations dramatiques est : il y a toujours quelque chose à faire pour se sortir d'un mauvais pas. Pas forcément tout de suite, mais en attendant l'opportunité. Cela explique le succès des instructeurs, professeurs, soignants dotés du sens de l'humour : avec eux, on ne se sent jamais coincé. Il y a toujours une porte devant nous, quelque part, même si on ne l'a pas encore découverte.

À ce sujet, Viktor Frankl nous rappelle :

« Le sens de l'humour ou cette capacité de voir les choses avec une certaine distance s'acquiert en maîtrisant l'art de vivre. Bien que la souffrance y soit omniprésente, il est possible de pratiquer cet art de vivre dans un camp de concentration. Procédons par analogie et comparons la souffrance d'un homme à un gaz. Si l'on refoule du gaz dans une

6 D'où l'importance, jeunes gens hors-la-loi, de bien travailler en classe et de bien connaître l'orthographe !

chambre vide, celui-ci remplira complètement la pièce, peu importe la quantité en cause. Il en est de même pour l'homme : que sa souffrance soit grande ou petite, il ne peut souffrir qu'intégralement.
L'« ampleur » de la souffrance est donc une chose absolument relative. Il s'ensuit que ce sont souvent les petites choses qui font le bonheur. »

L'humour fait partie de notre trousse de survie dans notre périlleux voyage terrestre. Il renouvelle nos interprétations, oriente nos perceptions, et donc favorise des choix plus adaptés. Il réduit l'incertitude ou l'apprivoise, élimine la confusion et clarifie l'esprit. Il permet de retrouver une certaine maîtrise de ses émotions, pour garder son attention, laisser circuler en soi les informations, bien apprécier les circonstances, se poser de bonnes questions et en tirer des décisions.

3. Réduire les blocages, dissoudre les freins

Nous souffrons des pierres sur notre chemin, les moments où nous avons trébuché dans le passé. Nous portons des situations fossilisées qui nous font souffrir, ou nous hantent, parfois à notre insu. Notre corps et notre cerveau sont des machines enregistreuses, qui n'oublient rien, et qui parfois classent un peu au hasard. Un blocage, c'est un instant inachevé, que nous pouvons franchir aujourd'hui, une sensation, une phrase que l'on se dit qui nous empêche de faire ce qu'on a envie et ce que l'on peut faire. Physiquement et psychologiquement, rien ne s'y oppose, mais on reste bloqué.

Par exemple, bien des gens ont peur de parler en public, d'aborder un inconnu, de reprendre des études, de s'inscrire à un club de sport ou de rencontres, de chercher un autre emploi, de changer de ville, d'exprimer leurs ressentiments ou leurs demandes d'une manière claire et posée.

À l'origine de ces blocages, des moments désagréables vécus dans l'enfance, qui ont été enregistrés par l'inconscient. L'esprit conscient, en général, ne s'en souvient pas. On pourrait dire que ce sont des aspects de soi qui n'ont pas grandi avec le reste de notre personnalité. Mais ces blocages nous freinent et nous empêchent de nous épanouir. En les laissant en place, notre inconscient cherche à nous éviter des situations désagréables. On peut bien entendu rééduquer l'inconscient par la pratique d'un nouveau comportement et, pour plus d'efficacité, l'associer à des prises de conscience.

L'humour permet de remettre l'énergie en mouvement, de dissoudre les cailloux et de transformer les larmes en acceptation, puis en plaisir. Tout ce qui se produit peut avoir plusieurs sens, plusieurs utilités, ou aucun. Au fin fond, rien ne signifie quelque chose de définitif, et nous avons le privilège divin d'interpréter et de trouver le sens. On ne change que si on le veut bien. L'humour permet à l'être humain perdu dans un vaste univers d'échapper à l'angoisse, en encourageant l'expression des symptômes.

On trouve l'idée de la contradiction entre le monde tel qu'il est et tel qu'il devrait être... dans les Upanishads. Mani, le fondateur du manichéisme, était aussi persuadé que la vie était un combat incessant et douloureux entre les forces obscures et les forces lumineuses, jusqu'à la victoire finale des secondes.

Et Proust conclut amèrement son ouvrage *À la recherche du temps perdu :* « Dire que j'ai gâché des années de ma vie, que j'ai voulu mourir, que j'ai eu mon plus grand amour, pour une femme qui ne me plaisait pas, qui n'était pas mon genre. »

Hélas, si l'on évoque l'idée que les grandes histoires d'« amour » – dans la littérature et le cinéma – sont précisément des histoires de névrosés, on ne devient pas populaire. Pourtant *Carmen, Roméo et Juliette, Titanic, Autant en emporte le vent...*

La thérapie par le rire met en relief les *contradictions* entre les désirs d'une personne et ses réalisations, entre elle et le monde, entre ce qu'elle prétend faire et ce qu'elle fait, etc. La contradiction devient une source inépuisable d'humour. D'après saint Paul, nous serons transfigurés en un clin d'oeil. Et pour Krishnamurti, il suffirait d'un claquement de doigts pour changer. Mais j'ai beau m'entraîner à claquer des doigts, je ne réussis qu'à faire arriver un garçon de café qui me demande ce que je veux boire !

Dans les thérapies contemporaines, toute forme de résistance est considérée comme positive, puisqu'elle assure la sécurité de la personne. Entre le thérapeute ou le médecin, et son client, le test s'effectue : « Est-il assez fort pour moi ? » « Est-il assez compétent ? » Cela ne se produit pas seulement dans le cadre du « transfert », mais lors de chaque rencontre. Nous évaluons, estimons, jugeons, apprécions en fonction de nos propres valeurs. Cela peut réactiver d'anciens mécanismes, dont un désir de ne pas changer, jadis appelé résistance.

Très vite, le client constate que son thérapeute est encore plus fou que lui. Il se sent rassuré, car au fond il s'en doutait. Mais jouer au fou, c'est prouver qu'on ne l'est pas. Celui qui redoute la folie est terrifié à l'idée de la simuler. Avec l'humour, le thérapeute teste les idées les plus absurdes et incite le client à ne plus avoir peur des images, des pensées figées. Il assouplit les préjugés, et remodèle les fantasmes.

Le thérapeute doit être aussi bon public, ce qui n'est possible que s'il a développé son propre sens de l'humour. S'il est en empathie avec son client, il pourra le valider en appréciant son humour.

Son risque est de devenir séducteur et de chercher à se faire bien voir, d'éviter les problèmes, de renâcler à se confronter à ses limites, ou à son éventuelle agressivité. S'il ne sait comment traiter une difficulté, il peut se réfugier derrière l'humour. Les pirouettes, les jeux de mots ne peuvent remplacer la thérapie. Le client est censé voir ses problèmes sous un autre angle et ouvrir des perspectives, et non feindre de n'avoir pas de problèmes.

Les excès du recadrage peuvent conduire à une impasse. Même si le client a tendance à exagérer ses difficultés, on ne peut les effacer en jouant seulement sur les mots. Il faut les replacer dans le contexte général de la vie de la personne.

Le travail du thérapeute n'est pas de regonfler les pneus à plat, ni d'être un miroir chaleureux (ce qui est indispensable mais peut se passer de mots, l'attitude suffit), mais de permettre au client d'apprendre une certaine réalité humaine : nos actes ont des conséquences; nos pensées entraînent des effets autour de nous, et ces effets nous reviennent un jour; les autres ne nous doivent rien, je suis responsable de moi à long terme; la vie n'est pas à notre service ; rien ne fonctionne à sens unique ; les automatismes émotionnels ne sont pas éternels, pour peu qu'on y mette du sien; nous ne sommes pas nos comportements; la colère contre l'injustice de la vie peut être transformée en colère contre nos propres blocages, libération de l'énergie avec l'engagement de ne pas se résigner; la production illimitée d'excuses, la mauvaise foi envers soi-même conduisent à une vie médiocre et insatisfaisante; le fanatisme avec lequel on protège une image complaisante de soi-même contre toute évidence nous emprisonne; le monde est ce qu'on en fait; on a adopté des attitudes en fonction de sa personnalité et de son éducation, mais on possède de nombreuses graines en réserve, qui ne demandent qu'à s'épanouir; nous enseignons aux autres la façon de nous traiter; tant que nous cherchons à les manipuler, nous sommes manipulables; celui qui agit sur nos émotions détient la télécommande et nous rend dépendants de lui ; si nous reproduisons toujours la même chose, les autres n'y sont pour rien; le monde est neutre, tout y abonde, on y trouve ce qu'on y cherche; le manque d'authenticité rend malade; le partage et la contribution épanouissent.

Une autre bonne nouvelle, c'est qu'en devenant plus souple mentalement, en jouant avec les contradictions, la personne assouplit aussi sa démarche. Son corps est moins rigide, moins coincé. Et le corps et l'esprit désignant la même personne, mieux respirer, rire, permet de mieux s'amuser des contradictions de la vie. En développant son sens de l'humour, on développe aussi son sens relationnel.

Les émotions du thérapeute, depuis Rogers, sont utilisées au service de la thérapie. Il peut les évoquer, les partager avec le client, pour lui montrer comment d'autres ressentent ce qu'il dit et fait; et bien sûr, montrer des issues. L'amour du thérapeute ne donne pas tous les droits au client, qui sinon deviendrait abusif, comme tout humain s'abandonnant à ses caprices, sans contre-pouvoir. Il démontre au client comment celui-ci s'y prend pour tyranniser ou manipuler les autres sans vouloir en prendre conscience, et quelles stratégies il met en œuvre pour parvenir à ses fins... Ce qui, évidemment, provoque des comportements déplaisants chez autrui. Sommet délicat s'il en est, grand jour de la thérapie ! C'est souvent à ce moment-là que le client n'ayant aucune intention de changer s'en va, prétextant la distance, le manque d'argent, ou autre. Et celui qui traverse ce moment de vérité sur soi-même a franchi la frontière, et désormais est assuré de changer.

Je sais bien qu'il est inhabituel, dans le paradigme actuel, de considérer que le bonheur dépend d'une décision personnelle, comme, en partie, la folie ou la maladie. Mais j'ai vu tant de personnes faisant des efforts considérables pour ne pas se voir, ne pas prendre la responsabilité de leurs actes, qu'elles finissent par rendre les autres dépendants. Elles se contentent de quelques relations qu'elles maîtrisent bien, méprisent et refusent les autres.

Cela leur coûtera très cher, mais la facture ne vient que bien plus tard, quand elles sont vraiment malades, dépressives, isolées et aigries.

Comme le dit l'Ecclésiaste : « Un moment pour tout, un temps pour tout désir sous les ciels... Un temps pour pleurer, un temps pour rire. Un temps pour se lamenter, un temps pour danser[7]. »

D'après Winnicott, la thérapie est, d'une certaine manière, un jeu entre deux personnes. Si le jeu cesse, c'est au thérapeute de le relancer.

Depuis notre plus jeune âge, nous grandissons en nous dépassant, en franchissant les épreuves et en relevant les défis : tenir une cuiller, marcher, courir, parler, lacer ses chaussures, puis écrire, établir des relations avec les autres. Il s'agit de très nombreuses opérations, très complexes. Nous y sommes puissamment incités par nos parents, les éducateurs et nos camarades, qui nous réprimandent quand nous n'adoptons pas le comportement requis, et nous encouragent lorsque nous y parvenons.

Adultes, nous pouvons aussi progresser en réponse à une obligation, à un défi. Quand nous sommes le dos au mur, nous déployons des trésors d'imagination pour inventer des solutions. Les inventeurs sont des obstinés, qui refusent de se plier aux « réalités ». Les dirigeants sont des obstinés, qui refusent de se plier aux « circonstances ». Mais tous, nous détenons une part de ce désir impérieux de grandir à travers les étapes. Nous avons le choix de modeler en partie la réalité et de façonner les circonstances à notre gré.

Si nous nous contentons de ce que nous sommes, nous restons ce que nous sommes. Simple ? Il faut parfois longtemps avant qu'un client se décide à passer à l'acte au lieu de fuir la thérapie.

Bien sûr, des événements tragiques surviennent. Nous sommes victimes d'injustices, accusés à tort, moqués à cause d'un quiproquo. Mais, en dernière instance, nous sommes le filtre ultime de la réalité. Nous avons le choix de maintenir nos croyances toxiques sur nous, les autres, la vie. Ou nous pouvons embellir notre condition humaine. Et qui d'autre exprimera notre potentiel si nous ne le faisons pas ?

Le quiproquo consiste à ne pas se comprendre, à prendre une chose pour une autre. Un célèbre exemple est celui de *L'Avare* de Molière, qui pense

7 Ecclésiaste, 3-4.

que son interlocuteur en veut à sa cassette pleine d'or, alors que celui-ci parle de sa fille, qu'il aime.

« Ma chérie, dit le jeune homme à sa fiancée, je vais me marier.

- Oh mais c'est merveilleux ! s'exclame la jeune femme. Je suis si heureuse !

- Vraiment, tu n'es pas jalouse ? J'avais peur que tu le prennes mal... Tu verras, elle est très gentille, et nous resterons amis. »

Carl Gustav Jung a découvert l'inconscient collectif à partir d'une constatation simple, largement confirmée depuis par Mircea Eliade, René Girard puis Joseph Campbell : les êtres humains, de tout temps, ont ressenti le besoin des mêmes mythes, car ils sont une seule espèce. Ces connaissances humaines accumulées en plusieurs millions d'années sont enregistrées et transmises de génération en génération. Chacun possède en partie la capacité de l'espèce : l'immense et illimitée faculté d'apprendre. L'être humain traverse les expériences essentielles : l'amour, l'espoir, la haine, la foi, la peur, le plaisir, les liens avec les autres. Comme nous ne pouvons pas nous empêcher de donner du sens à tout ce qui se produit, nous décidons en permanence de ce qu'est la réalité.

La vraie question n'est pas : « Pourquoi je n'y arrive pas ? » mais : « Comment y arriver ? Comment ont fait les autres, avant moi, depuis ne serait-ce que trente mille ans ? » Un thérapeute amical et très direct, associé à un client acharné à guérir : voilà l'équipe gagnante.

À une échelle supérieure, on peut considérer, comme les maîtres spirituels, que tout être humain contient en lui les germes d'un changement puissant, radical et définitif. Chacun peut être éclairé, « aligné » avec lui-même, quel que soit son passé.

De plus, contrairement à des préjugés jadis en vigueur chez les psys, tout n'est pas joué dans l'enfance. Les adultes peuvent changer à tout moment, soit par évolution, soit par mutation. Comme n'importe quel organisme vivant.

Le thérapeute peut alors montrer au client les effets bénéfiques de ses changements, tout ce qu'il obtiendra des autres et de la vie quand il aura mis au grenier certains blocages infantiles. L'humour permet aussi de montrer, par défaut, tout ce qui se produira si le client ne change pas : cela va empirer, et la situation provoquera de plus en plus de souffrance. Ce qui est vérifiable et que le client a déjà expérimenté.

Enfin, le client n'est pas un être isolé. Il est souvent largement prévisible, même s'il a du mal à l'admettre. Une expression différente produit des feed-back différents. L'humour permet de tester des scénarios dans l'imaginaire, afin de s'y acclimater.

Lorsque quelqu'un fait pression sur nous, nous oblige, nous menace, inévitablement nous voulons nous libérer. Il est connu que plus on interdit une chose, plus elle devient désirable. On a ainsi placé des enfants dans une pièce avec des jouets, avec interdiction de jouer avec certains d'entre eux. Lorsque l'interdiction fut levée, les jouets interdits furent pris d'assaut et beaucoup plus utilisés.

En contestant avec humour la capacité du client à changer, en l'incitant à rester tel qu'il est, en admettant que les autres ont tort, que ce n'est pas de sa faute s'il est comme ça, qu'il n'a pas eu de chance et qu'il a raison de mener sa vie comme il le fait, le thérapeute l'incite en fait à résister à la pression, à se dresser pour prouver que ce n'est pas le cas, à inventer d'autres options. Car tout ce que lui dit le thérapeute, le client se l'est répété si souvent... !

En validant les comportements et les croyances les plus aberrants au lieu de les contester, comme l'a fait l'entourage du client depuis toujours, le thérapeute le met face à ses responsabilités. Il travaille aussi sur l'image du corps, la perception que le client a de lui-même.

Puis le client peut s'affirmer, apprendre à dire non, être en accord avec lui, quand il se trouve en société. Le cabinet du thérapeute lui sert de laboratoire pour tester de nouvelles façons d'être.

JEU N°29

Levez vos barrières !

Pour lever chaque jour des barrières, amusez-vous à inverser vos croyances : « Et si je positivais ce que je crois actuellement, cela provoquerait quoi ? » Il ne s'agit pas de changer de croyance, mais de faire des tests pour en élargir les limites.

« Je ne crois pas en Dieu » devient :
« Je crois en Dieu, et voici les conséquences sur ma vie... »

« Les femmes ne sont pas vraiment dignes de confiance » devient :
« Je vais faire confiance à trois femmes, lesquelles et pour quelles raisons précises ? »

« Je n'aimerais pas aborder un inconnu dans la rue » devient :
« J'aimerais parler à trois inconnus durant la semaine. »

« Je crois que dans la vie, on ne peut pas tout avoir » devient :
« Qu'est-ce que je veux vraiment, le plus important pour moi, et comment m'y prendre pour l'obtenir ? »

CHAPITRE VII

Les atouts du thérapeute
(soignant, médecin, infirmier, animateur...)

La thérapie par le rire appartient à la grande famille des « thérapies orientées vers la solution », qui sont issues de la « thérapie orientée vers la personne », d'après les travaux de Carl Rogers, Milton Erickson et Frank Farrelly (ce dernier ayant travaillé d'abord avec des schizophrènes dans un hôpital psychiatrique).

Cette approche a vu le jour lorsqu'il a été considéré, à tort ou à raison, que la psychanalyse, comme la psychiatrie, était trop orientée vers le problème et non vers la solution. En posant comme présupposé que les gens ont eu des problèmes dans l'enfance, et qu'il faut en chercher la cause, on oriente l'esprit vers l'aggravation des problèmes, puisque le cerveau répond aux questions qu'on lui pose.

Exemple : les réponses seraient sans doute différentes à ces questions :
« Comment expliquez-vous que vous alliez mal ? »
Ou :
« Quels sont vos atouts pour résoudre cette difficulté ? »

Mais le thérapeute ne s'aventure pas sans outils dans son voyage d'accompagnement. Il peut s'appuyer sur de puissants leviers déjà en place chez son client.

1. L'enfance

L'enfance a été un lieu d'apprentissage, et cette faculté d'apprendre continue à l'âge adulte. Tout le monde a appris quelque chose.

La charge émotionnelle associée à certains événements peut être rééduquée en testant de nouveaux comportements. Les mécanismes sont neutres; s'ils ont été utilisés par la personne pour se nuire ou pour nuire aux autres, elle peut les appliquer d'une manière plus saine pour elle et son entourage. Ce qui l'en empêche sont les habitudes et les blocages; ceux-ci ne sont pas considérés comme des ennemis intérieurs, mais comme des opportunités de progresser, des messages de l'inconscient qui cherche à nous ménager, et également des vieilles choses qui ont eu leur utilité et qu'on peut mettre au grenier des comportements, juste au cas où elles pourraient de nouveau servir. L'idée est de ne jamais rien détruire, car en voulant « détruire, arracher, extirper, anéantir » un aspect de soi, on heurte l'instinct de survie. Dès lors l'inconscient, pour notre protection, sabote tout changement. Il est essentiel de percevoir la fonction positive de chaque comportement, et de le réorienter par l'exemple et la négociation.

Le client se trouve à un certain niveau de compétence. Il est capable de changer, jusqu'à un point donné. Par sa volonté, ses efforts, ses désirs, il a évolué, a fait face à de nombreuses difficultés de tout ordre. Mais, un jour ou l'autre, confronté à des répétitions, des échecs, des souffrances, il se rend compte qu'il a besoin de quelqu'un pour y voir plus clair.

Le thérapeute revient donc en arrière dans l'enfance du client, et rétablit les liens, complète les apprentissages. Par exemple, un enfant unique, isolé par ses parents, se sent parfois mal à l'aise en groupe. La prise de conscience ne sera jamais suffisante pour qu'il change. Tôt ou tard, il devra apprendre, même à cinquante ans, à fréquenter des groupes, et ainsi achever cette partie d'apprentissage que d'autres ont faite pendant l'adolescence.

La plongée dans l'enfance sert aussi à mettre à jour les événements qui ont figé les croyances. Tout se passe comme si certaines parties de soi-même avaient grandi normalement, alors que d'autres étaient restées inachevées.

2. L'amour et le besoin de reconnaissance

Parfois, l'enfant ne reçoit pas l'amour auquel il s'attend[1]. Son instinct le pousse à entrer en communication avec ses parents, pour recevoir les soins et l'attention dont il a un besoin vital. Mais certains parents défaillants ne lui apportent pas la nourriture de l'amour. L'enfant est alors contraint d'adopter les attitudes toxiques des parents : dissimulation, vol, violence, mensonge, mépris, indifférence, etc. Cela lui permet de s'identifier à eux, de leur ressembler, de faire partie de leur monde, d'être accepté. C'est ce mécanisme d'identification et d'enfermement dans un modèle du monde dysharmonieux qui explique qu'on trouve des familles entières de délinquants, d'alcooliques, de voleurs.

Cela n'est pas propre à l'humanité : si le père d'un petit pinson est mort, il pourra apprendre à chanter avec un oncle ou d'autres oiseaux mâles de son groupe. Mais s'il est isolé dans une cage, il n'apprendra jamais à chanter correctement et ne pourra pas appeler de femelle.

Le thérapeute, par diverses techniques (relaxation, sophrologie, hypnose moderne, rebirth, association d'idées, jeux de rôles, visualisation, rêve éveillé dirigé, mémoire sensorielle...), retourne à cet instant et permet à l'enfant intérieur de trouver des substituts : tous ceux qui l'ont aimé dans son passé, tous ceux qui l'aimeront dans le futur, tous ceux qu'il va pouvoir aimer.

Il s'agit souvent d'un exercice de distorsion temporelle. L'esprit conscient sépare le temps en cycles, en saisons, en passé-présent-futur, alors que l'esprit inconscient vit dans un éternel présent. Le cerveau admet qu'un événement du passé soit encore présent; grâce à cette aptitude, on peut mettre des ressources du présent ou du futur dans le passé.

Viktor Frankl raconte comment, préoccupé par le froid, les engelures, le typhus, la faim, la mort constante, la perte des siens, il s'efforçait de porter son attention sur d'autres sujets :

« Soudain, je me vis sur l'estrade d'une salle de conférence. Il y régnait une atmosphère chaude et agréable. Devant moi, des spectateurs attentifs étaient assis sur des sièges confortables. Je donnais une conférence sur la psychologie des prisonniers... Je décrivais, je revoyais, j'expliquais

1 Quant à vous, monsieur N., vous n'avez pas eu l'amour que vous espériez, seulement celui que vous méritiez !

d'un point de vue scientifique et détaché tout ce qui m'avait opprimé à ce moment-là. Grâce à cette méthode, je parvins à m'élever au-dessus de la situation, au-dessus des souffrances du moment, et je les observai comme des choses du passé. »

Le thérapeute, par son attitude directe et positive, enseigne aussi au client qu'il peut exprimer sa part d'ombre sans être rejeté. Comme le disait Ovide : « Rien de ce qui est humain ne nous est étranger. » Parallèlement, il évoque les réussites de son client, professionnelles, amicales, amoureuses. Il rappelle ce que celui-ci comprend déjà sans en avoir conscience : du bricolage à la sexualité en passant par la religion, la façon de s'habiller, son sens du travail ou de la fantaisie, son côté méditatif ou profond, sa joie de vivre, le fait d'être un bon parent ou un ami fiable... Le thérapeute pense en termes de ressources, voit les possibilités en chacun.

Le client a survécu à pas mal de difficultés, il survivra à son thérapeute !

Le rire permet de rendre les situations évidentes, de faire tomber les masques et d'affronter les peurs les plus terribles. On joue avec les monstres, ce que les enfants savent si bien faire, en aimant les histoires qui font peur : méchantes marâtres, loups, ogres. A l'adolescence ils préfèrent souvent les vampires, Dracula. C'est ce que les psychologues appellent la « part d'ombre ». Les Tibétains parlent de « déités courroucées ». Dans l'ésotérisme, on parle de « bas astral ». L'islam évoque les « mauvais djinns ». Le christianisme les appelle « démons ». Jung fait référence à la « queue du saurien », notre cerveau reptilien qui nous fait agir comme un prédateur. L'humour renforce les liens entre le thérapeute et son client, et augmente l'efficacité. Comme le recommandait Milton Erickson, le thérapeute doit être « professionnel et accessible ». L'humour humanise. Une des raisons de l'échec de la psychanalyse comme méthode thérapeutique s'explique par la distance établie par le psychanalyste, sa peur de la confrontation, son angoisse de la proximité émotionnelle. Il est certes plus difficile d'être proche des gens, mais plus efficace. La distance, le silence, voire le rejet, ont toujours été des attitudes du pouvoir, et sont toxiques pour la relation.

Pour favoriser la relation entre le client et son thérapeute (médecin, infirmier[ère], psy...) :

- ***On peut considérer que, jusqu'à présent, le client a fait les meilleurs choix possibles :*** compte tenu de son passé, de son histoire, il ne pouvait agir autrement. On peut accepter une dose de déterminisme. Décider d'être et de rester de son côté, c'est-à-dire l'inciter à prendre la responsabilité de ses réactions, de ses émotions, de ses pensées. Dans un premier temps, cela le prive de la plus dure des drogues (les excuses, les justifications, les explications) puis cela lui donne la puissance.
- ***Annoncer clairement le contrat :*** si l'on a l'intention d'être direct, le dire. Préciser quelles sont ses propres responsabilités, quelles sont les siennes. Le thérapeute n'a pas le pouvoir de faire changer le client. Le client a le pouvoir de changer s'il veut bien s'appuyer, s'opposer, se confronter au thérapeute, être authentique avec lui-même, lui demander de tester ce qui lui est suggéré.
- ***Établir des actes, puis des commentaires pour constater l'évolution de la situation :*** la *prescription des tâches* est indispensable pour que le changement s'incarne dans la vie quotidienne.
- ***Parler ouvertement des conséquences possibles des actes ou de la passivité du client :*** il suffit souvent d'exagérer pour que cela devienne visible à ses yeux.
- ***Refuser les excuses, la position de victime, la procrastination :*** pas de « mais, parce que, la faute de » et pas de conditionnel. Des objectifs, des actes, des résultats. Cette approche volontariste évite au client de patauger dans ses vieux schémas mentaux.
- ***Orienter le client vers ses valeurs profondes :*** en lui demandant ce qui est important pour lui, ce qu'il veut réaliser dans sa vie, et ce qui l'en empêche. Puis travailler sur ses freins, ses objections, et lui permettre de les franchir l'un après l'autre.

Par exemple, à une jeune fille qui aimerait rencontrer l'amour et qui craint les hommes, j'explique :

« Avez-vous remarqué que les jeunes filles innocentes et pures sortent avec des hommes qui les laissent tomber, après ?

- Les hommes sont des... de toute façon.

- Et comment ! Un jeune homme bien s'approche d'une jeune fille bien. Elle aimerait bien, il lui plaît bien, mais elle le repousse, c'est plus fort

qu'elle. Au bout d'un mois ou deux, lassé, il considère qu'elle ne l'apprécie pas et s'en va. Un autre vient, puis un autre. Chaque fois, elle les repousse. Certains tiennent six mois, et lorsqu'elle s'apprêtait à accepter une invitation, trop tard ! cet inconstant sort avec une autre fille.
« Mais il y a un homme qui s'entête à donner des coups de pied dans la porte, au bas de la tour d'ivoire. Il chante, lui téléphone, lui dit des mots doux. Cet homme, c'est le dragueur. C'est le plus résistant au « non ». Comme il a peut-être une autre amie, il n'est pas pressé, il investit un peu de temps. Et quand la jeune fille est persuadée d'avoir trouvé le bon, elle décide de tomber amoureuse et de le lui prouver physiquement. Peu après, il s'en va. C'est ainsi que les oies blanches attirent les renards, après avoir chassé tous les jolis mâles qui pouvaient leur convenir ! »
- ***S'appuyer sur ses connaissances et son entourage :*** il doit chercher par la discussion les personnes qui le soutiennent; celles dont il pourrait s'approcher, celles dont il pourrait s'éloigner. L'important, c'est d'ancrer le changement dans la réalité quotidienne, non avec des généralités, mais avec les vraies personnes que fréquente le client.

3. L'humour et la part d'ombre

La part d'ombre est cette partie inconnue de soi-même, mystérieuse et parfois destructrice si nous ne la canalisons pas, peut-être issue de notre cerveau reptilien. Elle assure notre survie, mais se traduit en désir de s'imposer, d'avoir raison, de dominer. C'est en riant de cette domination, en la désacralisant, qu'on peut rétablir l'équilibre, alléger les situations trop lourdes, et devenir plus philosophe.

L'ego colore le monde, par nos projections, nos interprétations erronées, nos craintes. En nous centrant sur nos pensées profondes, nous évitons les pensées parasites et nous recolorons le monde d'une manière plus riche.

JEU N°30

Vous l'avez bien mérité !

Cette technique provocative, qui ne fonctionne qu'avec humour et amour, a pour but de « coincer » le client pour l'obliger à protester, pour qu'il cesse de se résigner. Elle peut être utilisée par une personne seule, à condition qu'elle veille à ne pas s'arrêter en chemin.

On utilise bien sûr une image négative du corps et des comportements. Il faut pouvoir la pratiquer au moins vingt minutes à plusieurs reprises pour commencer à désamorcer les peines enfouies.

- Vous blâmez le client d'être ce qu'il est, et félicitez son entourage de le supporter. Dès qu'il commence à se blâmer, vous le valorisez et accusez son entourage de tous les maux. « Personne ne vous aime, c'est normal, regardez-vous... Personne ne vous a jamais aimé... Je suis même sûr que quand ils vous croisent, les enfants vous rejettent... et les chiens aussi ! Franchement, qu'avez-vous pour plaire ? Regardez vos yeux, vos mains, vos jambes, votre ventre ! Non, il faut vous faire une raison, personne ne vous aimera jamais... Dans un sens, c'est un exploit. Même des salauds comme Al Capone ou Néron ont trouvé des idiotes pour les aimer... Et vous même pas... Cependant, il y a bien de la grandeur à accepter la médiocrité... »

- Pendant ce temps, le client ne peut s'empêcher de trouver dans sa tête des contre-arguments. Il peut protester que quelqu'un l'a aimé, une institutrice, un chien, un hamster. Plus le thérapeute exercera ce style de pression (dans un puissant sentiment d'empathie !), plus le client sera amené à se défendre. Dans ce cas, le thérapeute peut repartir en sens opposé et accuser l'entourage du client :

« Vous êtes trop bon, les gens ne vous reconnaissent pas à votre vraie valeur. Si vous étiez dans le bon milieu, on verrait à quel point vous êtes quelqu'un de formidable ! Il y a des tas de gens qui pourraient adorer vos yeux, votre ventre, votre ton de voix. Simplement, vous ne les avez pas encore rencontrés ! »

4. Le héros intérieur

Depuis la nuit des temps, nous fonctionnons sur des mythes, toujours d'actualité[2]. Il y est question de princes et de princesses, de rois et de reines, de monstres, d'ogres, de dragons, de guerriers, de fées, de magiciens et de sorcières. Ils sont une image du psychisme humain, le même qui fonctionne dans la thérapie, la politique ou la religion : un individu ordinaire surmonte des épreuves et exprime le héros qu'il était en germe.

Chacun de nous est persuadé d'être un héros inexprimé, une sorte de génie que les circonstances n'ont pas permis de révéler. Dans les circonstances exceptionnelles (guerre, accident, catastrophes naturelles), nous voyons des individus modestes et discrets devenir de véritables maîtres.

Ce héros intérieur, associé au désir d'être grand et d'avoir une bonne image de soi, peut aider le client à se libérer des vieux schémas, pour prendre des risques en testant de nouvelles attitudes.

JEU N°31

Le héros

Racontez, par écrit, votre vie d'une manière héroïque. Montrez en quoi vous n'aviez que peu d'atouts, que vous avez su faire fructifier. Vous avez traversé les pièges et les épreuves. Parlez du magicien ou du maître qui vous a aidé, des ennemis qui ont tenté de vous nuire. Lisez-le à voix haute.

Si vous avez le courage, partagez ce jeu avec un(e) ami(e) et lisez votre texte à tour de rôle. Déclamez-le dans le style « Comédie-Française », et soulignez-en les aspects comiques.

2 Voir notamment Campbell, Joseph & Moyers, Bill : *Puissance du mythe* (J'ai Lu).

5. S'orienter dans le monde

Quelles que soient les circonstances, nous devons choisir, choisir sans cesse. Même si nous avons grandi dans un environnement hostile, nous ne sommes pas des cailloux. Nous pouvons réagir, décider, nous orienter. Nous ne sommes pas les témoins passifs de notre vie, mais l'acteur principal et le réalisateur.

Souvent, les gens n'ont pas appris à choisir : quand ils s'exprimaient, ils étaient bafoués ou pas écoutés. Ils ont perdu confiance dans ce qu'ils pensent, dans ce qu'ils veulent et, pire encore, dans ce qu'ils ressentent. Ils demandent aux autres conseils et avis qu'ils ne suivent jamais. La confusion des ordres et désirs contradictoires génère l'angoisse[3]. L'enfant a souvent été victime de « double contrainte », c'est-à-dire des instructions impossibles à tenir : « Fais un effort, sois plus spontané ! » « Respecte ta mère... même si c'est une bonne à rien ! » « Travaille bien à l'école, sinon tu vas devenir RMIste comme ton père ! »

Et c'est en s'appuyant délibérément, massivement, sur cette confusion qu'on peut déclencher le rire, en posant des questions absurdes, en donnant des ordres contradictoires. Cela rend évident l'impossibilité d'agir, et permet de choisir, c'est-à-dire aussi de renoncer.

Un missionnaire s'est perdu dans la jungle. Soudain, il se trouve face à un lion affamé. Le missionnaire s'agenouille et commence à prier : « Seigneur, pardonnez-moi mes péchés... »
Alors le lion s'agenouille et déclare :
« Et Seigneur, bénissez ce repas... »

Les étapes pour récupérer le royaume de notre propre responsabilité sont :
- Prendre conscience de ce que nous ressentons à tout instant.
- Prendre conscience des choix possibles.
- Les tester en passant à l'action.
- Les corriger sans cesse jusqu'au résultat désiré.

3 Bateson, Gregory dans son livre : *Vers une écologie de l'esprit* (Le Seuil) explique comment la double contrainte peut fabriquer des schizophrènes.

6. L'attitude du thérapeute

Un certain nombre de critères peuvent permettre au thérapeute de progresser dans son art :

- ***Être respectueux :*** accepter le client, ses idées, ses croyances, ses comportements, en cherchant comment il va pouvoir les réorienter.

- ***Être authentique :*** le thérapeute ne défend que ce qu'il croit juste et a expérimenté lui-même. C'est ce qui fait la différence entre un conseil (quelque chose que l'on n'applique pas soi-même) et un exemple (tout l'être est en cohérence avec ce qui est dit) ! Au lieu de refouler ses émotions, il peut les évoquer; le client comprend ainsi mieux son impact sur autrui.

- ***Être empathique et chaleureux :*** montrer son soutien, son encouragement, s'exprimer d'une manière verbale et non verbale, être attentif à l'expression non verbale du client.

- ***S'exprimer de façon à être compris :*** utiliser un langage courant, parler comme les gens parlent. En général, les phrases alambiquées cachent le vide de la pensée. Il faut aussi veiller à utiliser le langage du client, car celui-ci renvoie à des schémas intérieurs, reflet de la réalité dans laquelle il vit. Le langage est une des cages qui maintient nos problèmes. Le thérapeute est avant tout un artiste du langage, du recadrage, des métaphores, du judo verbal. En étant précis et riche dans ses mots, il ouvre d'immenses perspectives au client.

- ***Promouvoir ce qui est mesurable et vérifiable :*** le client veut changer mais quand ? comment ? avec qui ? dans quelles circonstances ? comment vérifiera-t-il le changement ? Le thérapeute l'encourage à envisager les choses sous un angle concret, avec des étapes accessibles.

- ***Parler de ses erreurs :*** en illustrant le dialogue d'incidents où le thérapeute n'était pas en position facile, le contact humain s'approfondit. Cela n'est efficace que si c'est approprié à la problématique du client. Erickson utilisait cette technique sous le nom de « Mon ami Jean ». Chaque fois qu'il voulait donner un exemple, il prétendait que c'était arrivé à son ami Jean.

- ***Être direct :*** ne pas craindre la confrontation, ne pas tourner autour du pot, appeler un chat un chat. Cela a pour but de mettre à jour les contradictions, les oppositions entre comportements et engagements, croyances et réalisations, pour faciliter l'authenticité du client. Au début de sa pratique surtout, le thérapeute doit prendre garde à n'être pas brutal et dominateur. Etre direct ne fonctionne qu'avec la modestie, l'empathie et l'humour.

L'humour peut prendre plusieurs formes. Mais, on l'a compris, le sarcasme n'est possible que si un très fort lien est créé d'emblée entre le thérapeute et son client. Si ce dernier se sent profondément accepté tel qu'il est, l'humour ouvrira les portes intérieures.

- ***Être engagé :*** le thérapeute aide à exprimer les objectifs, et maintient son contrat durant toute la durée de la thérapie. La thérapie par objectifs, avec des étapes mesurables, permet de mobiliser ses forces dans une bonne direction.

- ***Participer*** et demander au client sa participation, son engagement, en soulignant les bénéfices qu'il en tirera.

- ***Recycler tous les comportements, attitudes, croyances, émotions du client :*** en soulignant en quoi, modifiés, ils pourront être utiles dans le futur.

- ***Montrer en quoi les comportements d'aujourd'hui ressemblent aux comportements appris dans le passé*** et comment les réorienter d'une manière concrète dans la vie quotidienne. Souligner les aspects positifs contenus dans les comportements négatifs.

- ***Les émotions produisent des croyances, qui produisent des comportements, qui produisent du langage :*** le thérapeute peut intervenir sur n'importe quel aspect. Faire bouger un point, c'est souvent faire bouger l'ensemble.

- ***Présenter l'évolution comme un processus continu*** et non une activité occasionnelle.

J'ai aidé de nombreuses personnes grâce à la méthode indiquée dans le jeu qui suit. Elle paraît trop simple, mais comme l'œuf de Colomb ou le principe d'Archimède, « il suffisait d'y penser » !

Dès que vous avez un moment, seul chez vous (ou avec votre conjoint ou un ami), passez à l'action.

JEU N°32

Ouvrez vos blocages en riant

- Pensez très fort à quelque chose qui vous intimide : parler devant cent personnes. Voyez la foule assise devant vous. Ressentez vos mains moites, vos jambes chancelantes, votre respiration oppressée, votre regard fuyant.

L'important, pour que ce jeu fonctionne, est que vous ressentiez vraiment le pire de la situation.

- Puis commencez à rire. Forcez-vous à rire. Imitez un rire idiot, un rire d'adolescent[*], un rire très aigu, un rire très grave, un rire d'enfant. Amusez-vous à tester ce qui marche le mieux. En tenant quelques minutes, ce qui est assez long, vous commencerez à dédramatiser la situation. Visualisez la foule devant vous en train de rire aux éclats, puis prise d'un fou rire.

- Par la suite, entraînez-vous à rire en passant en revue les situations les plus pénibles : rechercher un emploi, dire au voisin de faire moins de bruit, aborder une fille dans une discothèque, rendre un article défectueux à un commerçant. Pour qu'un comportement devienne « naturel », il faut au minimum une vingtaine de répétitions.

Quand on dit d'un acteur, d'un violoniste ou d'un karatéka qu'il pratique son art avec « naturel », souvenons-nous que c'est en fait très artificiel : le résultat d'innombrables gestes mille fois répétés.

---

* Non, monsieur N. ! je n'ai pas dit que le rire des adolescents était idiot. Et surtout pas de demander aux jeunes de votre cité comment ils s'y prenaient pour rire bêtement, afin de les imiter. Quant à votre voiture neuve pleine de coups, désolé. La couleur n'était pas si belle, de toute façon.

7. Les croyances limitantes et l'humour

Une croyance limitante est une croyance sur soi-même, qui nous persuade que l'on n'est pas apte ou pas digne de telle ou telle chose. On se fait beaucoup d'idées réductrices sur soi-même, alors qu'on est capable de bien plus qu'on ne l'imagine.

On peut identifier ses croyances limitantes par la petite voix intérieure, qui nous retient et nous condamne trop souvent : « Pas la peine d'essayer, tu n'y arriveras pas... Tu n'en es pas capable... Tu es trop nul... Souviens-toi, tu as déjà essayé et tu t'es cassé la figure, tu as souffert... »

JEU N°33

Votre voix est à vous !

Prononcez les phrases ci-dessus à voix haute, successivement avec la voix d'un canard, d'un chien, d'un singe, d'une petite fille, d'une sorcière, d'un monsieur très solennel, d'une hystérique, d'un chauffard, ou avec l'accent allemand, belge, américain, africain, espagnol, méridional, snob, paysan, etc.

8. Le conditionnement

Notre esprit aime la liberté. Les êtres humains font tout ce qu'ils peuvent pour échapper à la captivité. Sauf, bien sûr, quand ils habitent les prisons qu'ils construisent et entretiennent eux-mêmes...

Notre esprit aime aussi le bonheur. Et pourtant, le bonheur et la liberté sont les deux principales phobies... Au fond de nous, c'est ce que nous redoutons le plus, car cela implique une totale responsabilité. Nous faisons des efforts gigantesques pour nous enchaîner et chercher le bonheur là où il n'est pas.

Notre cerveau, lui, aime le conditionnement. Parce qu'il ne peut pas réinventer le monde à chaque instant, il a besoin de repères, besoin de comprendre un environnement familier.

Le conditionnement, en libérant notre conscience, assure notre survie pour nous faciliter la vie quotidienne. Nous ne sommes pas obligés de réfléchir pour marcher, ni de penser à l'ordre des gestes pour utiliser les machines, ni pour remplir nos fonctions professionnelles et familiales, ni pour former nos phrases. Nous avons appris tous nos comportements, qui sont devenus des routines.

Pour simplifier ses nombreuses tâches, notre cerveau répète ce qui semble convenir, à moins qu'intervienne un apprentissage différent. Il se crée ainsi des circuits automatiques, des émotions répétitives, des mécanismes qui agissent sans que l'esprit conscient intervienne. Hélas, parmi de nombreux apprentissages favorables, indispensables pour l'équilibre et la survie, nous avons acquis quelques mécanismes négatifs.

Comme on l'a vu, la plupart des gens ont peur de parler en public. Ils s'en estiment « incapables ». En réalité, ils n'ont tout simplement pas appris à le faire. Ou plutôt, ils l'ont appris dans des conditions difficiles.

À l'école par exemple : « Élève Dupont, au tableau ! » Et voici l'enfant obligé de s'exprimer devant tout le monde, non pour son plaisir, mais presque comme une punition. Il doit subir des regards, éventuellement des railleries, qui le rendront « timide ». Au lieu d'être soutenu, il se sent jugé. Par la suite, chaque fois que l'occasion se présentera de briller en public, il gardera dans sa mémoire émotionnelle le souvenir d'un échec cuisant, d'une humiliation, ou en tout cas d'un moment difficile.

Une difficulté supplémentaire attend l'enfant réactif, le rebelle, celui qui est drôle, le provocateur. On le plaint moins que les enfants pleurnichards, car il exprime ses problèmes par le rire. Il est parfois déconcertant, on ne sait par quel bout le prendre. Comme il a besoin d'être reconnu mais désespère d'y arriver, il entre en conflit avec l'autorité. Et plus on le réprime, plus il surprendra et choquera par ses comportements.

L'enfant drôle est le plus réprimé du système éducatif, avec les « Jean de la Lune », les distraits qui rêvent et ne sont guère concernés par la classe.

Charles, un homme de trente-cinq ans, se plaignait que sa fille Isabelle ne le comprenait pas. Je lui demandai : « Quels sont ses chanteurs favoris ? Ses matières préférées ? Les noms de ses trois amies les plus proches ? Quelle radio écoute-t-elle ? Quels sont les films qu'elle a le plus aimés ? » Chaque fois, il ignorait la réponse. Il était lui-même très sportif, et quand il pratiquait avec elle, il l'écrasait de sa supériorité. Isabelle commençait tous les sports et arrêtait très vite. L'adolescente non seulement ne se sentait pas reconnue, mais se forgeait l'opinion que son père ne s'intéressait pas à elle. Quand elle espérait partager le sport avec lui, la différence était si grande que cela renforçait sa piètre opinion d'elle-même.

JEU N°34

Intégrez les enfants difficiles

Cela s'adresse aux parents, mais aussi aux éducateurs, instituteurs et professeurs, animateurs, psys et infirmiers ayant l'occasion de s'occuper d'enfants.

- On leur demande de raconter des histoires drôles, puis d'aider leurs camarades (surtout les timides) à en raconter ou en inventer. Ainsi, ils peuvent s'exprimer d'une manière qui leur convient; ils canalisent leur besoin d'être en désaccord et trouvent d'autres manières de voir.

Aucune société ne fonctionne sainement sans opposants, marginaux ou personnes réagissant différemment de la majorité. Encourager la différence, c'est faciliter la place de chacun dans le groupe.

- L'intégration des enfants drôles passe aussi par certaines activités physiques qui provoquent automatiquement des rires : avancer en rang serré en se tenant par les épaules, face à une autre ligne d'adversaires, puis reculer, avancer en sautant sur un pied, reculer en sautant sur un pied, sauter à deux pieds en avançant, puis en reculant. C'est le principe des courses en sac, des jeux de massacre, de la corde tirée par deux équipes. On peut aussi faire des concours de cris, de chants, d'imitation d'animaux, des concours de danse, de grimaces, de clowneries, de dessins affreux ou de sculptures ridicules.

L'humour permet de réorienter les mécanismes d'opposition, dans un sens positif, en créant une surprise dans la logique, une déconnexion des circuits de pensée. Le cerveau commence à percevoir les limites d'un comportement adopté des années plus tôt, et le réactualise.

◎ *Quelques raccourcis pour réduire les problèmes :*

- Développer l'affirmation de soi face au groupe, et seul.
- Renforcer tous les comportements positifs face au groupe, et valoriser les comportements solitaires, pour que chaque enfant ait le choix d'être seul ou en groupe, selon son humeur, et que les deux façons d'être soient satisfaisantes.
- Commencer par les plus petits problèmes pour s'occuper des plus grands ensuite.
- S'appuyer sur le groupe dont la nature pousse à intégrer ses membres et à exclure ceux qui sont très différents.
- Accepter que des enfants n'appartiennent à aucun groupe, et que ce soit leur droit le plus strict.

Jean-François est un cadre de quarante ans. Il lui arrive de devoir présenter des projets devant plus de cinquante personnes. Chaque fois, le calvaire commence plusieurs jours à l'avance, quand il se voit, étriqué, tremblant, les mains moites, devant une assemblée goguenarde.

Je l'incite plusieurs fois à s'en faire la représentation la plus terrible possible, et, à chaque fois, j'introduis de la fantaisie dans l'image, les comportements et les réactions des autres. Je suggère plusieurs absurdités, l'intervention de personnages ou des réactions inattendues, jusqu'à ce que Jean-François rie.

Évidemment, en me quittant, il me fait part de ses doutes sur l'efficacité d'une telle méthode. « Le rire, est-ce bien sérieux ? » Le lendemain de la réunion, il laisse un message enthousiaste sur mon répondeur : « J'étais beaucoup moins tendu que d'habitude, et j'ai pu plaisanter à deux ou trois reprises[4]. »

---

4 Cher monsieur N., j'ai bien reçu la bande vidéo de votre séquestration envoyée par vos ravisseurs de la P.R.I.A. (Post-Révolutionnaire Internationale Anarchiste). Mais je ne vous ai jamais conseillé d'aller chanter à l'Assemblée mondiale des chômeurs : « Le travail, c'est la santé ! » Pour la rançon, je crois qu'il vaut mieux vous adresser au Trésor public, car c'est là que sont détenus tous mes avoirs.

JEU N°35

Testez les nouvelles présentations de vous-même

- Amusez-vous à vous présenter d'une manière inattendue : qui vous êtes (non pas socialement mais au fond), vos qualités, les qualités que vous n'avez pas, les acteurs que vous aimez ou pas, ce que vous avez réussi dans la vie.
- Vous pouvez aussi vous présenter d'une manière fantaisiste, en inventant une profession, une activité ou autre.
- Variante possible en entreprise, si l'ambiance le permet : chacun raconte ce qu'il fait réellement, sans tenir compte du nom de sa fonction inscrite sur sa feuille de paie.

JEU N°36

Le changement facile

Changer, c'est exprimer des ressources sous-utilisées, pour créer de nouveaux liens entre vos différents apprentissages, générer de nouvelles croyances et de nouveaux comportements.

Quels sont les traits de caractère que vous ne pouvez changer ? En général, ceux qui sont liés à votre identité. Quand vous vous dites : « C'est bien moi », ou quand les autres disent : « C'est tout toi », si vous agissez en désaccord avec vous, vous vous sentez mal à l'aise, et cela peut empirer avec le temps.

Que disent les autres sur vous ? Que remarquent-ils ? Quelles sont les caractéristiques qui ont souvent été citées par votre entourage ? Que disent votre famille, vos voisins, vos proches, vos collègues ?

« Je n'ose pas aborder une fille, se plaint ce jeune homme à son frère aîné. Je n'ai pas de conversation.
- Il te suffit de parler de loisirs, de nourriture, de sa famille et quand tu n'as plus rien à dire, deviens philosophe.
- Très bien, merci. »
Le jeune homme va dans un jardin public et s'assoit sur un banc à côté d'une jeune fille.
« Bonjour, Mademoiselle, aimez-vous danser ?
- Non.
- Aimez-vous la pizza ?
- Non.
- Avez-vous un frère ?
- Non.
- Et si vous aviez un frère, est-ce qu'il aimerait les pizzas ? »

Je sais bien que parmi mes lecteurs, il n'y en a aucun dont ses amis disent qu'il est un « mauvais coucheur, emmerdeur, caractériel ». Ce n'est donc pas pour eux que je rédige le passage suivant, mais pour certains collègues et membres de votre famille. Vous pouvez le photocopier et l'envoyer anonymement dans leur boîte aux lettres, avec une enveloppe à votre nom et adresse pour la réponse.

◎ *Le programme en 12 étapes des Embêtants anonymes :*

1. Vous donnez le meilleur aux autres ? Attendez-vous au pire.
2. Plus ça change, plus c'est la même chose.
3. Le bon temps est derrière vous, et vous ne l'avez pas vu passer.
4. Ils n'ont pas le droit à l'erreur ! Et j'ai bien raison d'avoir raison.
5. Toute bonne nouvelle n'est qu'une mauvaise nouvelle déguisée.
6. Non seulement votre verre est à moitié vide, mais vous n'avez pas de verre !
7. Tout est faux, voilà la vérité !
8. Vivre dans le passé est le seul moyen de faire des économies.
9. Non, être mort coûte encore moins cher.
10. Les conseils sont faits pour être donnés, et non suivis.
11. Il n'y a rien de nouveau sous le soleil, surtout quand il pleut.
12. Les autres sont une masse, moi je suis un individu !

En suivant scrupuleusement ces conseils, je puis vous garantir que vous vous gâcherez la vie d'une manière assez magistrale. Plus tard, en regrettant le moche vieux temps, vous philosopherez en vous réjouissant de ne pas vous être réjoui, car cela n'en valait pas la peine. Et dire que vous (ce n'est pas mon cas) vivrez soixante-quinze ans, pour être mort soixante-quinze milliards d'années...

« Vivez, si m'en croyez. Cueillez dès aujourd'hui les roses de la vie. »
(Ronsard)

9. Le vaudeville

On peut aussi jouer les vaudevilles, et même la grivoiserie ou la gauloiserie, lorsqu'il s'agit d'une histoire de cœur ou de sexualité. Bruno est un cadre, très travailleur, mais qui souffre de jalousie.

« Je suis sûr qu'elle me trompe.

- Hé ! qui peut savoir ? De toutes les espèces animales connues, les scientifiques affirment qu'il n'en existe que deux dont la fidélité est absolue. Lesquelles ?

- Euh...

- La crevette arlequin et la sangsue. Appartenez-vous à une de ces espèces ?

- Euh...

- Chez les guenons, on a constaté que jusqu'à la moitié des enfants n'étaient pas ceux des mâles de la tribu. Les femelles se promènent en groupe dans la forêt et font des rencontres romantiques. Cela pour renouveler le sang, mais c'est juste pour baiser, elles n'ont pas lu d'histoire d'amour. Les femelles sont solidaires entre elles, car les mâles tueraient leurs petits s'ils savaient. Pourtant, ils n'ont pas non plus lu l'Ancien Testament où c'était une pratique courante.

- Je suis jaloux, ça me rend dingue. J'imagine...

- Ce qu'elle pourrait faire avec un autre ? Alors que vous êtes un champion des caresses ? Imaginez tout ce que vous pourriez faire avec votre copine... Et faites-le dès ce soir. Préparez-lui une merveilleuse surprise, épatez-la ! Traitez-la comme l'être unique que vous aimez.

- Mais le doute me ronge, et je lui en veux, sans savoir si c'est vrai.
- La rivalité réveille le mâle antique. Sous nos belles chemises propres se cache le torse du gorille. Sous notre parfum français, c'est l'odeur de la bête. Sous notre cravate se dissimule le cœur du saurien : s'emparer de la femme des autres. « Tu ne convoiteras pas la femme de ton voisin. » Pourtant, il existe un moyen de ne pas être trompé. La mauvaise nouvelle, c'est que cela fonctionne mieux si le mâle est fidèle. La bonne nouvelle, c'est de rendre la femme amoureuse en s'intéressant à l'essentiel de sa vie. Une femme amoureuse va rarement chercher la quantité dehors alors qu'elle a la qualité à la maison ! Chaque fois que vous êtes jaloux, pensez à quelque chose de méchant.
- Je le fais déjà !
- Zut ! Alors, essayez de penser à quelque chose de gentil. »

CHAPITRE VIII
L'humour et le groupe

1. Se faire accepter par un groupe

ENTRER EN RELATION avec un groupe est une des occupations principales des humains, surtout à l'adolescence. Cela peut se faire en participant aux activités du groupe, en étant aimable, original, en blaguant, en mettant en valeur ses particularités. Quand nous rions des mêmes choses que les autres, nous développons un sentiment d'appartenance; nous avons la sensation de partager les mêmes valeurs, les mêmes approches, et nous nourrissons cet aspect de nous si important : le désir d'appartenance, le besoin communautaire. Nous nous sentons reconnus, utiles, rassurés.

Mais le groupe a ses rivalités, ses conflits, ses mouvements d'humeur. Des arbitres, des diplomates et des médiateurs apparaissent spontanément. Lors d'une dispute, un jeune homme ou une jeune fille va tâcher de concilier les points de vue, de réconcilier les adversaires.

Lorsque quelqu'un parvient à dénouer des situations tendues ou dramatiques par l'humour, nous en sommes reconnaissants, si cette expression est appropriée. Dans un groupe, un faciliteur, qui harmonise les relations par la diplomatie et l'humour, est souvent reconnu comme leader par les autres.

Si, en revanche, il gaffe, nous lui en voulons, et il remplit un peu la fonction de bouc émissaire, qui permet d'extérioriser la douleur sur quelqu'un d'autre. Cependant, la frontière est mouvante entre le bouc émissaire, souffre-douleur qui peut parfois devenir une sorte de mascotte, et les gens « normaux ».

L'humour doit donc être testé, et il n'y a pas d'autre solution que de répéter aussi souvent que nécessaire vos nouvelles habitudes pour qu'elles deviennent des réflexes.

Pendant l'adolescence, la pression du groupe est très vive, pour devenir conforme, au point de vue vestimentaire, comportement et langage. Celui ou celle qui ne respecte pas les normes du groupe sera châtié en paroles ou par la mise à l'écart, on se moquera de ses vêtements, de son aspect physique, de ses idées et de ses comportements.

L'adolescent victime de sa difficulté à communiquer est mal à l'aise. Il a le visage fermé, il redoute la spontanéité, pour mieux contrôler l'image qu'il donne aux autres. « Moi, je veux bien être spontané, mais laissez-moi le temps de me préparer. » Ce faisant, il permet aux autres de le contrôler. Souriant peu, il aggrave sans le vouloir les problèmes qui le hantent.

L'adolescence est une maladie comme une autre, à évolution lente. Jadis, la rémission survenait spontanément à l'âge adulte. Aujourd'hui, elle peut durer jusqu'à trente-cinq ans et plus. Lorsqu'un père découvre dans la chambre de sa fille un tas de haillons avec un mégot au milieu, surmonté de cheveux gras, parlant par onomatopées, il se réjouit qu'elle ait enfin décidé de lui présenter son petit ami. L'adolescent a aussi un défaut rédhibitoire : au lieu d'écouter les conseils de ses parents, il suit leur exemple !

Il développe une agressivité, déclarée ou cachée, et se réfugie dans un idéalisme déconnecté de la réalité. Il peut entrer dans des groupuscules politiques, dans des groupes « sataniques » ou dans des sectes, il peut fumer du haschich, pour vivre dans sa tête et reconstruire une humanité différente. Persuadé d'avoir échoué dans *l'appartenance* au groupe, il développe sa singularité, se croit différent des autres, se met à l'écart pour masquer son manque de confiance. Il ne se sent pas assez bien, persuadé que quelque chose ne tourne pas rond en lui. Il a tendance à sombrer dans le laisser-aller ou devient perfectionniste. Ayant peur de ne pas être à la hauteur, il a peur d'être critiqué ou infériorisé.

Dans les situations d'agressivité extrême, son humour peut friser la pathologie. C'est souvent le cas de l'humour raciste ou de l'humour noir : le seul but est de faire mal, d'humilier, de prendre le pouvoir sur l'autre, ne serait-ce que par la parole. Ce rire de dénigrement peut être néanmoins une façon d'entrer en contact avec les autres, même si c'est un rire hostile. Avec la pratique, cela peut devenir un rire plus intégrant, mieux accepté par les autres, car moins à leurs dépens. Des stages de clowns peuvent être formidables pour soigner l'hostilité et le sentiment de différence. L'objectif est d'achever le processus de socialisation, de compléter les apprentissages inaboutis.

2. Rendre évidents les enjeux

L'humour a une fonction de communication. Cela permet de dire les choses, de rendre évident l'insupportable, pour désamorcer un conflit, ou pour aborder des questions sérieusement. On peut évoquer ce qui ne va pas dans une situation, ce qu'on reproche à quelqu'un, puis au besoin faire marche arrière en disant : « Je plaisantais, voyons ».

Par exemple, plutôt que de dénoncer une discrimination de façon ouverte, ce qui est parfois approprié et parfois non, on peut raconter une histoire du genre :

Les policiers français ont arrêté un Espagnol qui vient de voler une banque. Comme ils ne parlent pas espagnol et que le voleur ne parle pas français, ils vont chercher un traducteur.
« Demandez-lui de nous dire où il a caché l'argent. »
Le traducteur traduit la question, puis la réponse : « Il refuse. » « Dites-lui que s'il n'avoue pas, on le tabasse et on le tue », disent les policiers.
Le traducteur traduit. Le voleur effrayé, explique rapidement en espagnol qu'il a caché le butin sous le deuxième pilier du pont. « Il dit qu'il ne craint pas la mort », dit le traducteur

On exprime ce qu'on aimerait dire, ce qu'on a peur d'entendre, ce qu'on a peur de dire. En général, on s'exprime avec une certaine amertume.

- Plutôt que de reprocher à quelqu'un son mutisme : « Eh bien, on peut dire que toi, tu es un grand méditant !»
- Au lieu de reprocher à quelqu'un sa paresse : « Incroyable, tu dors plus longtemps qu'une marmotte. »
- Au lieu de reprocher à quelqu'un son manque de tendresse : « Tu as dû épuiser ton stock de caresses... Je dois avoir la peau rugueuse pour que tu la touches si peu... »
- Quand quelqu'un vous fait un reproche, dites-lui : « Moi aussi, je t'aime. »

L'autre se sent un peu attaqué, mais souvent l'accepte. On peut ainsi apprendre à dire les choses, au début de manière maladroite, puis d'une manière conviviale.

« J'aime tellement le son de ta voix... »

« Tu es si beau dans ton sommeil... et encore plus beau quand tu es éveillé... »

« Souvent, dans la journée, je pense à tes mains sur mon corps, et un sourire me vient aux lèvres. »

« Chaque fois que tu me fais un reproche, tu es tellement en dessous de la vérité. J'apprécie ton indulgence. »

Cette technique de recyclage est bien sûr valable pour ses propres handicaps : l'idée est de ne pas maintenir un problème dont les autres peuvent s'emparer pour l'utiliser contre vous.

L'humour exprime ainsi sa fonction d'apaisement social : il améliore les liens, facilite la solidarité. Les humains sont des prédateurs, dangereux[1], souvent enclins à dominer leurs semblables.

Par l'humour, on peut éviter que les émotions ne deviennent trop violentes. En mettant en évidence les abus, les manies, les répétitions d'une personne, on peut ensuite aborder la discussion sous un jour plus sérieux. Souvent, ce rituel est utilisé dans les familles et les couples : n'osant s'exprimer, on va chercher un prétexte, déclencher une dispute qui permettra de dire enfin ce qu'on a sur le cœur. L'humour joue le même rôle, d'une manière beaucoup plus sympathique !

On sait qu'on se dispute quand on ne communique plus, quand l'un des deux ou les deux se sentent lésés. L'humour ramène les enjeux à leur véritable valeur.

1 Vous, monsieur N., un prédateur ? Laissez-nous rire !

3. L'humour et les différences culturelles, sociales ou ethniques

L'humour, en partie fondé sur le jeu avec les différences (exclusion, position haute), peut être aussi un facteur d'intégration sociale (inclusion, humour convivial). On se moquait au siècle dernier des Bretonnes et des paysans du Berry mais, aujourd'hui, impossible de reconnaître leurs caractéristiques, rien ne les différencie du reste de la population. On continue à se moquer des paysans, mais peu. On ne se moque presque plus des ecclésiastiques et des militaires, qui ont perdu leur pouvoir. A propos des femmes, on évoquait jadis leur coquetterie, leur façon de conduire une voiture, leur sottise. Difficile de se moquer des femmes de la même façon, il y a trop d'exceptions. Cela fonctionne moins bien, le cliché ne marche plus. On peut difficilement blaguer sur les « femmes au volant » alors que tout le monde sait qu'elles provoquent moins d'accidents que les hommes; ceux-ci, vaniteux, arrogants, susceptibles et agressifs, provoquent de terribles drames[2].

« Monsieur le garagiste, il y a de l'eau dans mon réservoir.
- Je vais jeter un coup d'œil, Madame. Où est votre voiture ?
- Dans le fleuve. »

Nous ne pouvons nous empêcher de remarquer les différences, les caractéristiques, l'apparence des personnes que nous rencontrons. Nous avons, sans le savoir, sans le vouloir, un regard d'appréciation, de critique, de jugement. L'humour est parfois ce regard aigu qui souligne les différences. J'ai voyagé dans plusieurs pays étrangers, y compris Marseille et le XVIe arrondissement de Paris, et j'ai croisé des personnes au comportement bizarre.

« Savez-vous, cher ami, que je descends directement de Clovis ?
- Vous allez bientôt me dire que vous étiez sur l'arche de Noé ?
- Pas du tout ! Dès cette époque, mes ancêtres possédaient leur propre yacht. »

2 Je veux seulement plaire à mes lectrices, en espérant que mes lecteurs penseront que je parle de leur beau-frère.

4. L'humour et les clichés

En général, on se moque de ceux que l'on craint ou que l'on méprise, selon qu'on se sente inférieur ou supérieur.

L'humour est, d'après moi, avant tout un phénomène d'interprétation, mais aussi un mécanisme de compensation, qui cherche à maintenir l'équilibre interne d'une personne. Nous vivons – même si cette idée est déplaisante – dans des hallucinations, comme les scientifiques l'ont démontré. Nous sommes victimes d'illusions, par la vue, l'oreille ou les sensations. Notre cerveau invente, imagine, reste fixé dans des idées du passé, des projets ou des fantasmes à propos du futur. Pour s'en convaincre, il suffit d'imaginer ce que pensaient nos ancêtres de Cro-Magnon, ou comment vivaient les Amérindiens, les Africains du VIIe siècle, les Européens du IVe siècle, les Esquimaux au siècle dernier, etc. Inévitablement, leur cerveau les conduisait à interpréter la réalité pour s'y adapter.

Une autre constatation amusante, c'est lorsqu'on échange des souvenirs entre frères et sœurs : on n'a pas vécu la même enfance. Tel a vécu un moment agréable, l'autre désagréable, dans la même situation. Et parfois, quand les enfants font des reproches à leurs parents, ceux-ci ne se souviennent même pas du moment où cela s'est produit.

Exemple : deux enfants jouent dans le jardin. Soudain, dans un fourré, un bruit bizarre. L'un des enfants a peur; l'autre, curieux, s'approche pour voir ce que c'est. De cette option différente découle une perception différente, des expériences et des croyances différentes, donc une vie différente.

Se moquer des autres par sentiment d'insécurité :
En général, on se moque des autres par manque de confiance en soi. Si on remarque leurs défauts, c'est qu'on filtre la réalité d'une certaine façon. Les Américains se moquent des « blondes », sensées être idiotes.

Le patron lit ce qu'il vient de dicter à sa blonde secrétaire. « Félicitations, mademoiselle, vous vous améliorez. Seulement sept fautes !
- Merci, monsieur, dit-elle, ravie.
- Bien, passons à la deuxième ligne. »

Ils se moquent aussi des Polonais, supposés moins vifs.
« Savez-vous pourquoi les noms polonais finissent toujours en « ski » ?
- Parce qu'ils ne savent pas écrire "patin à glace". »

L'immigration polonaise aux États-Unis était composée en grande partie de paysans et de montagnards, plus lents, plus réservés que les citadins. Ce qui explique peut-être qu'ils paraissaient moins évolués. Aujourd'hui, des associations d'Américains d'origine polonaise portent plainte pour discrimination lorsqu'ils sont pris pour cible...

Et les blagues sur les « blondes » sont d'origine sexiste, puisqu'une « blonde » désignait une fille : *« Auprès de ma blonde... »* Au Québec, on dit encore « ma blonde » pour dire « ma copine ».

On continue, en France, à se moquer des Belges, identifiables à leur accent. C'est Baudelaire, souvent mieux inspiré, qui lança cette mode. Aigri de n'avoir pas trouvé d'éditeur en Belgique, il rédigea quelques poèmes minables sur les Belges et entreprit de démolir leur réputation. Les Belges s'en consolent par quelques blagues sur les Français.
« Savez-vous pourquoi les Français ont le coq comme emblème ?
- C'est le seul animal capable de chanter les deux pieds dans la merde. »

« Savez-vous pourquoi les autoroutes françaises ne sont pas éclairées la nuit, à la différence des autoroutes belges ?
- C'est que les Français se prennent pour des lumières. »

« Comment devenir riche ? Achetez un Français au prix qu'il vaut et revendez-le au prix qu'il croit valoir. »

« Quelle est la différence entre un Français et un Belge ?
- Un Français, c'est un Belge de nationalité française. »

« Pourquoi les Français ont-ils inventé la brouette ?
- Pour pouvoir marcher sur leurs pattes de derrière. »

Dans ce genre de blagues légèrement racistes, un Suisse m'a expliqué :
« Quelle est la différence entre un Belge et un Suisse ?
- Un Suisse, c'est un Belge qui a été à l'école. »

« Quelle est la différence entre un Américain et un Canadien ?
- A trois revolvers et deux fusils près, ils sont pareils. »

Variante :
« Si vous passez près d'un gros aimant, celui qui reste collé c'est l'Américain avec ses trois mitraillettes et ses deux Magnum. »

Les Écossais, que nous connaissons fort mal mais dont on a une image assez caricaturale, symbolisent la radinerie. A l'origine, leur réputation d'économie se fondait peut-être, comme celle des Auvergnats, sur la rudesse du climat et des terres.

Trois moustiques décident de partir en vacances, chacun de son côté. Trois mois plus tard, ils reviennent. L'un est tout bronzé, revenant de la Côte d'Azur. Le deuxième est enthousiasmé par sa découverte des fjords suédois. Le troisième est tout pâle.
« Que t'est-il arrivé, mon pauvre ? Tu es malade ?
- Non, j'ai cru mourir de faim. Au début de mon séjour en Écosse, je suis tombé dans le porte-monnaie d'un vieil homme... »

Comme on le voit, le « gagnant » de ces blagues, celui qui occupe la position haute, est souvent celui qui raconte la blague. Il existe beaucoup plus de blagues vantant les mérites de celui qui parle ou de son groupe, au détriment des autres, que de blagues vantant l'autre par rapport à soi...

La différence est facile à remarquer : l'humour en position haute est fondé sur la peur. Il génère le sarcasme, l'humour noir, l'ironie, le ridicule, l'humiliation, la moquerie. Il est associé à une respiration limitée au haut de la poitrine, qui affecte une grande majorité de la population occidentale et arabe.

Si vous voulez faire rire quelqu'un du tiers-monde, il suffit de lui montrer par vos mimiques que dans les pays riches, les gens font la tête dans la rue. Si l'on en croit des études américaines - ce qui ne manque pas de saveur, vous allez le voir -, placer l'argent, les biens matériels, la séduction ou la gloire dans ses objectifs principaux génère l'angoisse et la dépression[3].

3 *Courrier international* (n° 437 ; 18 mars 1999)

Cette enquête réalisée aux États-Unis, en Afrique du Sud, en République dominicaine, en Espagne, en Allemagne, en Roumanie, en Bulgarie, en Égypte, en Inde, en Corée du Sud, en Chine, en Cisjordanie produit partout les mêmes résultats. Davantage déprimés, les matérialistes orientés vers l'argent et la gloire souffrent de troubles physiques et comportementaux, à la différence de ceux qui privilégient les amis, les enfants, le développement intérieur. Combien de temps faudra-t-il le répéter : le bonheur est à l'intérieur !

Quand les syndicalistes comprendront-ils qu'il est nuisible d'augmenter les ouvriers[4] ?

L'humour convivial est associé à une respiration profonde, qui établit une sécurité entre soi et la plupart des autres humains. Il génère le plaisir, l'acceptation et la valorisation, le partage des moments ludiques qui ne lèsent personne. Il permet de percevoir les contradictions, les paradoxes, les blocages et les approximations de chacun, sans les condamner, mais il rapproche, parce qu'au fond, nous sommes tous des humains. « Eh oui ! c'est ainsi, je suis ainsi, et ce n'est pas la peine d'en faire un drame. »

Comme on le voit, passer du sarcasme à l'humour convivial implique d'apprendre à s'aimer et à aimer autrui. Même le ridicule hostile peut devenir un tendre ridicule, comme lorsqu'on taquine gentiment une personne aimée à propos de ses manies.

5. L'humour féminin et l'humour masculin

Il semble que les femmes apprécient plus l'humour d'une femme qui se dévalorise - humour absurde ou de proximité -, sur les difficultés de la vie quotidienne.

Les femmes ont souvent tendance à raconter davantage d'histoires vécues, d'anecdotes, d'incidents de la vie quotidienne et, bien sûr, elles utilisent beaucoup plus d'humour mettant en scène des enfants, avec implication émotionnelle, des idées liées au fait d'être enceinte, d'accoucher, au maquillage, aux vêtements.

Les hommes, eux, privilégient davantage l'humour des hommes et des femmes qui se dévalorisent et, bien sûr, ils pratiquent et apprécient beaucoup l'humour à connotation sexuelle ou agressive. Ils l'utilisent pour exorciser

---

4 Que les lecteurs de gauche veuillent bien me pardonner, mais le syndicat patronal m'a offert une prime de onze euros et trente centimes pour écrire cette phrase.

leurs démons, surtout depuis que le mariage aux États-Unis est devenu le moyen le plus rapide de s'enrichir, un hold-up légal.

« Comment appelle-t-on une femme que l'on déteste et à qui on donne tout son argent ?
- Mon ex. »

Ou encore :
Avant le mariage : « Tu es tout pour moi » Après le divorce : « Tu as tout de moi. »

À un homme célibataire :
« Quoi ? Tu n 'as pas encore trouvé quelqu'un à qui donner tout ton argent pour le reste de ta vie ? »

Une femme à un homme prétentieux :
« A travail égal, les hommes sont payés 30 % de plus que les femmes. Ce qui fait cher le kilo de phallus... surtout si petit. »

Le groupe exerce bien sûr une influence sur les comportements, comme l'appartenance à l'un ou l'autre sexe.

Les hommes et les femmes réagissent de manière très différente quand ils sont en groupe. Un homme peut se montrer très courtois en tête-à-tête avec une femme. Mais avec un groupe de copains, il peut retrouver un humour de soldat ou de carabin, se montrer grossier. La femme, plus réservée s'il y a des hommes, s'exprime parfois plus librement dans des groupes de femmes.

C'est ainsi que l'humour peut renforcer les stéréotypes, ou les apprivoiser en les atténuant. Au lieu d'être étrangères, les victimes des clichés s'approchent de la périphérie du pouvoir. Elles ne nous sont plus indifférentes : on entre en contact avec elles, par le mépris, la moquerie, ou l'insulte. Bien sûr, il s'agit d'une communication négative, mais il ne tient qu'à nous de la transformer en communication positive.

Les « victimes » sont admises par tolérance et non de plein droit. Par exemple, les hommes lancent beaucoup de blagues pour assurer leur suprématie sur les femmes (ou pour se rassurer !) : la femme est nunuche, elle conduit mal, elle s'arrête pour demander son chemin, elle change d'avis, elle est superficielle, narcissique, dépensière, incompétente, pas bricoleuse, râleuse, infidèle, calculatrice, étouffante, fausse, instable[5]. Ce cliché a fait la fortune de nombreuses pièces de boulevard et d'innombrables blagues de salons et de satires.

Les hommes ont tendance à produire des blagues plus compétitives, plus dévalorisantes, sur les femmes ou les autres hommes. Pour des raisons sociologiques, les femmes acceptaient d'être des victimes passives, d'être objets d'ironie ou de dérision, et parfois en jouaient. Bien des femmes ont pu faire rire, désamorcer les conflits ou conquérir une parcelle de pouvoir en intégrant certains stéréotypes : tête en l'air, pas douée pour les choses techniques, ne sachant pas trop compter... Cela permet souvent d'échapper au bricolage, comme certains hommes se prétendent trop maladroits pour faire la vaisselle... L'homme, au fond, n'a que deux ennemis : tous les autres hommes et toutes les femmes !

Les femmes prenaient moins la parole en public, se sentaient plus timides, donc moins aptes à raconter des blagues ou à focaliser l'attention, moins à l'aise pour s'imposer par la parole dans un groupe et devenir le point de mire. Evidemment, quand on voit le succès des formidables femmes humoristes, on comprend que la situation s'est transformée. Mais, d'une façon générale, les femmes sont moins intéressées par le pouvoir que les hommes, qui ont tendance à les en évincer. Par exemple, le débat sur la parité hommes/femmes en politique, ou le fait que sur 115 jeunes entrepreneurs devenus millionnaires en France depuis dix ans, seulement 6 sont des femmes.

L'humour illustre ces différences. Exemples de blagues, version masculine et féminine.

Une femme pourrait dire :

« Si mon enfant met 33 % de la nourriture dans sa bouche, 33 % sur le sol et 33 % sur ma robe, il est en bonne voie ! »

Un homme pourrait dire :

« Si mon enfant met 33 % de la nourriture dans sa bouche, 33 % sur le sol et 33 % sur la robe de ma femme, il ressemble à sa mère! »

5 Cher monsieur N., dans votre dernier message vous me dites que votre femme se moque avec ses amies de votre manque d'esprit bricoleur, de votre laisser-aller, de votre impuissance. Je suis persuadé qu'elle déforme délibérément, car elle a bon cœur et ne veut certainement pas exprimer vraiment ce qu'elle ressent.

Ou cette traduction :
La femme qui se marie : « Il m'a mis la bague au doigt. » L'homme qui se marie : « Elle m'a mis la corde au cou. »
« Quand même, Dieu n'est pas bête. S'il n'avait pas créé l'homme, qui installerait les étagères et réparerait les voitures ? »

Il semble, même si c'est culturel, que la femme apprécie moins les blagues victimisant quelqu'un, peut-être aussi par peur des représailles[6]. Déjà, petite fille, elle jouait plus facilement à la maman, à l'institutrice, à l'infirmière... qu'au guerrier, au cow-boy ou à Zorro. Plus volontiers consolatrices et protectrices, les femmes joueraient plus facilement les sentiments conviviaux que les sarcasmes. Elles acceptent volontiers de se moquer d'elles-mêmes[7].
« Que dit-on à une mère de quatre enfants qui ne travaille pas ?
- Vous ne devez pas avoir une minute à vous ! »
« Que dit-on à une mère de quatre enfants qui travaille ?
- La même chose ! »

JEU N°37

Pour l'entraînement féminin

- Blaguer au travail avec les collègues femmes et les collègues hommes les plus gentils et les moins sarcastiques.
- Ne vous dévalorisez pas, surtout quand vous visez des enjeux de pouvoir, financiers, de reconnaissance, quand vous cherchez une promotion ou craignez d'être licenciée. Cela pourrait servir de prétexte pour dévaloriser votre travail. N'oublions pas que les gens de pouvoir s'abritent derrière le « sérieux ».

6 Je le dis surtout pour me faire bien voir des lectrices.
7 Vous pouvez, mesdames, vérifier ce qu'est l'humour féminin par rapport à l'humour masculin en regardant les émissions et les sitcoms à la télévision. Si toutefois vous réussissez à vous emparer de la télécommande, hé ! hé !

JEU N°37

Pour l'entraînement fémin (suite)

- Ne lancez jamais des blagues sexuelles : les hommes voudraient prendre le pouvoir par ce biais, et ils sont plus expérimentés à ce type d'humour. Si on vous agresse avec des blagues sexuelles, renvoyez à l'expéditeur avec plusieurs formules : « Ce n'est pas le genre de blagues que je préfère... Je préfère d'autres formes d'humour... C'est ceux qui en parlent le plus qui le font le moins... Pour s'occuper de mon cœur (ou autre...), je suis servie... Mon mari (mon chevalier servant) a beaucoup d'humour, lui... »

Vous pouvez aussi faire semblant très sérieusement de ne pas comprendre et demander à l'autre de répéter trois ou quatre fois et d'expliquer, ce qui n'est pas drôle du tout pour lui. Ou encore, si vous voulez être plus agressive : « Toujours les mêmes blagues... Au fait, savez-vous pourquoi les spermatozoïdes s'y mettent à 30 000 pour féconder un seul ovule ? Parce que les 29 999 suivent le premier qui prétend savoir où il va ! »

Le jeu qui suit fait partie de la grande famille du judo verbal qui permet de développer votre sens de la repartie et votre humour. Il concerne plus particulièrement le couple. L'un commence une phrase, l'autre la termine à sa manière. C'est d'autant plus efficace si un sujet délicat doit être abordé, et que vous ne savez comment vous y prendre : l'éducation des enfants, le lieu des vacances. Vous pouvez bien sûr commencer par des petits sujets sans importance et qui ne risquent pas de vexer : l'adultère, sa manière de serrer sa collègue lors du dernier pot, ses vingt kilos de trop...

Attention ! Il n'existe aucun jeu humain sans règles très précises. Il faut donc respecter l'autre, ne pas en profiter pour lui faire son procès, ni régler ses comptes, et ne pas déborder. Les questions doivent être courtoises, les réponses courtes. L'objectif est de rendre évidents certains comportements, de parvenir à exprimer les choses différemment. Gardez un esprit ludique et soyez bon joueur, cela n'en sera que plus réjouissant. Si après plusieurs tentatives vous n'y parvenez pas, demandez à un ami du couple ou un thérapeute de faire l'arbitre.

JEU N° 38

Jeu du sitcom pour les couples

Le mécanisme que vous mettez en œuvre est le suivant : votre partenaire s'attend à ce que vous finissiez sa phrase à sa place, que vous disiez à voix haute ce qu'elle n'a pas osé dire. Et vous dites quelque chose de favorable, d'inattendu.

Exemples :

« J'ai toujours pensé que ta mère... »

« ... était une personne formidable»; ou « te trouvait formidable»; « n'aimait pas le jambon»; « était une chance»; « refleurissait au printemps»; « était une sainte»; « est originale»; « a du caractère »...

« La dernière fois, pendant la soirée, avec ta collègue tu... » « Je voulais te prouver mon amour, car même si je plais à d'autres, tu es la seule dans ma vie»; « je lui parlais de toi et lui souhaitais de former un jour un couple aussi uni que le nôtre. »

« Tu es toujours en train de te...
- De me réjouir de te connaître !»

« Tu es toujours en train de...
- Penser à toi. »

JEU N°38

Jeu du sitcom pour les couples (suite)

C'est plus efficace si vous restez évasif. Avec l'entraînement, vous pourrez devenir plus précis.

« J'en ai vraiment marre de t'entendre râler.
- C'est vrai, je manque de romantisme. Je cours au café ou à l'épicerie acheter une bouteille de champagne, attends-moi dans la chambre. »

Vous pouvez aussi vous entraîner avec vos enfants :

« J'en ai vraiment assez de répéter que...
- Je suis l'enfant le plus formidable du monde ! »

« Combien de fois faudra-t-il te répéter... »
« Que tu m'aimes autant que je t'aime ! »; « Que tu es une super-maman »; « Qu'un peu de désordre est joyeux ! »

L'humour hostile va accentuer les différences, alors que l'humour convivial va les dédramatiser. Après tout, ce n'est pas si grave d'être chauve, gros, étranger, d'une autre profession, ou d'avoir telle ou telle caractéristique, tant qu'on peut en rire.

L'humour est donc une frontière entre l'exclusion et l'intégration; s'il dérape, il exclut; s'il est bienveillant, il inclut. En cas d'humour dévalorisant ou agressif, il est toujours possible de modérer ou d'être plus positif pour que la communication redevienne positive.

CHAPITRE IX
L'humour et le pouvoir

1. Pression, oppression et compensation

Les pouvoirs religieux, politique et judiciaire sont toujours à la recherche de signes pour impressionner le peuple : vêtements pourpres, noirs ou kaki, grosses voitures noires, protocole, drapeaux et médailles, bâtiments imposants, gardes en costumes d'apparat.

Le pouvoir se nourrit de distance, de signes extérieurs de puissance, de rituels, de protocole, de révérences et d'allégeance.

Pour garder leur solennité, les puissants n'aiment pas qu'on rie d'eux. Les tyrans et certains religieux haineux détestent le rire, qui menace leur pouvoir. Ils cherchent à imposer le sérieux et le sacré, pour éviter qu'on ne relativise leur force et les croyances qu'ils veulent inculquer au peuple pour le dominer. Rire du pouvoir, de la religion, d'un président, se moquer des dirigeants en public, sans craindre de représailles, est un signe clair de santé démocratique. Dans les pays totalitaires, les humoristes sont les premiers interdits s'ils parlent politique, puisqu'ils incitent les gens à ne pas craindre le pouvoir en place.

Les autorités chinoises ont organisé un grand concours d'expression libre. Premier prix : 20 ans de prison. Du deuxième au millionième prix : un emploi d'ouvrier sur une chaîne de jouets. Dernier prix : être promu patron de l'usine, avoir douze voitures et amasser un milliard d'euros.

Voici une variante russe, quand la terreur s'adoucit :

Deux vers russes, le père et son fils, habitent dans le fumier. « Dis, papa, est-ce que des vers habitent dans les fleurs ?

- *Oui, mon fils.*
- *Est-ce que des vers habitent les fruits et les légumes ?*
- *Oui, mon fils.*
- *Alors, pourquoi on vit dans la merde ?*
- *Il y a un nom pour ça, mon fils : la patrie ! »*

Sur le plan individuel, nous agissons de la même façon : nous n'osons pas rire de ce qui nous semble sacré, ou trop impressionnant. Rire de ses « faiblesses », de ses blocages, est donc un bon moyen de les amadouer. Nous conservons en nous des tyrans qui s'appellent *colère, souffrance, incapacité, résignation.* En les affrontant par le rire, nous agissons comme le chevalier du Moyen Age qui affrontait les dragons, les terrassait, puis les mettait à son service. Le goût du pouvoir n'est pas sans conséquences : le taux de suicide chez les hommes blancs américains est quarante fois supérieur à celui des femmes noires. Les hommes qui ont basé leur vie sur la puissance sont décontenancés à l'approche de la vieillesse. Ils ne savent que faire de leur vie, se sentent inutiles. Les femmes, plus nourricières, sont puissantes dans leur famille, et respectées. Ces mœurs africaines ont résisté au temps, et on les retrouve aussi dans les Antilles françaises. Messieurs, pour une retraite heureuse, accouchez ! Ou, si c'est trop difficile, devenez noire...

Pendant la tyrannie, lorsqu'on a trop peur, ou qu'on souffre trop, on ne peut pas rire. Mais dès qu'on en a l'occasion, la pression se relâche et le rire reprend le dessus. On se moque alors des dirigeants : au siècle dernier les ecclésiastiques, au début du XXe siècle les militaires et les capitalistes, puis les politiciens et les technocrates. Concernant la capacité de prévoir l'avenir, les blagues visent souvent ceux qui s'en proclament experts : politiciens, économistes, technocrates, voyants.

« Trouvez-vous crédible un candidat qui dépense cinquante millions pour sa campagne, en vous promettant qu'il fera des économies dans le budget de l'État ? »

« Le gouvernement a nommé une commission d'enquête sur les gaspillages administratifs. Après plusieurs années de colloque, de comités,

et après avoir publié des brochures et dépensé quarante millions, la commission a conclu qu'il n'y en avait pas. »

L'humour devient une manière de se venger et de redresser, à ses propres yeux, le plateau de la balance, qui penche trop en leur faveur.

Pendant l'Inquisition, la Teneur, pendant les années sanglantes des révolutions russe, chinoise, castriste et cambodgienne, ou les terribles guerres civiles européennes, africaines, asiatiques et autres, impossible de rire, le malheur est quotidien. Pourtant, des années plus tard, le dictateur déchu devient un objet de dérision.

Incroyable ! La science est sur le point de faire revivre Lénine pendant quelques instants. L'événement est si important que toutes les télévisions du monde le couvrent.
Au jour dit, sous les yeux de quatre milliards de téléspectateurs, on voit Lénine apparaître depuis l'au-delà. Tremblant d'émotion, le journaliste lui demande :
« Avez-vous quelque chose à dire ? »
Le monde entier retient son souffle, puis Lénine éclate en sanglots et dit « Je vous demande pardon ! »

Ou encore :
Un journaliste de la radio interviewe une Afghane, maltraitée par ceux qui ont transformé le Coran en instrument de torture. « Madame, si vous parlez dans mon magnétophone, le monde entier vous entendra. »
Alors la femme s'approche du micro et hurle : « Au secours ! »

L'Église chrétienne se voit reprocher des crimes commis ou couverts voilà des siècles, comme demain l'islam perdra de son influence parce que son clergé n'a pas dénoncé les assassinats d'innocents perpétrés au nom de la religion.

Pour s'être fourvoyée dans des délits au Moyen Âge et jusqu'au XVIIIe siècle, l'Église a été caricaturée ensuite sous l'aspect de moines gras et profiteurs, de cardinaux pervers et criminels. L'humour permet de rétablir l'équilibre, avec parfois un décalage dans le temps.

Ce phénomène de compensation s'explique par une loi naturelle : si vous faites trop pression sur quelqu'un, si vous lui faites peur, si vous le menacez, il se révoltera, fuira ou se soumettra. Mais tôt ou tard, dès qu'il en aura l'occasion, il se vengera et s'efforcera de reprendre le dessus, par la force, ou par la parole. En revanche, certaines personnes, presque unanimement respectées, ne deviennent pas objet d'humour. Si on connaît de nombreuses blagues sur les divers présidents des pays démocratiques et des dictateurs, ou sur les religieux, on n'en connaît guère sur Martin Luther King, Mère Teresa, Gandhi ou le Dalaï-Lama.

2. Le rire, langage universel face au pouvoir

Pour contester, prendre, résister ou partager le pouvoir, la première arme réside dans le langage. Et ce langage peut se nuancer en influence, conviction, propagande, déformation, promesses dévalorisant des ennemis, humour.

Une des fonctions du rire (de l'humour gentil à la cruelle moquerie) est de maintenir l'équilibre au sein d'une société, de partager le pouvoir. Il est nécessaire que chacun « gagne » quelque chose, se trouve en position haute, ne serait-ce qu'à ses propres yeux.

L'humour rend supportable des différences de richesse, de beauté qui pourraient provoquer trop de ressentiments. Ainsi, aux yeux des gens « moyens », les belles femmes ont la réputation d'être bêtes ; aux yeux des pauvres, les riches passent pour des snobs ou des gens durs ; aux yeux des riches, les pauvres passent pour des gens brutaux et sans manière ; aux yeux des citadins, les paysans ont la réputation d'être lents; aux yeux des paysans, les citadins ont la réputation d'être stressés et de gaspiller leur vie. Beaucoup de blagues circulent sur des professions en vue, patrons, acteurs, avocats, médecins, psys, voyants...

« Docteur, trouvez-vous normal que l'on s'embrasse ?

- Pas trop, madame. Déjà, je ne devrais pas être nu allongé près de vous. »

« Bonjour, madame la voyante, dit une jeune fille inconstante et enceinte. Pouvez-vous me dire qui est le père ? »

« Merci, monsieur le psychanalyste. Vous avez complètement guéri mon fils de sa kleptomanie.
- C'est tout naturel. Toutefois, en cas de rechute, pourriez-vous lui demander de me procurer un appareil photo numérique ? »
« Lassé d'entendre des coups de poing dans le tiroir de son bureau, le patron ouvre. Il en voit sortir la tête du délégué syndical, à moitié asphyxié, qui murmure :
« Une fois de plus, monsieur le directeur, je proteste contre l'étroitesse de notre salle de réunion... »

Aujourd'hui on se moque plus volontiers des politiciens et des technocrates. Ainsi, selon la « loi de Raquin » : « Nul n'est censé ignorer la loi... mais personne ne connaît le règlement ! »
« Un technocrate, c'est quelqu'un qui n'ose pas se jeter par la fenêtre, car il ne saurait quelle direction prendre... »
« L'État c'est notre papa, on travaille et il nous laisse de l'argent de poche... »

Le rire permet de compenser, de dépasser, même d'une manière fictive, artificielle ou rituelle, les rivalités entre groupes sociaux, professions, régions, ethnies ou appartenances politiques et religieuses. La résistance au pouvoir, le désir de reprendre le dessus à ses propres yeux, est en partie à l'origine des blagues juives, irlandaises, ou des Cajuns de Louisiane, des blagues contre les dominants et peut-être de la joie de vivre si fréquente dans le tiers-monde. Rire et être heureux est un pied de nez au destin, une manière de résister face à la réalité hostile et de protester contre la souffrance.

Par exemple, cette blague peut s'adapter à peu près à n'importe quelle personne ou groupe à qui on reproche quelque chose :
Le chef de publicité est mort. Il va au Ciel, et saint Pierre, à sa surprise, lui annonce qu'il devra choisir lui-même entre le ciel et l'enfer. Le chef de publicité passe une journée en enfer, où de jolies femmes lui servent des mets délicieux dans une ambiance tropicale. Puis il passe une journée au paradis, et s'ennuie sur un nuage en apprenant à jouer de la lyre. Le soir, saint Pierre lui demande de choisir.
« Tout compte fait, j'irai en enfer.
- Accordé. »

Il se retrouve dans un décor affreux, où des gens affamés et malheureux gémissent.
« Que se passe-t-il ? demande-t-il au diable.
- *La vie ordinaire.*
- *Mais hier ?*
- *Hier, c'était notre publicité. »*

Vous pouvez l'adapter aux architectes, avocats, économistes, politiciens, et même aux drogués (l'enfer est un vaste champ de pavots, mais rien pour les transformer ou les fumer).

Une autre raison explique le bonheur qu'on rencontre dans des pays pauvres. Plus les gens sont proches de la nature, plus ils en respectent les rythmes, mieux ils respirent. Dans les villes occidentales, la pollution et le stress affectent en profondeur notre manière de respirer. La respiration se fait « sur la défensive », surtout chez les personnes qui ne s'accordent pas de moments de silence et de repos dans la journée.

3. Partage du pouvoir et accession au pouvoir

L'humour est aussi une preuve que le pouvoir commence à être partagé. Ainsi, aux États-Unis, les humoristes étaient, voilà trente ans, des hommes blancs, souvent juifs. Puis sont arrivées les femmes, d'abord cantonnées dans l'humour gentillet et familial. Il leur était interdit, sous peine de choquer, de parler de sexualité. Puis de nombreux humoristes et acteurs noirs (Whoopy Goldberg et Eddie Murphy) ont empli les cabarets et les salles de cinéma, suivis des Latino-Américains et des Sino-Américains. En France, seule Anne-Marie Carrière et Henri Salvador étaient célèbres en dehors des hommes blancs. Puis, au fur et à mesure de leur montée dans la hiérarchie sociale et dans le partage du pouvoir, sont arrivés de nombreux humoristes d'origine immigrée, qui d'ailleurs n'hésitent pas à blaguer sur les préjugés qui les entourent.

L'humour permet aux minorités ou aux opprimés de se confronter avec une réalité jugée parfois difficile, pour récupérer l'image de soi, retrouver son intégrité.

« Savez-vous pourquoi Adam et Ève étaient russes ? Ils étaient nus, sans savon ni même une assiette, n'avaient qu'une pomme pour deux. Et malgré cela ils croyaient que c'était le Paradis ! »

Ou cette blague bulgare, en hiver :
« Fermez la fenêtre de votre appartement, les passants vont attraper froid. »

4. L'échelle de l'intégration

Pour intégrer une personne ou un groupe, la tendance est la suivante :
- Indifférence (quand il est trop lointain).
- Agression, hostilité (quand il est trop proche, envahissant ou dominant : insultes, mépris, humour raciste ou haineux).
- Sarcasme, cynisme (l'agression se teinte d'humour hostile).
- Ironie, moquerie (les « blagues belges ») : la personne n'est pas un ennemi, plutôt un ami. Mais il y a de la condescendance, car nous nous croyons supérieurs.
- Blagues bon enfant, humour convivial : on rit avec l'« autre », qui est devenu un ami. On le connaît, on a confiance en lui, on peut parler de tout.
- Neutralité, indifférence : la personne est intégrée, on ne remarque plus ses différences, elles nous paraissent familières.

Dans le sens inverse, cette échelle indique aussi le processus d'exclusion :
- Humour hostile : on dévalorise systématiquement l'autre par le cynisme, le sarcasme, les moqueries. On cherche à le nier, on critique ses croyances et ses comportements.
- Puis on passe à l'agression verbale, aux insultes.
- Pour finir, c'est l'agression physique, la guerre, l'expulsion.

Les Esquimaux ont poussé cet art à son comble. Parfois les hommes s'affrontent en duels de rire : il s'agit de se moquer de l'autre, en public, pour l'anéantir. Celui qui perd est souvent contraint à l'exil. Cruauté ? Non, progrès par rapport à l'agression physique.

Comme je l'ai déjà dit, l'agression par l'humour est une forme amoindrie de l'agression physique. Le plateau de la balance peut basculer d'un côté comme de l'autre.

Je suis persuadé qu'on peut intervenir à tout moment du processus et que l'humour peut servir de puissant facteur d'intégration si une communauté est visée par les sarcasmes, en jouant sur la position humour hostile/moquerie/humour convivial.

Parce qu'il est expression et souvent langage, l'humour peut être utilisé comme n'importe quel autre moyen d'influencer ou de manipuler autrui : la menace, le chantage, la colère, la promesse, la flatterie, le charme, l'échange, l'amour, les larmes et les plaintes. Il s'efforce de désamorcer le pouvoir des autres sur nous, pour augmenter ou conserver son sentiment de sécurité.

L'autre jour, j'assistais à la naissance de l'enfant d'une copine, à la maternité. Comme elle est flic, il y avait beaucoup de policiers en uniforme autour de son lit. Dans le lit voisin, une Maghrébine attendait des jumeaux. Tout à coup un bébé sort la tête au bout de son ventre, tourne la tête vers son frère et s'écrie : « Hé ! Rachid ! C'est plein de flics, il faut passer par la sortie de secours ! »

Ou encore :

Mohamed parie avec Medhi qu'il peut gagner beaucoup d'argent en mendiant.

« Impossible, dit Medhi, les Français ne veulent pas que des mendiants arabes mangent le pain de leurs mendiants. »

Le soir, Mohamed revient avec des liasses de billets de dix euros.

« Pas possible ! s'écrie Medhi. Comment as-tu fait ? »

Mohamed lui montre alors le carton qu'il exposait, portant l'inscription : « S'il vous plaît, il me manque juste dix euros pour rentrer au pays. »

Ou encore, plus valorisante car faisant ressortir le côté astucieux du héros :

Ali Ben Diogène se promène dans les rues de Tunis, non loin du tonneau dans lequel il vit, une lanterne à la main, en disant : « Je cherche un homme. »

Il se trouve toujours un touriste ébahi, si fier de rencontrer le grand Diogène, qui lui propose d'acheter sa lanterne. Et chaque jour Ali Ben Diogène va au souk racheter une nouvelle lanterne.

Dix ans plus tard, c'est l'homme le plus riche de la ville.

Un conte soufi, répandu dans le Maghreb, raconte :

Un monsieur a bien travaillé. Avec l'argent, il achète un kilo de gigot et demande à sa femme de le préparer. Puis il va travailler. Toute la journée, sa femme cuisine. Cela sent si bon ! Elle ne peut s'empêcher de goûter un petit morceau, puis un autre... Et à la fin de la journée, il ne reste plus rien. Quand son mari rentre, il sent la bonne odeur et se réjouit de passer à table.

« Hélas, dit la femme. Le chat a mangé le gigot. »

Sans un mot, le mari prend le chat et le pose sur la balance.

« Ce gigot fait un kilo, en effet. Mais où est le chat ? »

Dans une version tchadienne, un chien affirme qu'il n'a pas mangé la viande, étant végétarien.

Les plaisanteries évoquent des situations tendres et cocasses, originales ou inquiétantes, comme les bons mots des enfants, la nuit de noces, le service militaire. En revanche, les jours heureux, au travail, en famille, à la plage, pendant les fêtes, ne sont guère sources d'humour. On blague sur l'âge, plus que sur l'anniversaire. On blague sur le poids, plus que sur le chocolat.

« Moi aussi j'ai la « tablette de chocolat » des sportifs, dit-il en montrant son gros ventre. Mais elle a fondu. »

« Le couscous fait grossir ? Mais c'est du racisme ! »

Cette histoire chinoise peut s'apparenter à de la thérapie provocatrice :

Effendi (un héros ouïgour du Xinjiang) est médecin. Un riche obèse vient le consulter.

« Veuillez me guérir, je suis essoufflé au moindre pas. »

Effendi regarde le riche et lui dit :

« Inutile, monsieur, vous n'en avez plus que pour quinze jours à vivre. »

Effondré, le riche rentre chez lui. Il est si tourmenté qu'il en perd le sommeil et l'appétit.

Seize jours plus tard, n'étant pas mort, il se rend, très en colère, chez Effendi :

« Charlatan ! Non seulement je ne suis pas mort, mais l'angoisse m'a fait perdre quinze kilos !

- Parfait. Je vous prie de me régler mes honoraires. »

5. L'humour et le changement

Le rire est toujours présent ou recherché, quand on se prépare au changement : examen scolaire, armée, permis de conduire, mariage... D'ailleurs, un événement stressant mais heureux comme un mariage sera l'objet d'innombrables blagues conviviales.

Le miracle de l'humour, c'est qu'il fonctionne mieux avec nos problèmes : la maladie, l'humiliation, la souffrance, le manque d'argent, le divorce, la guerre, la mort, la frustration[1]. La chance humaine, c'est qu'on nous fournit le problème avec son remède. Cela rend la vie plus supportable quand elle ne l'est guère. Nous souffrons parfois tellement qu'il semble n'y avoir aucune issue. Décider d'en rire est parfois un exploit, qui doit être répété jusqu'au succès. On peut souffrir d'impuissance, de pusillanimité, de paranoïa, de chauvage (être chauve), de chômage, de chauvômage (un chômeur chauve) mais il y a toujours un moyen de faire de cette difficulté une alliée. Voilà notre chance humaine.

Même si les animaux rient, comme l'ont montré des études récentes, ils n'ont pas beaucoup d'humour. Ils jouent beaucoup, surtout dans leur jeune âge, mais leur choix de réactions est beaucoup plus limité. Pour que les animaux domestiques soient drôles, il faut qu'un petit drame se produise : chien tombant dans l'eau en faisant le beau, chat emmêlé dans la pelote de laine. Le nombre de situations est assez restreint.

Le plus souvent, nous les faisons parler, et le nombre de situations devient illimité.

« Allô, monsieur le directeur du cirque, êtes-vous intéressé par un chien parlant ?

- *Vous êtes son impresario ?*
- *Non, je n'en ai pas besoin. »*

L'humain est capable de rire de tout, grâce à sa capacité d'agencer les mots et de changer les représentations. S'amuser avec le sens permet de transcender la réalité. Tout est utilisé : le langage, l'expression, les mimiques, la gestuelle, la tonalité...

---

1 Désolé, monsieur N., d'avoir résumé ainsi votre vie en quelques mots.

6. Les pouvoirs implacables et le sentiment d'impuissance

Il existe dans la réalité des « pouvoirs » que nous ne maîtrisons pas, ou mal, contre lesquels nous ne pouvons pas grand-chose : l'avenir, la mort, le sexe[2], les catastrophes naturelles, l'injustice, la guerre, la religion, les passions politiques, le temps qui passe et le climat. Les plus intimes de ces pouvoirs deviennent des tabous, notamment la mort, la religion, le sexe, qui sont précisément ceux qui nous interrogent le plus sur le sens de la vie.

Que pouvons-nous faire lorsque nous ressentons l'impuissance, un des états les plus pénibles qui soient ? Chercher le sens, inlassablement. Trouver les valeurs profondes qui nous permettent de conserver notre dignité.

Plus que la mort elle-même, l'idée de la mort peut nous anéantir. Mais si la mort n'existait pas, nous ne serions pas vivants en ce moment, puisque nos lointains ancêtres seraient toujours là. Lorsque nous parvenons à transcender la mort, nous découvrons un sens à la vie par :

- La spiritualité : l'âme renaîtra, ou se réincarnera.
- L'humanisme : notre contribution peut être utile à l'humanité.
- La philosophie : même si la vie semble absurde, il nous appartient d'en choisir le sens.

Le sexe, par ses enjeux, ses tensions, ses frustrations, est évidemment un sujet favori de l'humour, dans les pays qui ne sont pas écrasés par le clergé.

Les catastrophes naturelles ou guerres deviennent moins un sujet de rire de nos jours. Les *Médecins sans frontières* et autres organisations de « french doctors » ont permis de ressentir de la compassion pour des peuples lointains, paralysant l'humour. En revanche, ce dernier est plus facilement accepté s'il provient de personnes ayant vécu la catastrophe, même s'il est plus facile pour un New-Yorkais de blaguer sur le tremblement de terre en Californie, ou pour un habitant de Lille de plaisanter sur le prochain engloutissement de Nice dans les eaux de la Méditerranée[3] ou de Venise dans celles de l'Adriatique.

---

2 Il paraît évident, monsieur N. que votre sexe est indépendant de votre volonté.

3 Comment, monsieur N., vous avez acheté un appartement de six pièces avec terrasse à Nice ? Pauvre homme. Hâtez-vous de me l'échanger contre une chambre de bonne à Paris.

Le sentiment d'injustice, lié au sentiment d'impuissance, est également très douloureux. Il peut se transformer en résignation cynique, ou en colère. Il provoque le rire aux dépens de ceux qui sont censés le provoquer : juges, avocats, policiers, contractuelles, services fiscaux, administrations.

7. Le rire donneur de leçons

Lorsque les gens sont d'accord avec moi, je me dis toujours que je dois me tromper.
Oscar Wilde.

Le rire, surtout « à leurs dépens », donne aux autres une cruelle leçon lorsqu'ils ne sont pas conformes à ce qu'on attend d'eux, ou qu'on veut se défouler sur eux. Humiliée par le rire collectif, la victime se verra exclue, ou contrainte de faire amende honorable, en adoptant les opinions du groupe, ses comportements et son style vestimentaire.

Mais ce rire collectif permet aussi de dispenser des leçons positives, indispensables au fonctionnement de la société : montrer aux membres qu'on appartient à la même communauté, qu'on est du même bord (et non ceux d'en face, les autres, dont on peut se moquer). Ainsi, les habitants de Casablanca peuvent se moquer des paysans qui viennent chercher du travail dans leur ville, plus facilement que d'un ouvrier canadien ou d'un paysan bulgare.

De même, on peut se moquer des Belges quand on est Français, parce qu'on est voisins, on les connaît et on les aime. Les mêmes blagues pourraient s'appliquer aux Boliviens, aux Australiens, aux Gabonais, mais elles perdraient leur sens, faute de contexte.

Pour que l'humour fonctionne, il faut que l'on puisse s'identifier à un des deux camps, celui qui se moque ou celui dont on se moque. Paradoxalement, l'humour est souvent un signe de familiarité. Pour qu'il soit taquin et un peu cruel, il faut une différence, mais pas trop grande; si on est trop étranger l'un à l'autre, on sera intrigué, craintif, fasciné, mais on aura du mal à trouver des bases pour se moquer ou rire ensemble. Ou alors, nous les humains (nous autres), nous nous moquerons des extra-terrestres (les autres).

Excédée par les problèmes de racisme, l'institutrice dit aux enfants : « Bon, maintenant il n'y a plus de Noirs, de Blancs ni de Jaunes. Il y a les Bleus, les Verts et les Rouges. Les Rouges, mettez-vous à droite. Les Bleus, au milieu et les Verts à gauche ! »

Ou encore : L'autre jour, je somnolais dans un verger, quand j'entendis deux pommes discuter : « Les humains ont montré qu'ils sont incapables de diriger le monde. Bientôt ce sera aux pommes de prendre le relais. »

- Lesquelles ? répondit l'autre. Les rouges ou les jaunes ?

- Idiotes ! s'exclama une troisième. Ce sera les vertes !

8. Tenir sa place dans les rapports sociaux

En même temps qu'il établit, renforce ou atténue les distinctions entre les gens, le rire permet de « tenir sa place » dans la hiérarchie sociale. On peut blaguer des « supérieurs » (parents, professeurs, patrons, adjudants, cadres, policiers, technocrates) mais pas devant eux. Quelque part, il est important pour chacun de reprendre le dessus à ses propres yeux, d'avoir une bonne image de soi. Quand la confiance manque, quand le « supérieur » au lieu d'être un guide devient un tyran, on ne peut plus blaguer, car cela risque de provoquer la répression.

L'humour devient alors souterrain, caché, signe de ralliement : par exemple, les adolescents traitant avec désinvolture et ironie l'autorité ou les règles. Cela explique aussi pourquoi l'humour féminin est parfois mal compris par les hommes, pourquoi on ne comprend pas l'humour de tel ou tel groupe : on ne connaît pas les codes.

Un jour, je rencontre Nanette, une jeune Africaine. Nous discutons pendant deux heures, puis elle appelle son oncle sur son portable et lui annonce qu'elle a rencontré un homme formidable, l'homme de sa vie. Je proteste par gestes, mais elle me le passe.

« Bonjour, monsieur, me dit-il. Il va falloir venir me voir, pour qu'on discute des modalités de la dot. Je vais téléphoner au village pour leur dire que ma fille fréquente un Blanc et qu'on l'a reçu chez nous. Ils vont préparer la fête. »

Gêné, je réponds que c'est une amie simplement, je la connais à peine...

Nanette éclate de rire.

« Tu ne vois pas qu'il blague ? Même en Afrique, on ne propose pas le mariage le jour même à un homme ! »
Elle me raconte une blague de Jean-Michel Cancan, qui était un humoriste camerounais célèbre.
Après l'avoir invitée à dîner, un jeune homme dit à une jeune fille :
« Viens chez moi.
- *Ma mère m'a interdit de dormir ailleurs.*
- *Elle t'a seulement dit de manger le marigot des autres ! »*

9. Dédramatiser en profondeur

Les principaux mécanismes en vigueur chez les êtres vivants sont le désir et le besoin de dominer, de marquer son territoire, d'éviter d'être dominé, de chercher la satisfaction des besoins, d'éviter les déplaisirs. Pour prendre le pouvoir ou agir sur l'environnement, les animaux et les plantes utilisent leur force physique, leur intelligence, leur ruse, leur sens de la dissimulation et de nombreux leurres. Les humains les utilisent aussi, mais comme la tyrannie individuelle conduit au désordre, ils utilisent la force sociale (les classes sociales, la hiérarchie, les lois), et la force psychologique (dominer l'autre par son attitude). Si on ne peut dominer quelqu'un, on le critique verbalement. Si c'est impossible, on lui donne tort dans ses pensées. L'important est de toujours reprendre le dessus pour garder une bonne image de soi, se trouver des excuses.

C'est sur cette base dominant/dominé que se construit l'humour. C'est pourquoi il recouvre toutes les activités humaines et peut s'appliquer à toute situation.

L'humour est ainsi présent dès les premières années de la vie, lorsque l'enfant se cache (dissimulation et tension) pour faire une surprise (soulagement). Cela lui permet aussi d'apprendre à maîtriser l'anxiété naissante, quand il voit les adultes sortir de son champ de vision : les gens peuvent apparaître et disparaître, ce n'est pas si grave. Il se familiarise avec ses émotions et apprend à les dominer. Ce n'est pas une mince affaire que d'affronter l'angoisse, la peur, le chagrin, quand on est tout petit. Le rire apparaît comme une nécessité bienvenue. Cela permet à l'enfant (en position basse) de se mesurer à l'adulte (en position haute).

L'humour est aussi utilisé pour résoudre le désarroi de l'absence de l'être aimé, du doute, ou de la difficulté de choisir, par le renversement, l'absurdité, le changement de logique qu'il induit.

Un milliardaire veut se marier. Il hésite entre trois femmes. Il décide de donner deux mille euros à chacune pour les tester. La première met l'argent à la Caisse d'Épargne. La deuxième dépense tout. La troisième achète des actions. Laquelle épouse-t-il ?
Celle qui a la plus grosse poitrine.

10. Réorienter l'agressivité

On l'a vu, l'humour, comme tous les modes de communication, peut varier entre l'amour et l'agressivité. Il peut avoir trois positions :

- ***Haute :*** qui consiste à rire des autres, pour souligner une caractéristique et éventuellement les rejeter.
- ***Basse :*** qui consiste à faire rire de soi, en soulignant une caractéristique personnelle défaillante.
- ***Égalitaire :*** qui consiste à rire avec l'autre, en utilisant sa singularité pour l'intégrer et lui montrer qu'on l'apprécie.

Toute différence peut être utilisée dans le but de mettre à l'écart certaines personnes ou certains groupes, ou encore afin de les rapprocher. Chacun connaît des « vanneurs », des gens qui agressent à coups d' « humour » mais qui ne supportent pas la réciproque. Si l'on proteste, ils assurent que « c'est de l'humour », obligeant ainsi à bien prendre leur agression.

Parfois, ayant appris que j'étais le créateur du *Cours d'humour,* des inconnus me téléphonent et entreprennent de me raconter des blagues sexuelles. « Bonjour, c'est l'histoire d'un zizi qui... » Comme je refuse de les entendre, ils m'assurent que je manque d'humour. Telle est l'origine de bien des malentendus : l'humour est une communication; si on veut que celle-ci soit effective, il faut accord, échange et réciprocité. D'où l'importance de sonder, de tester vos interlocuteurs, pour vérifier qu'ils acceptent l'humour, pour les apprivoiser peu à peu.

Vous pouvez « calibrer » leurs réactions - c'est-à-dire observer attentivement l'expression de leur visage, de leurs lèvres, de leurs yeux, de leur position corporelle - pour savoir ce qu'ils ressentent. Acceptez aussi l'erreur, chacun conservant une part de mystère et d'imprévu. En jouant, en décidant d'être plein d'allant, en choisissant la bonne humeur, regardez votre entourage. Faites des choses inhabituelles, avec un petit objet insolite. Portez un vêtement inhabituel. Accueillez votre épouse en chantant.

Ce qui nous bloque, c'est l'idée fausse selon laquelle le bonheur doit venir de l'extérieur. Le bonheur, comme nous l'enseigne la sagesse des nations dans de nombreux proverbes, est une affaire personnelle. Vous pouvez faire une liste des choses humoureuses à faire. Le nez rouge, les faux nez, les gadgets, les cartes humoristiques, les mimiques, les gestuelles, et même les imitations vocales : testez ce que vous préférez, en commençant par le plus facile. Surtout, gardez le désir ardent de vous amuser en apprenant.

Tous, nous sommes anxieux de plaire, d'être bien vus. Nous essayons depuis l'enfance de savoir ce que les autres attendent de nous, et comment se comporter pour obtenir échanges, gratifications, reconnaissance.

Prenons par exemple quelqu'un qui se sent en position moins favorable par rapport au pouvoir (employé face au cadre, femme face à un homme, Noir face à un Blanc, enfant face à un adulte...). Cette personne doit se battre pour être prise au sérieux, être crédible et acceptée, ne pas être ridiculisée, et surtout ne pas devenir un bouc émissaire. Elle peut avoir tendance à devenir plus rigide, sur la défensive. Et le fait de se rigidifier augmente le désir des autres de se moquer d'elle, car elle apparaît plus coincée. Elle finit par devenir encore plus susceptible et rigide.

Un enfant élevé dans trop d'obligations, qui ne se sent pas compris ni accepté, qu'on humilie ou tourne en dérision, peut avoir du mal à être à l'aise en groupe. Il risque de devenir renfermé et solitaire, se sentant plus faible que les autres, et donc s'en méfiant. Il trouve que la vie n'est pas très sympa, car si elle l'avait été, il pourrait voler comme un oiseau. Simplement, il aurait fallu inventer plus vite la couche-culotte pour les bébés volants.

Ne pas être accueilli est l'une des expériences humaines les plus douloureuses. Imaginez qu'on demande à une rose d'être verte, à un chêne d'être tricolore, à l'herbe d'être bleue. C'est en général ainsi qu'on communique : on demande aux chiens de miauler et aux chats d'aboyer. Et on peut attendre mille ans avant d'obtenir... aucun résultat.

Considérons ce qui est exigé d'un petit bonhomme de cinq ans : être propre, savoir s'habiller, aller à l'école. On lui inculque de nombreux interdits dont la moitié seulement est utile ; on lui reproche de ne pas se comporter comme on le lui demande. Au cours de nos vingt premières années, nous entendons en général plusieurs milliers ou dizaines de milliers de reproches. Si on les prononçait d'une seule traite, il faudrait parler plusieurs jours...

En étant sur la défensive, l'enfant, puis l'adolescent et l'adulte ont peur de prendre des risques, pour ne pas souffrir, pour ne pas échouer. Cela les empêche d'avancer. Puis leur comportement trop différent provoque une punition collective : on les juge asociaux, peu ouverts, mal à l'aise, trop bizarres. Cet apprentissage relationnel est d'autant plus crucial pendant la puberté. C'est l'heure de faire des bandes (garçons) ou des petits groupes (filles) et de se définir par rapport au sexe opposé. Celui qui n'y parvient pas souffre terriblement. Le sentiment d'inutilité, d'inadaptation, de nullité, est très douloureux[4]. Et puis, chacun est utile, ne serait-ce que comme épouvantail ! Quelle consolation, parfois, de se dire : « J'ai un sale caractère, c'est vrai, mais à côté de ce type-là, je suis un ange ! »

Heureusement, il se trouve souvent un membre du groupe pour aller au secours de la « victime », la trouver intéressante et servir d'ambassadeur auprès de ses camarades pour l'aider à s'intégrer aux frontières du groupe.

Arthur Koestler[5] nous rappelle que le rire est une réponse quasi instinctive, quand le ressenti, le stimulus est trop complexe pour les réactions habituelles. « L'humour est le seul domaine d'activité créative où un stimulus d'un haut niveau de complexité produit une réponse massive et nettement définie au niveau des réflexes physiologiques. »

Le rire permet d'échapper à la confusion, en expulsant les émotions réprouvées par l'esprit. Lors de la chute, nous sommes libérés de la tension. Pour cet auteur, le rire contient toujours une part d'agression et d'appréhension. J'ajouterais quant à moi qu'il contient aussi une tentative d'échange ou un refus d'échange (échange négatif, qui n'est pas de l'indifférence). On rit quand on est gêné, car un message confus arrive au cerveau et aux glandes émotionnelles (thyroïde, plexus solaire, surrénales).

Le rôle du suspense (et de la chute !) est déjà évoqué par la Bible, dans l'attente du Messie et de la fin des temps. Mais l'idée du suspense a été véritablement inventée dans *Les Mille et Une Nuits,* lorsque Shéhérazade doit susciter de nuit en nuit l'intérêt du roi, en lui racontant une histoire ina-

4 Cher monsieur N., je suis ravi d'apprendre que vous ne souffrez pas. Ravi, et étonné.
5 Dans son livre : *Génie et folie de l'homme* (Calmann-Lévy).

chevée, pour qu'il renonce à la tuer. Popularisé par Victor Hugo et Alexandre Dumas, le suspense est maintenant partout, dans les séries télévisuelles, les romans, les bandes dessinées... et même la publicité.

Lorsque Alfred Hitchcock avait cinq ans, son père, le trouvant trop garnement, le conduisit dans une prison de Londres et le fit... enfermer. L'enfant n'avait aucune idée de la connivence des policiers et de son père. On imagine très bien les grosses clefs des policiers de la fin du XIXe siècle, l'odeur, la crasse. Les minutes passées dans sa cellule lui parurent des heures. Sans cesse il se demandait : « Que va-t-il se passer maintenant ? » Cette expérience traumatisante est devenue la clef de voûte de sa manière d'être. De même, quand l'Abbé Pierre avait sept ans, son père lui dit : « Pierre, tu n'es pas bon. » Et le petit Pierre construisit son être sur cette terrible condamnation, qu'il transforma en défi spirituel. Ou encore, lorsqu'on demanda à Mère Teresa pourquoi elle était devenue le secours des plus pauvres, elle répondit : « Pour ne pas laisser vivre le Hitler qui est dans mon cœur. »

Tous, nous avons subi des jugements, des injustices, des reproches douloureux. Nous pouvons nous en servir pour justifier notre haine des autres ou de la vie ou, au contraire, choisir d'en faire l'occasion d'un dépassement.

Le suspense, c'est aussi l'orientation de l'esprit. Notre cerveau se familiarise avec l'idée d'un avenir. Si vous vous attendez à une vie heureuse, riche en opportunités, pleine d'humour, elle a plus de chances de l'être. Si vous vous attendez à une vie affreuse, sans amis et sans joie... A ce stade, ce n'est plus de la psychologie élémentaire, c'est de la mécanique psychique. C'est un fait connu : si les prisonniers pensent à l'avenir d'une manière positive, en faisant face à la situation et en pensant que leur situation va s'améliorer, ils survivent mieux que s'ils considèrent qu'ils n'ont pas d'avenir. L'espoir et la projection vers l'avenir sont des combustibles aussi importants que le pain pour que vive l'être humain.

JEU N°39

Désamorcez votre douleur, votre peur et vos phobies

- La phobie est un véritable scout : « Toujours prête ! » Pas besoin d'efforts de mémoire. Elle saura vous effrayer quand vous monterez dans un ascenseur; vous alerter si quelque chose ressemblant à un serpent entre dans votre champ de vision.
- Les névrosettes sont souvent issues de situations inachevées, que l'on n'a pu comprendre, ou dont on n'a pu obtenir réparation. Elles sont donc mémorisables, comme tout ce qui est à demi compris. Démosthène, le père des psychothérapeutes, inventa la réorientation du handicap et la mémorisation. Bègue, il plaça des cailloux dans sa bouche pour apprendre à bien parler. Il créa ainsi l'art de l'orateur, capable de tenir une heure et demie, ce qui était à l'époque un incroyable exploit. Il en profita pour inventer une technique de visualisation toujours employée de nos jours : il découpait son discours en plusieurs parties. Dans son imaginaire, il en collait les résumés sur les colonnes d'un temple, et pouvait ainsi suivre le fil de son discours sans perdre d'informations.
- L'humour agit de même, car les scènes absurdes sont plus faciles à garder en mémoire. Et comme la vie est parfois absurde, en étant absurdes, nous sommes humains. Mais n'exagérez pas en étant trop excessif dans votre extrême exagération !

JEU N°40

Transformez votre douleur

Vous pouvez transformer votre douleur en personnages, en pratiquant des jeux de rôles : c'est une sorcière, c'est le diable, un voyou, un monstre... Le héros que vous êtes est chargé de s'opposer aux forces du mal.

Cette technique permet aussi de faire jaillir le héros intérieur qui exprime le désir de chacun d'être grand, à ses yeux ou aux yeux de personnes qu'il estime.

JEU N°40

Transformez votre douleur (suite)

Vous pouvez aussi jouer votre propre rôle, en l'exagérant énormément, en vous amusant avec ce que vous redoutez le plus d'être : le plus seul des hommes que la terre ait jamais porté, la fille la plus bête du monde, etc..

« C'est l'histoire du garçon le plus lâche de l'univers. Il était tellement lâche que... ses parents... les autres... les animaux... et qu'il lui arrivait toutes sortes de mésaventures, notamment quand... et qu'alors... »

En mettant en scène son petit théâtre fantasmatique, on provoque une déconnexion émotionnelle.

Les maladies psychiques sont souvent utilisées par leurs victimes comme un moyen de contrôler l'environnement et surtout contrôler les autres. Jouant de sa souffrance, de sa faiblesse, décrivant ses efforts et changeant d'avis selon ses interlocuteurs, la victime professionnelle devient folle de rage si vous refusez de vous soumettre à ses plaintes. Elle vous traite de cruel, vous menace, se plaint, quémande, se vautre dans les excuses.

Le paranoïaque souffre du désir d'être grand, reconnu, et aimerait qu'on s'intéresse à lui, mais n'aime pas voir le bien en chacun.

Le schizophrène veut se moquer du monde pour le tenir à distance et le recréer à sa manière.

Le dépressif souffre de ne pas aimer les autres, de ne pas communiquer, et manque souvent de générosité envers les souffrances des autres, qu'il juge minimes, ou ne perçoit pas.

Le phobique aimerait savoir à l'avance ce qui va se passer dans les moindres détails, et veut surcontrôler la réalité.

Le mythomane construit des châteaux en Espagne, le schizophrène y habite, le multi-personnalités se ruine en loyers, le paranoïaque monte la garde, le dépressif désespère de pouvoir y vivre, le phobique lave les brins d'herbe, l'hypocondriaque essaie de laver l'air, et le psychiatre encaisse le loyer pour s'offrir un vrai château en dur.

Fréquemment, nous redoutons les réactions des autres, sans les avoir vérifiées. Pourtant il est simple de tester à l'avance, d'imaginer diverses réactions, avec ou sans humour. Puis l'on peut vérifier dans les faits.

Ce qui nous en empêche est souvent la crainte d'être rejeté ou la peur du conflit.

JEU N°41

Jouez avec votre particularité, votre « bizarrerie »

Ce que vous vous efforcez de cacher, quelqu'un risque toujours de le voir. Si vous êtes bizarre, les autres le disent dans votre dos.

Vous pourriez revendiquer la bizarrerie, en sautant sur place, en parlant de sujets inattendus, en montrant des objets introuvables, en racontant des blagues absurdes. Peu à peu, vous serez intégré par le groupe grâce, paradoxalement, à votre différence. Vous allez extérioriser les tensions intérieures, peut-être susciter l'intérêt et permettre aux autres de vous considérer comme un partenaire d'échanges.

Un autre avantage est que nous ne savons pas comment réagir face aux gens bizarres. En agissant d'une manière particulièrement bizarre (mais ni dangereuse ni hostile), vous allez déconcerter les autres. L'embarras changera de camp. C'est très valable si vous êtes un objet de risée dans un groupe ou avec un ami. L'agressivité n'est pas toujours négative, vous pouvez l'utiliser pour défendre votre territoire.

JEU N°42

Entraînez-vous pour l'intégration

Même s'il normalise, le groupe admet les différences, si elles renforcent sa cohésion. Vous pouvez être accepté par un groupe grâce à vos particularités.

- Répondez d'une manière surréaliste.
- Agissez d'une manière absurde.
- Tirez des conclusions incompréhensibles.
- Parlez d'une voix bizarre (canard, petite fille, vieillard, femme hystérique, robot...)
- Caricaturez vos comportements, vos émotions. Trop de rôle et trop de logique effraient la créativité. Le mental n'aide pas beaucoup à communiquer, mieux vaut s'amuser avec son cœur et ses tripes.
- Amusez-vous à être imparfait. Inventez les excuses les plus grosses possibles. Justifiez vos comportements par des explications absurdes.

Bien entendu, cela ne fonctionnera que si vous êtes en même temps sympathique : les gens vous trouveront amusant. Si vous vous montrez hostile ou cassant, les gens vous rejetteront.

Par exemple, une femme qui rougit facilement et qu'on embête, peut dire :

- Les doigts montent vers le ciel.
- Je préfère le steak aux oignons.
- Les pissenlits deviennent rouges la nuit.

En déconcertant l'« adversaire », elle gagne du temps. Souvent le non-sens de son propos déclenche un rire.

Entraînement pour les parents

Si vous êtes parent et que vous « n'avez pas le sens de l'humour », demandez-vous si vous n'imposez pas à vos enfants un rôle trop pesant. Rire est une fonction essentielle de l'éducation, et on retient deux fois mieux par le plaisir d'apprendre que par la contrainte.

Si vous êtes parent et que vous avez le sens de l'humour, demandez-vous ce que vos enfants y gagnent, s'ils en sont toujours les victimes ou souvent mis en valeur, et surtout, si vous acceptez qu'ils plaisantent en vous dévalorisant, ou au moins en ayant le dessus, en vous taquinant.

Avec l'authenticité, la communication par l'humour est la plus facile et la plus appréciée par les enfants.

JEU N°42

Entraînez-vous pour l'intégration (suite)

Pour entrer en contact avec un adolescent ou un adulte difficile

Au début, prenez-le avec des pincettes, comme un chat sauvage. Intéressez-vous sincèrement à lui; établissez un rapport humain. Ensuite, commencez à plaisanter sur vous. Des mois peuvent s'avérer nécessaires pour que cet adolescent rie de lui-même. C'est trop dangereux et lui rappelle trop de mauvais souvenirs.

Une forme d'éducation pratiquée avec les animaux, notamment les dauphins et les félins, consiste à ne jamais remarquer leurs erreurs, mais seulement leurs réussites, et à récompenser leurs comportements positifs.

Je ne fais jamais circuler de blagues racistes, si nombreuses en France parmi ceux qui se prétendent les moins racistes. Qu'on me pardonne une exception à des fins d'illustration des mécanismes :

Blague antisémite :

« Pourquoi les Juifs ont-ils un grand nez ?

- Parce que l'air est gratuit. »

Cet humour est basé sur des préjugés, liés au physique et au comportement face à l'argent. Car je connais des Juifs n'ayant aucun sens du commerce, des fonctionnaires, avec un tout petit nez ! J'ai même traité une amie juive de goy (non juive) en lui assurant qu'il y eut échange à la maternité et qu'elle était la fille d'un pasteur protestant. Non seulement elle était fonctionnaire, mais elle ne savait même pas marchander !

Blague juive :

Les deux frères et la sœur de quatre, cinq et six ans se disputent. La mère intervient :

« Le docteur, file au lit ! L'avocat, va te mettre en pyjama. Et toi, l'épouse du ministre, va te laver les dents ! »

La question pour différencier une blague raciste d'une qui ne l'est pas est simplement : « Que gagnent les protagonistes de la blague ? Apparaissent-ils comme intelligents, malins, bons ? Ou les sentiments qu'on leur prête sont-ils négatifs ? »

Autre exemple :
Pendant la guerre, à Londres, on décide d'envoyer trois parachutistes sur l'Allemagne pour distribuer des tracts hostiles à Hitler : un catholique français, un protestant anglais, un juif allemand. On les largue la nuit. Au bout d'un mois, le Français revient, l'ayant échappé belle. Au bout de deux mois, l'Anglais revient. Il a été fait prisonnier mais s'est évadé. Au bout de six mois, le Juif allemand n'est toujours pas rentré. Ses supérieurs sont pris de remords. C'était une folie de l'exposer ainsi. Au bout de huit mois, il rentre ! Avec une valise pleine de billets allemands : « Si vous saviez le mal que je me suis donné pour parvenir à les vendre, dit-il. »

Ce mécanisme du « perdant qui gagne au fond » explique pourquoi de nombreuses blagues juives sont traduites en goy, et de nombreuses blagues goyim recolorées en blagues juives : ce sont les mêmes mécanismes.

Par exemple, j'ai entendu la même blague avec comme héros un Belge, un ministre marocain, Toto, un fou :
« Pourquoi Untel marche-t-il dans le désert en portant une portière de voiture ?
- Quand il a trop chaud, il ouvre la fenêtre. »

Vous pouvez la traduire dans n'importe quels termes :
« Pourquoi Jacob Delafon porte-t-il un lavabo dans le désert ? » (Soif)
« Pourquoi Mohamed porte-t-il un maillot de bains dans le désert ? » (Plage.)
« Pourquoi l'Esquimau porte-t-il un morceau de banquise quand il est invité ? » (Whisky.)
« Pourquoi Hans porte-t-il une barrique de bière dans le désert ? » (Désolé, elle est vide, il a tout bu !)

La blague la plus universelle de toutes semble être l'histoire du monsieur qui cherche ses clefs sous un lampadaire. Quand on lui demande où il les a perdues, il désigne un endroit plus loin, dans l'obscurité. « Mais ici, c'est éclairé. » On en trouve des versions en arabe, en russe, en chinois, dans de nombreuses langues européennes et africaines. Sans doute parce qu'à nos yeux, intuitivement, elle symbolise le mieux la condition humaine : nous agissons en dépit du bon sens, nous ne réfléchissons pas, nous sommes bornés, mais attachants. Si l'on observe les autres pour repérer leurs faiblesses, on deviendra cynique, ironique, sarcastique. Comme le dit un proverbe américain :

« Si tout ce que vous avez en main est un marteau, vous finirez par traiter les autres comme des clous. »

Si l'on observe ses relations pour repérer leurs manies, leurs comportements ou croyances figés, excessifs, avec amusement et indulgence, on a toutes les chances de développer un humour plus convivial.

Par exemple, à quelqu'un qui vous ennuie avec ses principes figés :

« Moi aussi, j'applique physiquement les Dix Commandements. Les seules parties de mon corps athées sont mon sexe et mes mains. »

On cite l'exemple d'un cadre à qui on avait attribué un bureau plus petit que celui de ses collègues dans un bâtiment neuf. Il le prit si mal qu'il devint aigri puis agressif et finit par se faire licencier, alors que seul le hasard avait mis son nom en face de ce bureau plus petit. Pourtant on peut répondre de bien des manières si des collègues font des allusions sur la taille du bureau :

« Je ne suis pas petit de partout. » (Version sexuelle.)

« J'ai toujours aimé l'ambiance monacale de la cellule qui favorise la concentration. » (Version spirituelle.)

« On m'a donné ce bureau car comme j'ai confiance en moi, on savait que je n'en ferais pas une maladie. » (Version un peu plus agressive.)

« La vie est injuste mais quand je serai grand mes mérites seront reconnus et j'aurai le grand bureau du dernier étage !» (Version enfantine pour désamorcer.)

« De toute façon, je lève peu les yeux de mon bureau, même quand je téléphone, je privilégie l'efficacité ! » (Version plus passe-partout, que l'interlocuteur peut prendre ou non pour de l'humour)

11. L'autodérision

On l'a vu, il est indispensable d'apprendre à rire de soi d'une manière appropriée, quand vous sentez que les autres, à défaut de vous être favorables, ne vous sont pas hostiles.

La position basse consiste essentiellement à se dévaloriser, à laisser à l'autre le soin de « gagner ». Comme la position haute, ce mécanisme entre dans la catégorie plus large des comparaisons, sources éternelles d'humour : être pire que les autres, meilleur que les autres, différent des autres.

Une croyance populaire suggère qu'il y a une part de vérité dans l'humour :

- On exprime des choses difficiles sur le mode humoristique, pour pouvoir reculer si l'autre se fâche, parce qu'on n'arrive pas à s'exprimer directement par manque d'habitude, ou parce que ce serait mal pris.
- Une personne qui blague toujours sur elle-même en se dévalorisant n'a sans doute pas beaucoup d'estime de soi. On peut pratiquer l'auto-dérision sans s'insulter ou se faire passer toujours pour un idiot.
- Une personne qui rit toujours au détriment des autres n'a guère d'estime pour autrui. Elle cherche à les inférioriser, à mettre en avant leurs défauts ou des caractéristiques peu appréciées. Alors que dans un groupe, l'humour peut aider à l'intégration des détails mal vécus : garçon ou fille un peu gros, petit, grand, maigre; ou tous ceux qui sortent un peu de la norme, par un détail physique, ethnique, comportemental. Si tel est votre cas, vous pouvez décider de ne plus blaguer sur ce que les gens ne peuvent changer.

L'humour agit ainsi comme un révélateur des tendances profondes. Il ne favorise l'évolution que quand il est sous-tendu par le respect et l'amour d'autrui.

On s'en doute, il est bien plus facile de rire de soi quand on a confiance en soi, quand on est sûr de son identité. Que les femmes soient plus à l'aise dans l'humour convivial n'est-il pas un signe de leur profonde évolution, de leur philosophie empreinte de douceur et de générosité, alors que les hommes sont souvent prisonniers de leur égoïsme et de leur vanité[6] ? Car en

6 Tu vois, chérie, comme promis, j'ai écrit la phrase que tu m'as dictée. Reviens, je t'en supplie !

plus de l'éducation, du piano et du sport des gosses, du mari, du travail ménager, de l'obligation de recevoir la belle-famille, elle doit, à ses moments perdus, s'occuper de sa carrière !

Ce sont d'ailleurs souvent les enfants qui apprennent l'humour à leurs parents : Dieu envoie des gosses aux adultes pour les mettre à genoux ! Et l'humour des humains est une réponse à Dieu... qui l'a bien cherché ! Il nous a fait une sale blague en nous mettant au monde et quand on lui demande des explications, il joue les courants d'air. La vie est une folie, pourquoi serions-nous les seuls à être sages ? Dans un flux d'événements, certains bons, certains mauvais, nous ne pouvons choisir ce qui va se produire, mais seulement notre interprétation et notre direction.

L'atout des enfants, c'est aussi qu'ils sont plus directs dans leur expression. Hélas ! pour ne pas vexer ces parents sensibles, ils sont obligés de masquer leurs sentiments ou de mesurer leurs paroles. Combien d'adultes en porcelaine de Saxe, revêtus d'une armure, jouent le rôle du sérieux plutôt que de chercher à établir une communication ? Combien de « grands fragiles » tyrannisent leurs proches en versant des larmes dès qu'on leur déplaît[7] ?

12. Diverses approches de l'humour

Il existe, comme pour tout ce qui est humain, plusieurs théories pour définir l'humour. Vous pouvez vérifier en quoi elles s'appliquent à votre propre humour, et mieux, le développer en fonction de vos aspirations.

- ***La théorie de la position haute remonte aux Grecs :*** Platon évoque le sarcasme, lié au sentiment de supériorité : en se moquant, on veut prendre le pouvoir sur l'autre, il est moins valable que soi. On se compare à son propre avantage, on le décrédibilise. C'est la version langagière des rapports de force et du désir de domination des animaux et des hommes.
- ***La théorie de la surprise, de l'incongru qui dérange l'ordre attendu :*** l'humour introduit l'inattendu dans un monde qui semble bien ordonné. Rien n'est écrit, tout peut bifurquer à tout instant, et prendre un sens original. Le futur peut donc nous étonner. Les éléments de notre vie peuvent s'agencer différemment et nous conduire vers des chemins inexplorés.

---

7 Ah, monsieur N., fichez-moi la paix, je suis énervé ! Sous prétexte de votre sensibilité, vous cassez les autres. Et j'en ai assez de vos réflexions. Vous êtes en train de gâcher mon livre !

- ***Une autre théorie évoque le soulagement :*** les rapports sociaux génèrent des conflits et des frustrations. L'humour est utile pour alléger la violence, les désirs sexuels ou de possession, les pensées refoulées, l'hostilité et le mépris des opinions d'autrui. Sans l'humour, les tensions seraient trop fortes et provoqueraient des conflits incessants. L'humour intervient avant l'arbitrage des lois, pour huiler les rapports humains.
- ***La théorie de l'interprétation :*** puisque chacun peut interpréter la réalité comme il l'entend, ou comme le lui demande son époque, l'humour est une façon amusante d'interpréter le monde extérieur[8].
- ***Enfin, la théorie de la divinité :*** ce sont les dieux qui nous font rire, ou rient à nos dépens. Depuis toujours, les humains soupçonnent que la vie sur terre est une grande farce, une illusion, un théâtre d'ombres, une divine comédie, la « maya » des Hindous.

Il a existé de nombreux dieux farceurs sur terre, notamment en Inde et en Afrique. Les dieux de l'ancienne Grèce n'étaient pas toujours sympathiques et s'amusaient aux dépens des hommes. Pour échapper à l'ego, au carcan des pensées prédirigées, nous pouvons nous connecter avec la transcendance, avec la part de divin, de mystère qui nous habite. Nous échappons à nos conceptions étriquées, nous élargissons nos vies. Nous sortons de nous-même d'une manière différente de la rage ou l'extase, nos habituels modes d'évasion. L'humour vécu de manière cosmique rejoint la transe mystique. En entrant en nous-même, cela nous fait une sortie. Et quand nous sommes enfin devenus nous-même, nous nous apercevons que nous sommes un autre ! Ainsi, on n'a pas besoin de toujours s'imiter soi-même; il suffit de devenir soi-même pour devenir un autre. C'est le rôle du bouffon, du fou du roi, de l'idiot sage, de Ji Gong le moine fou chinois, de Till Eulenspiegel (qui a donné en français le mot « espiègle »), des contes soufis, des chansonniers français.

---

8 Cher monsieur N., vous m'écrivez depuis votre prison de ce pays qui n'est même pas sur la carte. Je ne vous ai jamais demandé d'aller dans le tiers-monde pour dire aux gens mourant de faim : « Ce n'est pas si grave, prenez la vie du bon côté. » Vous vous plaignez de ce que, vous prenant au mot, quelques malheureux ont tenté de vous manger le bras droit. Je vous suggère d'être désormais gaucher.

Debout à côté du marchand de saucisses, Till Eulenspiegel dévore sa tranche de pain sec, se régalant de la délicieuse odeur.
« Hé ! toi ! vaurien ! tu te régales de l'odeur de mes saucisses, tu dois me payer ! »
Till Eulenspiegel sort alors une pièce de sa poche et la fait rebondir sur le comptoir :
« Tiens ! encaisse le son de ma pièce ! »

L'humour devient une expérience transpersonnelle, transcendantale, puisqu'il permet de se détacher de la souffrance, de l'absurdité de la vie. Il donne à chacun la puissance magique sur sa propre vie. On peut tout retirer à un être humain, sauf sa liberté intérieure. L'humour peut contribuer à conserver la lumière de la dignité dans les épreuves.

« Au fond, tout cela n'est qu'un jeu, un mauvais rêve, cela n'a aucun sens, c'est débile, une farce mal écrite qui prête à rire. »

Comme le disait Shakespeare : « La vie est un songe plein de bruit et de fureur écrit par un idiot. » La perception de cette absurdité est la source même de la sérénité : une fois qu'on a perdu les conditionnements, on peut découvrir le sens profond de sa vie.

Comme l'humour, dans ses principes et ses buts, rejoint la spiritualité, il en devient une des facettes. Dans les écoles de médecine américaines, des cours de spiritualité ont été récemment introduits. Cela permet aux patients d'être puissamment aidés, en fonction de leurs croyances. Et la spiritualité, en quête de sens, soulage la condition humaine. Les médecins de l'avenir retrouveront sans doute leurs qualités de conseillers, de thérapeutes, de magiciens, au lieu d'être de purs techniciens déshumanisés.

La science consiste à vérifier les théories par l'expérience, puis à constater si elles sont reproductibles et valides. Les vertus du rire sont désormais prouvées comme supplément gratuit. L'humour est un champ de recherches magnifique pour les jeunes médecins. Il permet aussi de vivre un jour à la fois, comme le conseille le programme des Alcooliques anonymes. Aujourd'hui je vais être heureux, aujourd'hui je vais trouver l'humour dans ma vie.

« À ce propos, connaissez-vous la différence entre un ivrogne et un alcoolique ?
- L'alcoolique doit en plus aller à toutes ces réunions... ! »

13. L'humour, un assouplissant de l'âme

En général, nous prenons notre vie d'une manière beaucoup trop... personnelle. Nous n'aimons guère faire évoluer nos pensées. Nous imaginons que les choses nous arrivent parce que nous les méritons. Nous nous sentons concernés et impliqués par ce qui se produit dans notre vie. Quoi de plus ordinaire ! Certains sont même persuadés que le hasard n'existe pas, que tout ce qui se produit a été créé par l'esprit humain. Et pourtant, cela n'a rien d'évident pour tous. Bien des choses se produisent sous le soleil sans que nous ayons notre mot à dire[9]. L'herbe verdit sans notre intervention, des situations évoluent en dehors de notre intervention, des choses se résolvent sans faire appel à notre compétence. Tout au long de notre vie, nous réglons des problèmes humains, parfois sans trop savoir comment nous nous y sommes pris. Nous bénéficions d'une compétence insoupçonnée.

Lorsqu'un chauffeur de bus se fait attaquer par des délinquants, lorsque quelqu'un se fait racketter, ou après un accident, la première réaction est souvent de demander : « Pourquoi moi ? Qu'ai-je fait ? » On s'attribue l'origine ou la responsabilité d'événements fortuits, on considère que les bonnes choses qui se produisent sont une récompense de nos comportements. Cela semble assez vrai sur le long terme, puisque nous donnons un sens à tout. Pourtant il est parfois difficile d'en tirer des lois, en dehors de notre égocentrisme, qui nous place toujours au centre du monde. Ce qui est significatif n'est pas qu'un événement survienne, mais sa répétition. Et cette pensée, conduite à son extrême, entraîne la confusion entre la victime et son bourreau, et culpabilise les malades, qui après tout l'« ont bien cherché ».

J'évoquais la protection de notre image, à laquelle nous accordons tant d'importance. Une grande partie des problèmes relationnels que nous rencontrons provient de notre susceptibilité, de nos façons habituelles de réagir, de nos mécanismes émotionnels.

Nous pouvons considérer que certaines choses se produisent dans notre vie, et qu'il nous appartient d'en choisir le sens, et ce que nous décidons. Nous avons des façons habituelles de réagir, des croyances, des valeurs.

9 Oui, je sais, monsieur N., quand il fait beau, c'est le résultat de votre méditation.

Quand ces valeurs sont bafouées, nous souffrons ou nous révoltons. Quand elles sont valorisées, nous nous sentons bien. L'humour consiste à pouvoir s'amuser avec ces valeurs, pour les apprécier sans en être prisonnier. En un sens, le problème contient la solution, comme on l'a vu avec les nombreuses occasions de s'entraîner contenues dans ce livre.

JEU N°43

Transformez les agressions

Lorsque vous souffrez d'une relation, vous pouvez vous entraîner, seul. L'idée est que vous soyez très théâtral, que vous ne jouiez plus d'une manière trop sérieuse.

- Jouez alternativement le rôle de votre agresseur.
- Puis jouez votre rôle en agressant l'agresseur.
- Ensuite, devenez l'avocat de l'agresseur.
- Puis devenez son accusateur.

Le tout, bien entendu, dans un esprit ludique, en faisant de grands gestes, en déclamant, ou même en chantant.

14. Rire de ses erreurs

Un jour, à la Bourse de New York, un agent de change fait perdre dix millions de dollars à son employeur sur le marché à terme. Il va voir son patron pour présenter sa démission. « Démissionner ? dit celui-ci. Vous plaisantez ? Alors que je viens de dépenser dix millions de dollars pour vous former ? »

Dans une entreprise, deux hommes sont en concurrence devant l'assemblée des actionnaires pour obtenir le poste de directeur. M. Smith se lève :
« Vous ne pouvez donner ce poste à M. Jones, qui a commis telle erreur l'an passé, telle autre l'année d'avant, et encore telle autre un an plus tôt. Je suis plus à même d'occuper ces fonctions. » M. Jones se lève et dit simplement :
« Je remercie M. Smith d'avoir eu l'amabilité de ne pas mentionner la plupart des erreurs que j'ai pu commettre. »

Qui, d'après vous, eut le poste ? Impossible d'avancer sans erreur. Le mot erreur d'ailleurs n'a guère de sens. L'erreur mène à l'expérience, et donc au succès, si on veut bien apprendre. Confucius disait déjà : « De l'échec naît la réussite. »

Si, comme moi, vous apprenez beaucoup de vos erreurs, vous avez donc l'intention d'en commettre encore beaucoup ! Il ne faut pas exagérer non plus, comme cet ami qui se demandait ce qu'il était en train d'apprendre au moment où sa voiture quittait la route pour tomber dans le ravin...

Ma première conférence sur l'humour, à Paris, fut un fiasco, la pire parmi cent cinquante conférences déjà proposées. J'avais préparé des phrases que j'estimais drôles, et j'entrepris de « faire rire ». Je voulais obtenir des effets, sans créer le contexte. Pire encore, avant même d'avoir établi une complicité avec le public, je l'invitais à participer en posant des questions. Plusieurs en profitèrent pour expliquer leur point de vue et contester le mien. Pour finir, la discussion sur ce qu'était l'humour et ce qu'il n'était pas dériva, et quelques-uns sortirent, fâchés !

Je ne l'avais pas compris à cette époque : souvent les gens veulent être distraits, et estiment qu'une conférence sur l'humour doit ressembler à un spectacle. On me demande souvent des « trucs » pour devenir drôle en deux minutes. Je pense bientôt commercialiser une potion magique lyophilisée !

Surtout, je voulais plus ou moins débiter mon texte, au lieu d'établir le contact. Mieux vaut un meilleur contact et des informations que des phrases drôles si elles ne sont pas dites dans le bon tempo. Par la suite, j'en organisais d'autres avec plus de légèreté.

Pierre Desproges se trouvait un jour à Montréal. Devant deux mille Québécois, il commença son spectacle en disant : « Je m'emmerde ici, qu'est-ce que je fous là, je ferais bien de rentrer chez moi. » Le public canadien fut sidéré, vexé, et ne rit pas de la soirée. Pierre Desproges fut obligé de réciter son texte dans une ambiance pesante. Pourtant, à Paris, ce genre d'humour sarcastique fonctionnait très bien, pratiqué notamment par Guy Bedos ou Coluche. Les Québécois n'identifiaient pas ce ton sarcastique comme de l'humour, mais comme un manque de respect. Ils ne pouvaient entrer dans le jeu.

Faire rire les gens dès les premières minutes est important, mais il faut pour cela créer l'ambiance, donner le ton, établir le rapport. L'humour n'est qu'un moyen d'obtenir le rire, le déclencher.

Antoine Riboud, qui a fait de Danone un grand groupe international, rappelle : « Parmi les règles d'or de la négociation, la première de toutes est de savoir faire rire. Pourquoi ? Parce que dans une négociation, il se trouve toujours un ou deux aspects plus difficiles à mettre sur la table. Il est nécessaire de les sentir très rapidement et d'orienter ses efforts là-dessus. Seulement, il faut éviter de vouloir les considérer de front. Ne pas essayer de tout gagner d'un coup, surtout ! Le rire, au contraire, constitue une excellente façon de les aborder et de les traiter : de biais, d'une manière qui vous rend sympathique et qui déconcerte l'interlocuteur. (...) Voilà pourquoi je dis : faites marrer les gens ! Faites-les marrer, que ce soit pour les mettre à l'aise, ou, au contraire, pour les déconcerter... (...) Une fois qu'on est autour de la table de négociation, on doit avoir à l'esprit quatre impératifs. Ne pas essayer de prendre de front. Inspirer confiance. Savoir faire rire pour détendre l'atmosphère. Et déstabiliser[10] »

15. Humour et créativité

Dans une société qui évolue vite, l'humour est un processus de créativité indispensable. Nous avons besoin, de plus en plus, d'idées nouvelles, pour nous adapter à un environnement changeant. Les institutions poli-

10 *L'Essentiel du Management* (mai 1999).

tiques, médicales, scientifiques, économiques, en prise avec l'émulation mondiale, seront amenées à devenir de plus en plus efficaces. Et les personnes les plus souples, les plus créatives, s'adapteront le mieux.

L'humour favorise la créativité, car il ouvre l'esprit, enlève les freins et les barrières. Détendu, dans un esprit joueur, éveillé, on est disposé à la nouveauté, on peut faire des connexions entre des domaines différents.

La créativité a de nombreux points communs avec la transe :

- Focalisation de l'attention : on se concentre sur une seule chose, qu'elle soit précise ou vague.
- Direction donnée au cerveau : on s'immerge dans le domaine qui nous intéresse.

Puisque le rire enlève les tensions et l'anxiété, une séance de rire peut précéder vos séances de créativité.

JEU N°44

Développez votre créativité

Pour développer votre créativité, appliquez les règles de base :

- Pas de censure : si vous rejetez les germes des idées neuves, elles ne deviendront jamais conscientes et efficaces. - Toute suggestion est bienvenue : toutes les idées ont la même valeur.
- Acceptez ce qui est farfelu, bizarre, inhabituel.
- Allez vite : pour être efficace, émettez le maximum d'idées en un minimum de temps.

JEU N°45

Tenez un journal

Tenir un journal de toutes les situations amusantes rencontrées chaque jour est une activité passionnante. Plus que toute autre, cette méthode peut attirer votre attention sur les situations cocasses qui, autrement, vous resteraient invisibles. La visualisation est une technique pratiquée par tous les sportifs, de Jean-Claude Killy à Luc Alphand, en passant par Sylvie Margulès, trois fois championne de France de tir à l'arc.

«Je pratiquais la visualisation avant les compétitions, dans mon lit, le soir, dit-elle. Puis, après une compétition, j'ai commencé à me voir sur la première marche d'un podium. Je voyais le président me remettre une médaille autour du cou. La technique est travaillée bien avant : tirer dans le noir, par exemple. Une fois, il y a eu une panne de courant pendant que j'étais au club. J'ai continué à tirer, cela n'a pas modifié le résultat. Vouloir tirer plus loin que la cible est aussi une bonne idée, tout ce qui oblige à générer soi-même les sensations. Je peux dire qu'il y a 95 % de sensations, et 5% de vision. On peut pratiquer le tir à l'arc sans arc, pour percevoir ses défauts. Ou bien se mettre en position de tir, les yeux fermés. Les repérages doivent venir de l'intérieur. »

Cette technique de visualisation, applicable à l'humour, est utilisée avec succès par José Silva, Simonton, Erickson, et tant d'autres coaches de champions.

Les personnes qui rient peu n'ont pas de références concernant le rire. Leur cerveau, tout simplement, ne possède qu'une petite banque de données. L'exercice qui suit va leur permettre de remplir cette banque de données.

JEU N°46

Visualisez-vous en train de rire

Représentez-vous, le plus souvent possible, en train de rire à gorge déployée. Parfois, cette image suffit à vous faire sourire.

Laissez le rire remonter à la surface, et commencez à rire. Bien sûr, si vous y associez les quarante-cinq autres techniques que vous avez apprises dans ce livre, vous rirez de bon coeur !

La visualisation développe la créativité et peut vous conduire à des états paisibles, les mêmes que pendant la prière ou la méditation.

JEU N°47

Dernier jeu pour l'instant

Chaque fois que quelque chose vous préoccupe, dites-le à haute voix en ajoutant « hé, hé ! nom d'une pipe ! »

- Je suis sérieux, hé, hé ! nom d'une pipe !
- Je suis triste, hé, hé ! nom d'une pipe !
- Je n'y arrive pas, hé, hé ! nom d'une pipe !
- Je suis au chômage, hé, hé ! nom d'une pipe !
- J'ai trop de factures, hé, hé ! nom d'une pipe !
- Ma femme me quitte, hé, hé ! nom d'une pipe !

16. Le plus beau moment de ce livre : choisir de rire !

Les moyens pour affronter notre part d'ombre ne sont pas si nombreux : la religion, les contes, les films d'horreur (morts vivants, envahisseurs), les films de violence... et l'humour[11].

Cela ressemble à un gros projecteur qui révèle les zones difficiles. Un peu comme quand vous soulevez une grosse pierre et qu'on voit les petites bêtes en dessous... C'est une façon d'éclairer les coulisses et d'en rire, comme la fin du *Magicien d'Oz* ou de *La Montagne sacrée,* lorsqu'on découvre que tout cela n'est qu'un jeu. La vie n'est qu'un jeu, comme quand les enfants font une plaisante bêtise, ont peur d'être grondés, sont découverts et que les adultes rient.

Les masques qui nous effrayaient ne sont que du carton-pâte. On voit nettement les ficelles qui nous animent, pauvres automates apeurés, prisonniers de mécanismes dont nous n'étions pas conscients. Nos peurs sexuelles, notre terreur de la violence, notre crainte du jugement d'autrui, notre amour immodéré de notre nombril, nos désirs de nous justifier à nos yeux, nos vanités, nos souffrances arrogantes deviennent soudain des monstres immobiles. En nous approchant, nous examinons le plastique de leurs membres, les coutures de leurs visages.

Les fantômes sont dissipés, les hallucinations redeviennent des contes pour nous distraire et nous faire rire. Les fantasmes qui nous hantaient sont des acteurs mal payés.

Alors l'humour, puissant libérateur, cosmique, divin, jaillit du fond de l'estomac. Ce que les chanteurs appellent la « colonne d'air », ce que les Hawaïens appellent la « grotte de la bête », que les Japonais appellent le « hara » et les Indiens et Chinois le « ki », ce que cherchent les moines chantant du grégorien, les soufis récitant des sourates, les Tibétains et hindous récitant des mantras et que nous trouvons parfois dans le

11 « La famille de monsieur N. a le bonheur de vous faire part que monsieur N. n'a pas réussi à mourir de rire, et qu'il est même bien vivant et beaucoup plus supportable. » Il sait maintenant ce que veut dire « recherche de l'accord » quand il pratique l'humour. Un grand merci pour sa collaboration !

Et comme vous avez gentiment lu les notes, je vous donne la réponse tant attendue : à Madagascar, vous trouvez du pain, des steaks frites dans les restaurants chinois ! Mais pas de baguettes ! Ce qui prouve que les Chinois ont inventé non seulement les casse-tête à claques, la poudre de perlimpinpin, mais aussi le camembert.

fou rire : la majestueuse transe, le souffle originel, qui nous restitue à notre propre création. Alors, si faibles dans l'univers immense, debout face à l'éternité, nous lançons notre rire dans l'espace, pour éveiller la conscience d'autres êtres, ou pour que ses vibrations fassent bouger le cosmos.

Notre vie est si fugitive, petite lueur perdue dans l'espace... Et nous rions devant nos piètres artifices pour nous persuader de notre grandeur. Et ce rire résonne comme un écho à travers les siècles et les continents, monte au Ciel pour y semer le sens et nous rassurer. Ainsi, nous touchons au cœur de la divine comédie humaine : petites bestioles sur notre planète inquiétante, bizarre et magnifique, qui poursuit son joyeux voyage dans l'immensité de la galaxie[12].

12 Quoi, monsieur N. ! ! ! Vous exigez une part des droits d'auteur ? Après tout ce que j'ai fait pour vous ! ! !

Bibliographie

Livres :

Adams, Patch : *Docteur Patch Adams : Quand l'humour se fait médecin,* Stanké (Canada), 2000.

Aimard, Paule : *Les Bébés de l'humour* (coll. « Psychologie et sciences humaines », Mardaga, Belgique, 1988).

Bandler, Richard & Grinder, John : *Les Secrets de la communication* (Le Jour actualisation, 1982).

Barclay, Robert : *Lumière intérieure, source de vie : apologie de la vraie théologie chrétienne* (coll. « Mystiques et religions », Dervy, 1993).

Bariaud, Françoise : *La Genèse de l'humour chez l'enfant* (coll. « Croissance de l'enfant, genèse de l'homme », PUF, 1983).

Bateson, Gregory : *Vers une écologie de l'esprit* (coll. « Recherches anthropologiques », Le Seuil, 1977).

Bergson, Henri : *Le Rire : essai sur la signification du comique* (coll. « Quadrige », PUF ; 1993).

Cahen, Gérald : *Autrement* (vol. 131 « L'Humour : un état d'esprit », Autrement, 1992).

Campbell, Joseph & Moyers, Bill : *Puissance du mythe* (coll. « Aventure secrète », J'ai Lu, 1997).

Clifford, Christine : *No Hair Day* (Pfeifer-Hamilton Pub., Duluth, Minnesota).

Cousins, Norman : *La Volonté de guérir* (Le Seuil, 1980).

Cousins, Norman : *Comment je me suis soigné par le rire* (Payot, 2003)

Desgagnés, Paule : *La Rigolothérapie* (Québécor, Canada, 1996).

Épictète : *Ce qui dépend de nous* (Arléa, 1991).

Escarpit, Robert : *L'Humour* (coll. « Que sais-je? », PUF, 1991).

Farrelly, Frank : *La Thérapie provocative* (Actualisation, 1989).

Freud, Sigmund : *Le Mot d'esprit et sa relation à l'inconscient* (Gallimard, 1988).
Fry, William & Salameh, Waleed : *Handbook of Humor and Psychotherapy* (Professional Resource Exchange, Sarasota, Florida, USA)
Advances in Humor and Psychotherapy (Professional Resource Exchange, Sarasota, Florida, USA) (complément du précédent livre).
Frankl, Viktor : *Découvrir un sens à sa vie : avec la logothérapie* (coll. « Actualisation », Ed. de l'Homme, 1988).
Girard, René : *Le Bouc émissaire* (Grasset, 1982).
Goodheart, Annette : *Laughter Therapy* (Less Stress Press, Santa Barbara, USA).
Haley, Jay : *Un thérapeute hors du commun, Milton H. Erickson* (coll. « Hommes et groupes », Desclée de Brouwer, 1985).
Internationale de l'imaginaire : *La Dérision, le Rire* (Babel, Maison des cultures du monde).
Kant, Emmanuel : *Critique de la faculté de juger* (coll. « Bibliothèque des textes philosophiques », Vrin, 1986).
Koestler, Arthur : *Génie et folie de l'homme* (coll. « Essais », Calmann-Lévy, 1980).
Provine, Robert : *Le Rire, sa vie, son œuvre*. Laffont, 2003.
Raquin, Bernard : *Développez votre humour !* (Dangles, 2003)
Raquin, Bernard : *Sortir du triangle dramatique* (Jouvence, 2007)
Raquin Bernard : *L'humour chaque jour* (Véga, 2006)
Raquin, Bernard : *Le rire chaque jour* (Véga, 2006)
Raquin, Bernard : *Choisir ses émotions* (Jouvence)
Robinson, Vera M. : *Humor and the Health Professions* (Sklack, Thorofare, USA, 1991).
Rossi, Ernest-Lawrence : *Psychobiologie de la guérison : influence de l'esprit sur le corps : nouveaux concepts d'hypnose thérapeutique* (coll. « Re-Connaissances », Desclée de Brouwer, 1994).
Rossi, Ernest-Lawrence & Nimmons, David : *Vingt minutes de répit : prévenir les effets néfastes du stress* (Ed. de l'Homme, 1993).
Rubinstein, Henri : *Psychosomatique du rire* (Laffont, 1983).
Satura, Car : *The Joyful Christ, the healing power of humor* (Harper San Francisco).
Schaller, Christian-Tal & Kinou-le-Clown : *Rire pour guérir* (coll. « Santé », Vivez Soleil, 1996).
Siegel, Bernie S. : *L'Amour, la médecine et les miracles* (Laffont, 1989).

Smadja, Eric-Jean-Victor : *Le Rire* (coll. « Que sais-je ? », PUF, 1993).
Woodrow, Alain : *Et ça vous fait rire !* Editions du Félin, 2000.

Films :

Dr Patch, de Tom Shadyac, avec Robin Williams. Le docteur Adams Patch, après bien des difficultés de précurseur, a introduit l'humour et le rire dans les hôpitaux, notamment au service des enfants et des personnes en fin de vie.
Oui mais, d'Yves Lavandier, avec Gérard Jugnot et Emilie Dequenne. Dialogues révisés par Bernard Raquin. Ce film donne une idée assez juste de la thérapie contemporaine, incluant l'humour.

Revues :

(infos reprises de l'excellent site www.passeportsante.net. Consultez-le pour davantage de détails).

- sur les effets du rire sur l'asthme :

Kimata H. Effect of viewing a humorous vs. nonhumorous film on bronchial responsiveness in patients with bronchial asthma. *Physiol Behav.* 2004;81(4):681-4.

- sur les effets du rire sur l'eczéma :

Kimata H. Increase in dermcidin-derived peptides in sweat of patients with atopic eczema caused by a humorous video. *J Psychosom Res.* 2007;62(1):57-9.

- sur les effets du rire sur la dermatite atopique :

Kimata H. Viewing humorous film improves nighttime wakening in children with atopic dermatitis. *Indian Pediatr*. 2007;44(4):281-5.

- sur les effets du rire sur la douleur :

Cogan R, Cogan D, *et al.* Effects of laughter and relaxation on discomfort thresholds. *J Behav Med.* 1987;10(2):139-44. Hudak DA, Dale JA, *et al.* Effects of humorous stimuli and sense of humor on discomfort. *Psychol Rep*. 1991;69(3 Pt 1):779-86.
Weisenberg M, Raz T, Hener T. The influence of film-induced mood on pain perception. *Pain*. 1998;76(3):365-75. Zillmann D, Rockwell S, *et al.* *Does humor facilitate coping with physical discomfort?* Motivation and Emotion. 1993;17(1):1-21.

Sites internet :

www.bernard-raquin.com
www.leriremedecin.asso.fr
www.drclown.ca (Canada)
www.docteurclown.org (Lyon et région)
www.clown-hopital.com (plusieurs villes en France)
www.theodora.org : Suisse et plusieurs pays.

Clubs de rire :

Depuis des siècles le rire fait partie intégrante du yoga. Le médecin indien Madan Kataria a popularisé l'idée en créant des clubs de rire. Tapez « club de rire » sur votre moteur de recherche, suivi du nom de votre pays ou région. Je recommande bien sûr la fréquentation des clubs de rire, au moins une dizaine de séances, et davantage pour les personnes en souffrance.

Soltice : Daniel Lucchina depuis des années, s'efforce de créer le « métro du rire », avec www.compagnie-solstice.org.

www.doctissimo.fr : un site très intéressant, rempli d'informations utiles et pratiques.
www.e-sante.be : site d'informations sur la Santé, Belgique.
Gesundheit Institute : le site du Dr Adams Patch : www.patchadams.org
www.aath.org : Association for applied and therapeutic humor